Ant

open source library

Open Source Software wird gegenüber kommerziellen Lösungen immer wichtiger. Addison-Wesley trägt dieser Entwicklung Rechnung mit den Büchern der **Open Source Library**. Administratoren, Entwickler und User erhalten hier professionelles Know-how, um freie Software effizient einzusetzen. Behandelt werden sowohl Themen wie Betriebssysteme, Netzwerke und Sicherheit als auch Programmierung.

Eine Auswahl aus unserem Programm:

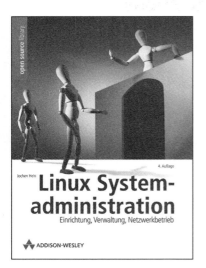

Linux für den fortgeschrittenen Systemadministrator, der lernt, wie man Linux bei verteilten Netzumgebungen einsetzt. Die vierte Auflage wurde durchgehend überarbeitet, aktualisiert und erweitert. Wesentliche Neuerungen betreffen Linux-Standards, XML-Tools, Internet-Zugang mit DSL, VPNs, BIND9/dnssec.

Linux-Systemadministration
Jochen Hein
643 Seiten
EUR 49,95 [D], sFr 77,50
ISBN 3-8273-1992-7

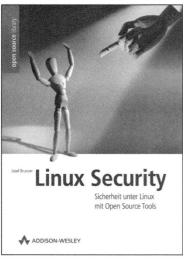

Sicherheit ist ein Problem aller Betriebssysteme, und meist ist es teuer, eine Installation wirklich sicher zu machen. In diesem Buch zeigt der Autor, dass dies auch ohne einen größeren finanziellen Aufwand möglich ist. Hier erfahren Sie, wie Sie Linux mit Hilfe von Open-Source-Tools wie z.B. LIDS, Snort, NMap, Webmin oder Nessus sicher machen.

Linux Security
Josef Brunner
518 Seiten
EUR 49,95 [D], 51,40 [A]
ISBN 3-8273-1999-4

Bernd Matzke

Ant

Das Java Build-Tool in der Praxis

 ADDISON-WESLEY

An imprint of Pearson Education

München • Boston • San Francisco • Harlow, England
Don Mills, Ontario • Sydney • Mexico City
Madrid • Amsterdam

Die Deutsche Bibliothek – CIP-Einheitsaufnahme

Die Deutsche Bibliothek verzeichnet diese Publikation in der Deutschen
Nationalbibliografie; detaillierte bibliografische Daten sind im Internet
über <http://dnb.ddb.de> abrufbar.

Die Informationen in diesem Produkt werden
ohne Rücksicht auf einen eventuellen Patentschutz veröffentlicht.
Warennamen werden ohne Gewährleistung
der freien Verwendbarkeit benutzt.
Bei der Zusammenstellung von Texten und Abbildungen
wurde mit größter Sorgfalt vorgegangen.
Trotzdem können Fehler nicht vollständig ausgeschlossen werden.
Verlag, Herausgeber und Autoren
können für fehlerhafte Angaben und deren Folgen weder eine
juristische Verantwortung noch irgendeine Haftung übernehmen.
Für Verbesserungsvorschläge und Hinweise
auf Fehler sind Verlag und Herausgeber dankbar.

Alle Rechte vorbehalten, auch die der fotomechanischen Wiedergabe
und der Speicherung in elektronischen Medien.
Die gewerbliche Nutzung der in diesem Produkt
gezeigten Modelle und Arbeiten ist nicht zulässig.

Fast alle Hardware- und Softwarebezeichnungen, die in diesem Buch erwähnt werden, sind gleichzeitig
auch eingetragene Warenzeichen oder sollten als solche betrachtet werden.

Umwelthinweis:
Dieses Produkt wurde auf chlorfrei gebleichtem Papier gedruckt.

05 04 03

ISBN 3-8273-2066-6

© 2003 by Addison-Wesley Verlag,
ein Imprint der Pearson Education Deutschland GmbH
Martin-Kollar-Straße 10–12, D-81829 München/Germany
Alle Rechte vorbehalten
Einbandgestaltung: Marco Lindenbeck (mlindenbeck@webwo.de)
Fachliche Redaktion: Ralf Eichinger, München
Lektorat: Rolf Pakendorf, rpakendorf@pearson.de
Korrektorat: Friederike Daenecke, Zülpich
Herstellung: Philipp Burkart, pburkart@pearson.de
Satz: reemers publishing services gmbh, Krefeld, www.reemers.de
Druck: Bercker, Kevelaer
Printed in Germany

Kapitelübersicht

1 Einleitung	11
2 Der erste Kontakt	13
3 Die Ant-Datei	21
4 Targets	25
5 Properties	37
6 Datei-Selektion und Namens-Handling	57
7 Datei-Kommandos	83
8 Textdateien modifizieren	99
9 Bedingungen auswerten	143
10 Kommunikation	155
11 Sourcecode-Control-Systeme	175
12 Kompilieren	183
13 Archive	205
14 Externe Anwendungen	219
15 Beispiele	233
16 Tipps	239
17 Reguläre Ausdrücke	245
Stichwortverzeichnis	251

Inhaltsverzeichnis

1	**Einleitung**	**11**
2	**Der erste Kontakt**	**13**
	2.1 Aufgaben	13
	2.2 Installation	13
	2.3 Elemente einer Ant-Datei	14
3	**Die Ant-Datei**	**21**
	3.1 Die Kommandozeile	21
	3.2 Das Ant-Projekt	23
4	**Targets**	**25**
	4.1 Details	25
	4.2 Ausführung von Kommandos im Target	34
5	**Properties**	**37**
	5.1 Erzeugen	37
	5.2 Zugriff und Gültigkeitsbereich	51
	5.3 Datumswerte	55
6	**Datei-Selektion und Namens-Handling**	**57**
	6.1 Filesets	57
	6.2 Dirset	72
	6.3 Datei- und Pfadlisten	73
	6.4 Mapper	75
7	**Datei-Kommandos**	**83**
	7.1 Kopieren und Verschieben	83
	7.2 Löschen	87
	7.3 Verzeichnisse anlegen	89
	7.4 Abhängige Dateien löschen	90
	7.5 Temporäre Dateien	91
	7.6 Prüfsummen	92

7.7	Dateieigenschaften	93
7.8	Laden von Dateien per URL	95

8 Textdateien modifizieren — 99

8.1	Verknüpfen von Dateien	99
8.2	Property-Dateien	99
8.3	Ersetzen von Platzhaltern beim Kopieren	105
8.4	Das Kommando Replace	114
8.5	Verwendung von Ressourcen-Dateien	122
8.6	Buildnumber erzeugen	125
8.7	Zeilenende-Zeichen bearbeiten	125
8.8	Reguläre Ausdrücke	127
8.9	FilterChains und FilterReader	132

9 Bedingungen auswerten — 143

9.1	Verfügbarkeit von Ressourcen prüfen	144
9.2	Checksumme prüfen	147
9.3	Zeichenketten finden	148
9.4	Zeichenketten vergleichen	148
9.5	Vergleich von Dateiinhalten	150
9.6	Verfügbarkeit von HTTP-Ressourcen überprüfen	150
9.7	Existenz von Properties prüfen	150
9.8	Flags prüfen	151
9.9	Aktuelles Betriebssystem auswerten	151
9.10	Socket-Verbindung prüfen	152
9.11	Aktualität von Dateien prüfen	152
9.12	Logische Operatoren	154

10 Kommunikation — 155

10.1	Ausgaben auf die Konsole	155
10.2	Ausgeben von Datei-Inhalten auf der Konsole	157
10.3	Ausgabe in Log-Dateien	158
10.4	Build-Fehler erzeugen	160
10.5	Lesen von der Konsole	161

10.6	Mails verschicken	163
10.7	Umlenken der Standard-Ein- und -Ausgabe	166
10.8	Input-Handler	173

11 Sourcecode-Control-Systeme 175

11.1	CVS	175
11.2	Visual Source Safe von Microsoft	178

12 Kompilieren 183

12.1	Javac	183
12.2	RMI-Compile	193
12.3	Java Server Pages kompilieren	198
12.4	Javadoc generieren	201

13 Archive 205

13.1	Zip-Archive	205
13.2	Jar-Archive	209
13.3	War-Archive	210
13.4	Tar-Archive	212
13.5	Manifest-Informationen	214
13.6	Entpacken von Archiven	215
13.7	Separate Komprimierung und Dekomprimierung	216

14 Externe Anwendungen 219

14.1	Aufruf von Java-Anwendungen	219
14.2	Externe Programme und Shell-Kommandos	223
14.3	Kommandozeilenargumente und Umgebungsvariablen setzen	231

15 Beispiele 233

15.1	Laden und Entpacken der Beispiele aus dem Web	233
15.2	Build-Nummer aktualisieren	233

16 Tipps 239

16.1	Bedingte Ausführung eines Targets	239
16.2	Nachbildung von IF und ELSE	240

16.3	Parameter-Rückgabe aus Sub-Targets	241
16.4	Properties mit Default-Wert	242
16.5	Delete auf ein nicht existierendes Verzeichnis	243
16.6	Elemente außerhalb von Targets	243
16.7	Referenzen auf Pfad-Elemente	244

17 Reguläre Ausdrücke 245

17.1	Beispiele für reguläre Ausdrücke	245

Stichwortverzeichnis **251**

1 Einleitung

Jede neue Programmiersprache und jedes neue Tool stellt einen Programmierer vor mehrere neue Aufgaben. Zunächst gilt es natürlich, die Syntax der Kommandos zu erlernen. Eng damit verbunden ist die Kenntnis diverser Begriffe und Verfahren sowie die Bedienung der Anwendung. Viele dieser Dinge sind in der Programmdokumentation mehr oder weniger ausführlich beschrieben. Ein gutes Tutorial findet sich schon seltener, und Anleitungen, die neben den reinen Fakten auch noch Wissen um Zusammenhänge vermitteln, sind sehr rar. Aber gerade die Kenntnis der grundlegenden Ideen eines Produktes – des »roten Fadens« – erleichtern einem Einsteiger die Einarbeitung nicht unwesentlich. Auch wenn natürlich jeder Programmierer ein Tool wie Ant nach einiger Einarbeitung problemlos beherrscht, muss er dafür wertvolle Zeit aufwenden. Zeit, die knapp und wertvoll ist und auch für wichtigere Dinge als die Erforschung eines Build-Tools verwendet werden könnte.

Ant wird auf sehr pragmatische Weise entwickelt. Das bringt es mit sich, dass neue Konzepte oft nicht vollständig durchdacht wurden oder für ein und dasselbe Problem mehrere Lösungsmöglichkeiten existieren. Ant ist nicht mehr völlig konsistent und logisch, was einen größeren Einarbeitungsaufwand verursacht. Eine völlig logisch aufgebaute, redundanzfreie Beschreibung zu einer solchen Anwendung kann es nicht geben.

Dieses Buch ist daher nicht vordergründig als Referenz gedacht. Diese finden Sie in ihrer aktuellsten Version im Web (*http://jakarta.apache.org/ant/index.html*). Ich habe vielmehr die wichtigsten Ant-Kommandos nach Themengruppen zusammengefasst und aus dem Blickwinkel der praktischen Anwendung heraus beschrieben. Die einzelnen Kapitel orientieren sich daher an konkreten Tätigkeiten oder Konzepten, nicht aber vordergründig an einzelnen Kommandos. Die Beispiele dienen dazu, die Eigenschaften der Kommandos so deutlich wie möglich darzustellen. Sie sind mitunter exakt für diesen Zweck konstruiert und nicht immer produktiven Anwendungen entnommen. Einige praktische, ausgiebig kommentierte Beispiele finden Sie daher in einem speziellen Beispiel-Kapitel.

Des Weiteren finden Sie auf der beiliegenden CD alle Beispiele, die in diesem Buch benutzt werden. Auch eventuell notwendige zusätzliche Dateien wurden beigelegt. Außerdem sind auf der CD die aktuellsten Versionen von Ant und Jakarta-Oro (einer Bibliothek für die Verarbeitung regulärer Ausdrücke) vorhanden.

2 Der erste Kontakt

Dieses Kapitel soll Ihnen zunächst die wichtigsten Bestandteile einer Ant-Konfigurationsdatei vorstellen und den Aufruf dieses Werkzeugs zeigen. Der Schwerpunkt liegt dabei nicht auf der Beschreibung der Details diverser Kommandos. Vielmehr lernen Sie die grundlegende Arbeitsweise von Ant kennen.

2.1 Aufgaben

Die Aufgabe von Ant ist es, Gruppen von Dateien zu spezifizieren und auf diese Dateien bestimmte Kommandos anzuwenden. Zu diesen Kommandos gehören der Aufruf diverser Java-Compiler, Kopier-Kommandos sowie die Erstellung von Zip- und anderen Archiven. Ant ist daher hervorragend geeignet, um aus Java-Quellcode eine vollständige, verteil- und installierbare Anwendung zu erstellen und sogar die Verteilung (Deployment) bzw. Installation selbst zu übernehmen. Darüber hinaus sind auch Einsatzgebiete denkbar, die nichts mit der Programmierung im engeren Sinne zu tun haben. So können mit Ant sehr effektiv Dateien kopiert werden, Ersetzungen in Property-Dateien stattfinden etc.

2.2 Installation

Das Build-Tool *Ant* ist eine reine Java-Anwendung. Es existiert kein explizites Installations-Tool. Vor der ersten Benutzung sind daher einige Vorbereitungen zu treffen.

Um alle Möglichkeiten von Ant nutzen zu können, muss auf Ihrem Rechner ein JDK installiert sein. Die Version 1.1 von Java reicht zwar aus, empfehlenswert ist aber eine Java-Version ab 1.2. Eine einfache Java-Runtime-Umgebung reicht im Prinzip zwar aus, um Ant zu starten und Build-Dateien abzuarbeiten, allerdings nutzen einige der Ant-Kommandos Anwendungen des JDK, z.B. den Java-Compiler. Ohne komplettes JDK kann Ant seine eigentliche Aufgabe daher nicht erfüllen.

Besonders komfortabel kann Ant eingesetzt werden, wenn ein JDK ab der Version 1.4 benutzt wird. In dieser Version sind einige Pakete enthalten, die bei älteren Versionen separat installiert werden müssen, z.B. Pakete zur Auswertung regulärer Ausdrücke.

Üblicherweise ist Ant als Zip- oder Tar-Archiv verfügbar. Welches konkrete Archiv Sie benutzen, hängt im Wesentlichen vom Betriebssystem und den verfügbaren Entpackern ab. Unter Windows wird meist das Zip-Archiv benutzt werden, unter den diversen Unix-Derivaten eher das Tar-Archiv. Sie finden die zum Zeitpunkt der Manuskripterstellung aktuellste verfügbare Version auf der beiliegenden CD.

Das jeweilige Archiv entpacken Sie in das gewünschte Zielverzeichnis. Innerhalb des Archivs liegen alle Dateien unterhalb eines Wurzelverzeichnisses, dessen Name aus der Zeichenkette `jakarta-ant-` und der Versionsnummer des Tools besteht. Sie können somit neuere Versionen einfach in ein existierendes Verzeichnis entpacken und finden anschließend ein Unterverzeichnis vor, das alle benötigten Dateien enthält. Sie können dieses Verzeichnis umbenennen, wenn Sie den neuen Namen bei der Modifikation der Umgebungsvariablen berücksichtigen.

Da neben dem Entpacken keine weiteren Aktionen erforderlich sind, kann stattdessen auch ein existierendes Ant-Verzeichnis kopiert werden. Auf der beiliegenden CD finden Sie neben den Archiven auch eine bereits entpackte Version.

Zum Start von Ant muss neben den Java-spezifischen Einstellungen eine weitere Umgebungsvariable gesetzt werden. Ob das in den grundlegenden Systemeinstellungen geschieht oder ob Sie beim Start des Befehlsinterpreters entsprechende Werte setzen, bleibt Ihnen überlassen. Auf jeden Fall müssen Sie die Umgebungsvariable `ANT_HOME` auf den Wurzelpfad des Ant-Paketes setzen. Das ist, sofern es nicht umbenannt wurde, das »jakarta-ant-x.x.x«-Verzeichnis. Außerdem muss das unter dem Ant-Wurzelverzeichnis liegende Unterverzeichnis `bin` in den Systempfad aufgenommen werden, damit das Ant-Startscript vom System gefunden wird.

Sind die Anpassungen erfolgt, können Sie einen einfachen Funktionstest durchführen. Rufen Sie von einem beliebigen Verzeichnis außerhalb des `bin`-Verzeichnisses von Ant einfach das Kommando

```
ant
```

auf. Sofern Ant vom System gestartet werden kann, sollte folgende Fehlermeldung erscheinen:

```
Buildfile: build.xml does not exist!
Build failed
```

Falls diese Ausgabe erscheint, ist Ant korrekt installiert. Sollte sich im aktuellen Verzeichnis allerdings eine Datei mit dem Namen `build.xml` befinden, so versucht Ant, diese Datei auszuführen. Dies führt allerdings ebenfalls zu Konsolenausgaben, die auf den korrekten Start von Ant hinweisen.

2.3 Elemente einer Ant-Datei

Die Ant-Kommandos werden in einer oder mehreren XML-Dateien zusammengefasst. Da Ant ursprünglich für die Kompilierung von Java-Anwendungen entwickelt wurde, hat sich für die Datei auch die umgangssprachliche Bezeichnung

Buildfile eingebürgert. In diesem Buch wird auch die Bezeichnung Build-Datei oder Ant-Datei benutzt.

Jede XML-Datei benötigt genau ein Root-Tag `<project>`. Ant-Dateien werden daher auch als *Projekt* bezeichnet. Ein Projekt enthält ein oder mehrere *Targets*, die entfernt mit einem Modul oder Unterprogramm herkömmlicher Programmiersprachen verglichen werden können. Ein Target wird durch das Tag `<target>` eingeleitet.

Targets dienen zur Strukturierung der Ant-Datei. Bei der Programmierung einer Build-Datei können Sie Abhängigkeiten der Targets untereinander festlegen und so eine definierte Abarbeitungsreihenfolge erzwingen. Durch die bedingte Abarbeitung von Targets ist auch die Realisierung einer einfachen Ablaufsteuerung möglich.

Ein Target enthält ein oder mehrere der eigentlichen Ant-Kommandos, die als Task bezeichnet werden. Das Verhalten der Kommandos können Sie durch Attribute und eingebettete Tags modifizieren. Momentan existieren mehr als 100 unterschiedliche Kommandos. Allerdings reicht bereits die Kenntnis von rund 15 Kommandos und einiger wichtiger Prinzipien aus, um mit Ant sinnvoll arbeiten zu können.

Innerhalb eines Projekts können Sie auf *Properties* zurückgreifen. Sie entsprechen in etwa den Konstanten anderer Programmiersprachen. Properties ermöglichen es, eine Ant-Anwendung an die realen Gegebenheiten auf Ihrem Rechner anzupassen, ohne die eigentliche Anwendung zu modifizieren. So können Sie insbesondere Verzeichnispfade, Namen von Dateien u. Ä. in Property-Dateien ablegen und diese dynamisch in die Ant-Datei einbinden oder aber beim Start von Ant als Parameter übergeben. Darüber hinaus können Sie Properties im Buildfile selbst setzen und zur bedingten Abarbeitung von Targets heranziehen. In diesem Falle dienen Properties als Flag.

Neben den Targets existieren weitere Elemente zur Strukturierung des Quelltextes. Einige der Tags, die normalerweise in die einzelnen Kommandos eingebettet werden, können zunächst separat notiert und später über einen eindeutigen Identifikator referenziert werden. Damit ist die mehrfache Verwendung der Konstrukte möglich, was Schreibarbeit erspart und die Pflege erleichtert.

Nicht direkt zu den Ant-Kommandos gehörend, aber untrennbar mit dem Thema XML verbunden ist die *Data Type Definition*. Ant kann durch ein spezielles Kommando eine DTD-Datei erzeugen. Diese Datei kann in die Ant-Dateien eingebunden werden. Für Ant ist das unerheblich, allerdings können spezielle XML-Editoren die DTD auswerten und bereits während des Editierens eine Validierung durchführen bzw. passende Eingabehilfen anbieten.

2.3.1 Ein praktisches Beispiel

Das folgende kleine Beispiel soll einige der eben erwähnten Elemente in einer echten Build-Datei vorstellen. Der Sinn dieses Beispiels ist es nicht, die Kommandos im Detail zu erläutern. Dies bleibt den folgenden Kapiteln vorbehalten. Vielmehr soll gezeigt werden, welche Aufgaben Ant übernehmen kann und wie gering der Programmieraufwand dazu ist.

Das Beispiel ist funktionsfähig. Allerdings wurde es bewusst einfach gehalten. Eine Build-Datei, die in einer realen Umgebung eingesetzt wird, wäre sicherlich etwas umfangreicher. Das Script wurde, um die einzelnen Teile besser beschreiben zu können, in mehrere Abschnitte zerlegt. Den kompletten Quelltext finden Sie auf der beiliegenden CD.

Die Aufgabe dieser Build-Datei besteht darin, eine Java-Anwendung zu kompilieren, aus den Class-Dateien ein Jar-Archiv zu erstellen und anschließend die Anwendung zu testen. Es sollen drei getrennte Verzeichnisse für die Ant-Datei, die Quell- und die Class-Dateien existieren. Alle befinden sich unter einer gemeinsamen Wurzel.

Eine Build-Datei wird zunächst durch eine XML-typische Anweisung eingeleitet, die vor allem das Zeichen-Encoding festlegt. Diese Zeile muss in allen Build-Dateien enthalten sein. Sie wird in den weiteren Beispielen dieses Buches nicht mehr abgedruckt.

Der eigentliche Inhalt wird durch das Tag `<project>` eingeleitet. Das Attribut `default` definiert das zu startende Target (vergleichbar mit einem Unterprogramm). Das Attribut `name` dient nur zur Information und hat keine praktische Bedeutung.

```xml
<?xml version="1.0" encoding="UTF-8"?>
<project name="bsp0201" default="main" basedir=".">
```

Am Beginn einer Build-Datei befinden sich oft Definitionen. Hier werden drei Properties angelegt. Sie sind am ehesten mit Konstantendeklarationen einer herkömmlichen Programmiersprache vergleichbar. In diesem Beispiel dienen sie als Bezeichner für Verzeichnisnamen. Properties können auch aus Dateien gelesen und beim Aufruf der Build-Datei auf der Kommandozeile definiert werden. Somit ist es möglich, sie unabhängig von der eigentlichen Anwendung zu pflegen. Die Properties enthalten meist einfach strukturierte Werte.

```xml
<property name="dir.src"   value="./source"/>
<property name="dir.build" value="./classes"/>
<property name="dir.lib"   value="./lib"/>
```

Das nächste Element definiert eine komplexe Pfadliste. Konkret wird hier der Klassenpfad definiert. Für sich allein bewirkt dieses Element noch keine Aktion.

2.3 Elemente einer Ant-Datei

Es wird später von anderen Kommandos eingebunden. Dieses Verfahren erleichtert die spätere Anpassung und erspart Schreibarbeit. Damit die Pfad-Definition später referenziert werden kann, muss per Attribut eine eindeutige ID festgelegt werden. Ein solches komplexes Element hat den Vorteil, dass verschiedene Sub-Tags benutzt werden können, um Verzeichnisse in die Pfad-Definition aufzunehmen. Diese ermöglichen beispielsweise auch die Selektion von Verzeichnissen über Suchmuster. In diesem Fall werden allerdings nur vorgegebene Pfade benutzt, die über Properties bereitgestellt werden. Der Bezug auf ein Property erfolgt, indem der Name in geschweifte Klammern eingeschlossen und ein $-Zeichen vorangestellt wird. Eines der beiden Properties (dir.build) wurde eingangs definiert, das andere (classpath) wird von Ant bereitgestellt. Es enthält den Classpath, der der gleichnamigen Systemvariablen entnommen wird.

```
<path id = "cp">
  <pathelement path = "${classpath}" />
  <pathelement location = "${dir.build}" />
</path>
```

Nun erst wird das erste Target angelegt. Es soll das Haupt-Target sein. Es erhält den Namen main. Somit wird es beim Start der Build-Datei aufgerufen, da dort als Default-Target ebenfalls main vorgegeben wurde. Dieses erste Target enthält keine weiteren Kommandos. Es dient hier nur dazu, die abhängigen Targets, die im Attribut depends angegeben wurden, auszuführen. Die drei Targets prepare, compile und run werden in exakt dieser Reihenfolge ausgeführt.

```
<target name    = "main"
        depends = "prepare, compile, run" />
```

Das folgende Target prepare ist das erste, das wirklich Kommandos enthält. Sie werden bei Ant auch *Task* genannt. In diesem Target ist nur ein Task delete enthalten. Es ist dafür zuständig, den Inhalt des Zielverzeichnisses des Compilers zu löschen. Welche Dateien und Verzeichnisse gelöscht werden, wird hier durch ein so genanntes *Fileset* bestimmt. Ein Fileset enthält oft weitere Sub-Tags, mit denen Sie auf völlig unterschiedliche Weise Dateien und Verzeichnisse auswählen können. Ein Fileset kann als Sub-Tag in vielen Kommandos enthalten sein. Es ist das vielleicht wichtigste und am meisten verwendete Tag überhaupt. In diesem Fall wird allerdings nur die einfachste Variante eines Filesets benutzt. Auch hier wird übrigens eines der am Beginn des Scriptes definierten Properties verwendet.

Im vorliegenden Beispiel soll dieses Target demonstrieren, dass vor dem eigentlichen Kompilieren vorbereitende Arbeiten notwendig sein können. Das muss nicht nur das Löschen von Zielverzeichnissen sein. Denkbar ist auch das Lesen der Quelldateien aus einem Sourcecode-Verwaltungssystem, das Versionieren der alten Quelldateien o.ä. In diesem Beispiel wird zunächst ein Verzeichnis angelegt, das später als Zielverzeichnis für den Compiler dient. Anschließend wird der Inhalt dieses Verzeichnisses gelöscht. Dies erscheint zunächst verwunderlich. Wirklich wirksam wird das Kommando zum Anlegen des Verzeichnisses nur beim allerersten Aufruf der Build-Datei. Bei allen nachfolgenden Aufrufen kommt das Delete-Kommando zum Tragen. Es sorgt dafür, dass alle Überreste eines alten Builds gelöscht werden. Dies ist bei umfangreichen Projekten von Zeit zu Zeit zu empfehlen, um schwer zu lokalisierende Fehler durch veraltete Klassen zu vermeiden. Es macht wenig Sinn, vor der Ausführung der beiden Kommandos zu prüfen, welches von beiden wirklich notwendig ist. Derartige Entscheidungen sind in Ant relativ schwer zu programmieren.

```
<target name = "prepare">
  <mkdir dir="${dir.build}"/>
  <delete>
    <fileset
        dir      = "${dir.build}"
        includes = "**/*.*"
    />
  </delete>
</target>
```

Nach dem `prepare`-Target wird das `compile`-Target aufgerufen. Es enthält drei Kommandos: den Aufruf des Java-Compilers, das Erzeugen eines weiteren Verzeichnisses und einen Befehl zum Erstellen eines Archivs. Dem Java-Compiler müssen einige Angaben übermittelt werden. Hier sind es die Namen des Quell- und des Zielverzeichnisses, der Classpath und die Liste der zu kompilierenden Dateien. Für den Classpath wird das eingangs erzeugte Pfad-Element benutzt. Der Zugriff erfolgt über die ID, die im Attribut `classpathref` eingetragen wird. Quell- und Zielverzeichnis werden per Property vorgegeben.

Nach dem Kompilieren wird ein Jar-Archiv erstellt. Es soll den Namen `ae.jar` erhalten und wird in einem separaten Lib-Verzeichnis abgelegt. Mittels eines Filesets werden alle Class-Dateien aus dem Build-Verzeichnis aufgenommen.

Sollte der Compiler einen Fehler erzeugen, bricht der Build sofort ab, die anderen Targets werden nicht ausgeführt, auch die Jar-Datei wird nicht erstellt.

```
<target name = "compile">
  <javac classpathref = "cp"
         destdir      = "${dir.build}"
         srcdir       = "${dir.src}"
         includes     = "**/*.java"
  />
  <mkdir dir="${dir.lib}"/>
  <jar destfile = "${dir.lib}/ae.jar">
    <fileset dir   = "${dir.build}"
             includes = "**/*.class"
    />
  </jar>
</target>
```

Nach dem Kompilieren und Erstellen des Jar-Archivs soll die Anwendung getestet werden. Damit dieser Test nun nicht jedes Mal ausgeführt wird, arbeitet Ant dieses Target nur ab, wenn ein bestimmtes Property existiert. Erreicht wird dies durch das Attribut `if`. Es besagt, dass Ant das Target `run` nur dann ausführen soll, wenn das Property `test` existiert. Sie können dieses Property beim Aufruf der Anwendung in der Kommandozeile definieren und auf diese Weise flexibel entscheiden, ob im Anschluss an die Kompilierung ein Test stattfinden soll oder nicht.

Der Aufruf der Anwendung mit dem Java-Kommando ist relativ einfach. Natürlich muss der Name der zu startenden Klasse angegeben werden. Als Classpath reicht in diesem speziellen Fall die Jar-Datei aus. Da die zu testende Klasse Parameter auf der Kommandozeile erwartet, werden diese mit einem speziell dafür vorgesehenen Sub-Tag `<arg>` übergeben. Es benutzt der Einfachheit halber den Inhalt des Propertys `test` als Übergabeparameter.

```xml
<target name = "run"
        if   = "test">
  <java classname = "AntExample"
        classpath = "${dir.lib}/ae.jar">
    <arg line = "${test}"/>
  </java>
</target>
```

Der Test einer Anwendung durch einen einfachen Aufruf wird in der Praxis nicht ausreichen. Aber auf ähnliche Weise können auch komplexe Testwerkzeuge gestartet werden.

Dies war das letzte Tag des Beispiels. Die XML-Datei muss jetzt nur noch korrekt abgeschlossen werden:

```xml
</project>
```

Im Ant-Paket sind Startdateien für die gängigsten Betriebssysteme enthalten. Sie können das Script daher einfach mit

```
ant -f bsp0201.xml
```

starten. Damit wird das Target `run` allerdings nicht ausgeführt, da das Property `test` nicht existiert. Sie können dies mit

```
ant -f bsp0201.xml -Dtest=Hallo
```

erreichen. Dabei wird allerdings der Compiler erneut aufgerufen. Um dies zu verhindern, können Sie gezielt ein anderes als das `main`-Target aufrufen. Dazu müssen Sie nur den Namen des auszuführenden Targets, z.B. `run`, nach dem Namen der Build-Datei angeben.

```
ant -f bsp0201.xml run -Dtest=Echo
```

Durch diesen Aufruf wird die `depends`-Kette des `main`-Targets unterdrückt. Ant führt nur das angegebene Target und dessen Sub-Targets aus, sofern welche existieren. In diesem Fall würde also nur der Aufruf der fertigen Anwendung erfolgen, eine Kompilierung findet nicht statt.

Nach diesem kurzen Einstieg finden Sie in den folgenden Kapiteln ausführliche Erläuterungen zu den einzelnen Kommandogruppen.

3 Die Ant-Datei

Alle Ant-Anweisungen müssen in XML-Dateien notiert werden. Unabhängig vom konkreten Aufbau dieser Datei sind der Aufruf über die Kommandozeile sowie das Root-Tag dieser Dateien. Dieses Kapitel beschäftigt sich mit den allgemeinsten Grundlagen.

3.1 Die Kommandozeile

Ant ist ein Konsolenprogramm. Es muss daher über die Kommandozeile gestartet werden. Der eigentliche Aufruf hat (vereinfacht) etwa die folgende Form:

```
java java_parameter org.apache.tools.ant.Main ant_parameter
```

Damit der Start von Ant einfacher ist und diverse Parameter übergeben werden können, existieren für Windows- und Unix-Betriebssysteme zwei Startscripte `ant.bat` bzw. `ant`.

Den Startscripten können Sie zwei verschiedene Arten von Informationen übergeben. Die exakte Syntax des Aufrufs lautet daher:

```
ant [options] [target]
```

Beide Informationen werden direkt an Ant weitergeleitet. Sie entsprechen dem Platzhalter `ant_parameter` der eingangs vorgestellten Kommandozeile.

Zunächst akzeptiert Ant eine Reihe von Optionen. Alle Optionen, die an den Aufruf des Startscripts angefügt werden, übergibt dieses Script unverändert an Ant. Sie stehen damit nur innerhalb von Ant und nicht in der jeweiligen JVM zur Verfügung. Die folgende Tabelle 3.1 zeigt Ihnen die verfügbaren Optionen. Viele der Optionen werden in den folgenden Kapiteln genauer erläutert. In der Tabelle finden Sie daher auch Verweise auf die entsprechenden Kapitel. Diese Liste erhalten Sie auch durch die Eingabe von:

```
ant -help
```

Neben den Optionen kann in der Kommandozeile auch noch der Name eines so genannten *Targets* notiert werden. Ein Target entspricht einem Unterprogramm. Beim Aufruf einer Build-Datei wird normalerweise das auszuführende Target in der Build-Datei festgelegt. Diese Vorgabe kann durch Vorgabe des Targets beim Aufruf überschrieben werden.

Option	Bedeutung	Beschrieben in Abschnitt
-buildfile <file> -file <file> -f <file>	Die angegebene Datei ausführen (Standard ist build.xml).	3.1 4.1.3
-D<property>=<value>	Ein Property auf einen definierten Wert setzen.	5.1.6
-propertyfile <file>	Properties aus einer Datei lesen.	5.1.6
-find [<file>]	Build-Datei im Verzeichnisbaum aufwärts suchen und ausführen.	3.1
-projecthelp	Informationen zur aktuellen Build-Datei ausgeben.	
-help	Hilfetext zu Kommandozeilenoptionen von Ant ausgeben.	3.1
-version	Ant-Version anzeigen.	
-diagnostics	Diagnose-Informationen ausgeben (Umgebung, Hardware, JDK, …).	
-quiet, -q	Weniger Log-Meldungen ausgeben als normal.	
-verbose, -v	Mehr Log-Meldungen ausgeben als normal.	
-debug	Debug-Informationen ausgeben.	
-emacs	Log-Ausgaben ohne Präfix.	
-logfile <file> -l <file>	Log-Ausgaben in Datei umleiten.	10.7.3
-logger <classname>	Log-Ausgaben an spezielle Logger-Klasse senden.	10.7.3
-listener <classname>	Log-Ausgaben an spezielle Listener-Klasse senden.	10.7.2
-inputhandler <classname>	Eingaben durch Input-Handler-Klasse bereitstellen lassen.	10.8

Tabelle 3.1 Kommandozeilenoptionen von Ant

Ant arbeitet die Anweisungen einer Build-Datei ab. Ohne zusätzliche Angaben versucht Ant die Datei build.xml aus dem aktuellen Verzeichnis auszuführen. Mit den Kommandozeilenoptionen –f (bzw. –file oder –buildfile) können Sie eine andere als die standardmäßig erwartete Datei ausführen lassen.

Eine ungewohnte, allerdings sehr nützliche Option ist –find. Sie sorgt dafür, dass die Build-Datei nicht nur im aktuellen Verzeichnis gesucht wird, sondern dass schrittweise alle übergeordneten Verzeichnisse untersucht werden, bis eine

Build-Datei gefunden wird. Ohne Angabe eines Dateinamens wird nach der Standard-Datei `build.xml` gesucht; optional ist wiederum die Vorgabe eines anderen Dateinamens möglich.

Nun einige Beispiele zum Aufruf von Ant. Die folgende Anweisung startet Ant mit der Datei `build.xml` aus dem aktuellen Verzeichnis:

```
ant
```

Start des Targets `compile` aus der Datei `build.xml`:

```
ant compile
```

Start des Tags `getsources` aus der Datei `sccstasks.xml`. Dabei wird das Property `mode` mit dem Wert `all` erzeugt:

```
ant -f sccstasks.xml getsources -Dmode=all
```

Um Missverständnissen vorzubeugen, noch ein Hinweis zu den *Properties*: Ant-Scripte können so genannte Properties verarbeiten, die Sie mit der Kommandozeilenoption –D definieren können. Die Java-Umgebung kennt außerdem den Begriff der *System-Properties*, die ebenfalls mit der Option –D erzeugt werden, allerdings in der Java-Kommandozeile. Die beiden Arten von Properties sind nicht identisch. Insbesondere werden mit der –D-Option von Ant keine Properties definiert, die dann auch dem Java-Laufzeitsystem bekannt sind. Sollte dies gewünscht sein, so müssen Sie stattdessen die Optionen für die Java-Umgebung in der Umgebungsvariable `ANT_OPTS` ablegen. Der Inhalt dieser Variablen wird vom Startscript an das Java-Kommando weitergeleitet. In der am Anfang dieses Kapitels vorgestellten Kommandozeile findet sich der Inhalt von `ANT_OPTS` im Platzhalter `java_parameter` wieder.

3.2 Das Ant-Projekt

Jede XML-Datei benötigt genau ein so genanntes Root-Tag. Dieses Tag schließt den Rest der Dateien ein. Im Falle der Build-Dateien bildet das `<project>`-Tag die Hülle für alle anderen Ant-Kommandos. Ant liest die Attribute dieses Tags und ruft dann ein Target innerhalb der Build-Datei auf. Dieses Target muss im Attribut `default` des `<project>`-Tags angegeben werden.

Das Attribut `name` innerhalb des `<project>`-Tags ist optional. Es dient lediglich der besseren Übersicht.

Da in Ant-Anwendungen häufig dateibezogene Operationen ausgeführt werden, kann mit dem Attribut `basedir` das Wurzelverzeichnis für die nachfolgenden Dateioperationen gesetzt werden. Auch dieses Attribut ist optional. In den meisten Fällen ist es sicherer, derartige Angaben in Properties abzulegen.

Zum Abschluss zeigt Tabelle 3.2 die Syntax-Beschreibung des `<project>`-Tags.

Attribut	Beschreibung	Erforderlich
`default`	Name des Default-Targets, das ausgeführt wird, wenn beim Aufruf der Datei kein Target angegeben wird.	Ja
`basedir`	Wurzelverzeichnis für alle relativen Pfadangaben innerhalb der Build-Datei	Nein
`name`	Name des Projekts	Nein

Tabelle 3.2 Attribute des Tags <project>

4 Targets

Ein Target ist ein Anweisungsblock, der ein oder mehrere Kommandos enthält. Die Kommandos innerhalb eines Targets werden sequenziell abgearbeitet, es gibt dort keine Verzweigungen oder Schleifen. Die Targets selbst sind nur Hüllen oder Container; die eigentliche Arbeit wird stets von den Kommandos im Target ausgeführt.

Targets werden durch einen Namen identifiziert, der innerhalb der Build-Datei eindeutig sein muss. Da ein Target immer nur im Zusammenhang mit einer Build-Datei verwendet werden kann, dürfen sich die Namen der Targets in verschiedenen Dateien wiederholen, ohne dass es zu Mehrdeutigkeiten kommt.

4.1 Details

Die in einer Ant-Datei verfügbaren Targets werden nicht einfach nur sequenziell abgearbeitet. Ant kann Targets in Abhängigkeit von bestimmten Rahmenbedingungen und Zuständen ausführen. Die Mechanismen der Ablaufsteuerung ermöglichen Ihnen z. B.

- die Modularisierung eines Build-Projekts,
- die bedingte Ausführung von Targets in Abhängigkeit von der Aktualität diverser Dateien,
- die Berücksichtigung der konkreten Systemumgebung oder des Betriebssystems sowie
- die Auswahl zwischen verschiedenen Zweigen des Build-Vorgangs.

Zur Ablaufsteuerung sind prinzipiell zwei verschiedene Aktionen notwendig. Zunächst muss es die Syntax von Ant zulassen, überhaupt mehrere Targets zu definieren und gezielt aufzurufen. Des weiteren ist eine flexible Reaktion auf den aktuellen Systemzustand notwendig. Dazu erfolgt der Aufruf der Targets teilweise in Abhängigkeit von der Existenz von Properties. Diese wiederum werden unter anderem auch durch Kommandos beeinflusst, die diverse Bedingungen auswerten. In diesem Abschnitt finden Sie die Beschreibung aller Kommandos, die mit dem Aufruf von Targets zu tun haben. Die Auswertung von Bedingungen wird in Kapitel 9 näher beschrieben.

An dieser Stelle soll Tabelle 4.1 den Überblick über alle Attribute des `<target>`-Tags zeigen. Einige davon dienen ausschließlich zur Realisierung einer Ablaufsteuerung.

Attribut	Beschreibung	Erforderlich
name	Name des Targets	Ja
depends	Liste mit Namen der Targets, die von Ant vor der Ausführung des aktuellen Targets gestartet werden sollen.	Nein
if	Wenn das Property existiert, wird das aktuelle Target ausgeführt.	Nein
unless	Das aktuelle Target wird ausgeführt, wenn das Property nicht existiert.	Nein
description	Verbale Beschreibung der Aufgabe. Wird nur ausgegeben, wenn Ant mit der Kommandozeilen-Option –projecthelp aufgerufen wird.	Nein

Tabelle 4.1 Attribute des <target>-Tags

Targets können auf unterschiedliche Weise aufgerufen werden. Diese Möglichkeiten sollen nachfolgend genauer beschrieben werden.

4.1.1 Default-Target

Im `<project>`-Tag müssen Sie das Attribut `default` verwenden. Als Wert dieses Attributs tragen Sie den Namen eines Targets ein, das benutzt werden soll, wenn beim Start einer Build-Datei durch einige der nachfolgend beschriebenen Methoden kein anderes Target angesprochen wird.

Tipp: Definieren Sie in produktiven Ant-Dateien ein Target, das lediglich eine informative Ausgabe auf der Konsole erzeugt. Benutzen Sie dieses Target als Default-Target. Alle Targets, die echte Aufgaben erfüllen, werden explizit per Kommandozeilen-Parameter aufgerufen. Auf diese Weise verhindern Sie Probleme oder unerwünschte Nebenwirkungen beim irrtümlichen Aufruf einer Ant-Datei.

4.1.2 Abhängigkeiten

Innerhalb des `<target>`-Tags definieren Sie durch den Wert des Attributs `depends`, welche anderen Targets erfolgreich ausgeführt werden müssen, bevor das aktuelle Target abgearbeitet werden kann. Im Attribut `depends` werden alle Sub-Targets aufgelistet. Die Namen werden durch ein Komma voneinander getrennt. Ausgeführt werden die Targets in der Reihenfolge, in der sie im Wert des `depends`-Attributs notiert wurden.

Ant muss beim Aufruf einer Build-Datei zunächst überprüfen, ob alle angesprochenen Targets wirklich existieren oder ob Zyklen auftreten. Dazu muss die Abhängigkeit der Targets untereinander bereits vor Beginn der Abarbeitung bekannt und statisch sein. Das Attribut `depends` kann daher nur mit explizit aufgeführten Target-Namen arbeiten; die Übergabe per Property ist nicht möglich.

An dieser Stelle muss der Begriff »erfolgreiche Ausführung« genauer erläutert werden. Ein Target wurde immer dann erfolgreich abgearbeitet, wenn bei seiner Ausführung keine Exception auftrat. Eine Exception entsteht z.B. dann, wenn beim Kompilieren ein Fehler auftritt, zu kopierende Dateien nicht gefunden oder nicht geschrieben werden können usw.

Erfolgreiche Ausführung bedeutet nicht, dass das Target auch wirklich etwas getan haben muss. Auch wenn die Kommandos in einem Target gar nicht ausgeführt werden, beispielsweise weil die aktuell vorhandenen Properties in Zusammenhang mit der bedingten Ausführung des Targets das verhindern, wird dies von Ant als erfolgreiche (weil fehlerfreie) Ausführung gewertet.

Dazu zunächst ein Beispiel:

```
<project name="bsp0401" default="t0">
  <target name="t0" depends="t1">
    <echo message="Oberstes Tag, aber zuletzt abgearbeitet"/>
  </target>

  <target name="t1" depends="t2, t3">
    <echo message="Voraussetzung fuer t0"/>
  </target>

  <target name="t2">
    <echo message="Notwendig fuer t1"/>
  </target>

  <target name="t3">
  </target>
</project>
```

Die Build-Datei enthält vier Targets, von denen das erste vom zweiten und dieses wiederum von den beiden anderen abhängig ist. Bevor das Target t0 ausgeführt wird, muss Ant daher das Target t1 abarbeiten. Da dieses selbst von t2 und t3 abhängig ist, führt Ant zunächst diese beiden Targets aus. Dabei werden die Targets in der Reihenfolge ausgeführt, in der sie im depends-Attribut stehen.

4.1.3 Kommandozeilenoption

Die einfachste Möglichkeit, ein Target anzusprechen, besteht im Aufruf über die Kommandozeile. Beim Aufruf von Ant können Sie den Namen eines oder mehrerer Targets als Parameter angeben. Ant startet die Targets in dieser Reihenfolge. Das im <project>-Tag definierte Default-Target bleibt unberücksichtigt. Mögliche Formen des Aufrufs sind somit:

```
ant -f bsp0401.xml t1
ant -f bsp0401.xml t3 t2
```

Im ersten Fall versucht Ant, das Target t1 auszuführen. Es erkennt wiederum die Abhängigkeit von t2 und t3 und arbeitet zunächst diese Targets ab. Das Target t0 bleibt unberücksichtigt.

Der zweite Aufruf startet die Targets t3 und t2, in exakt dieser Reihenfolge.

Diese Variante des Aufrufs ermöglicht es Ihnen, in einer Build-Datei mehrere unterschiedliche Teilaufgaben eines Build-Prozesses zu programmieren und gezielt eine der Aufgaben aufzurufen.

Tipp: Falls Sie verhindern möchten, dass ein Target direkt von der Kommandozeile aus aufgerufen werden kann, steht Ihnen ein kleiner Trick zur Verfügung. Target-Namen dürfen mit einem Bindestrich beginnen. Innerhalb eines depends-Attributs werden derartige Namen auch korrekt ausgewertet. Beim Aufruf über die Kommandozeile werden aber alle Zeichenketten nach einem Bindestrich als Name einer Kommandozeilen-Option und nicht als Target-Name gewertet. Solche Targets können somit nicht über die Kommandozeile gestartet werden.

4.1.4 Bedingte Abarbeitung

Im `<target>`-Tag stehen die beiden Attribute if und unless zur Verfügung. Sie erwarten als Attribut den Namen eines Propertys. Im Falle von if wird das Target nur abgearbeitet, wenn das entsprechende Property existiert. Ob und welchen Wert es besitzt, ist ohne Belang. Das Attribut unless hingegen bewirkt, dass das Target nur dann abgearbeitet wird, wenn das angegebene Property nicht existiert. Beide Attribute können gleichzeitig benutzt werden. In diesem Fall werden beide Bedingungen (ein Property existiert, das andere nicht) miteinander UND-verknüpft. Es kann jeweils nur ein einziges Property je Attribut angegeben werden, komplexe Bedingungen zur Verknüpfung mehrerer Properties sind nicht möglich.

Dazu ein Beispiel:

```
<project name="bsp0402" default="main" basedir=".">
   <target name="main"  depends="t1, t2, t3"/>

   <target name="t1" if="p1">
     <echo message="p1 existiert"/>
   </target>

   <target name="t2" unless="p1">
     <echo message="p1 existiert nicht"/>
   </target>

   <target name="t3" if="p1" unless="p2">
     <echo message="p1 existiert und p2 nicht"/>
   </target>
</project>
```

Arbeiten Sie diese Datei nacheinander durch folgende Kommandozeilenaufrufe ab:

```
ant -f bsp0402.xml
ant -f bsp0402.xml -Dp1=x
ant -f bsp0402.xml -Dp2=x
ant -f bsp0402.xml -Dp1=x -Dp2=x
```

Beachten Sie hierbei, dass die Bedingung direkt am Target notiert und geprüft wird, nicht aber an der Stelle, von der aus das Target aufgerufen wird. Dieses Verhalten weicht stark von dem Verhalten herkömmlicher Programmiersprachen ab und kann beim Entwurf komplexer Build-Dateien gegebenenfalls zu Verwirrung führen. In herkömmlichen Programmiersprachen kann ein Unterprogramm aus völlig verschiedenen Kontexten heraus aufgerufen werden, wobei das Unterprogramm nicht weiß, welche Vorbedingungen zu seinem Aufruf geführt haben. Betrachtet man – unkorrekter Weise – ein Sub-Target in Ant als eine Art Unterprogramm, liegen hier die Verhältnisse genau andersherum. Der aufrufende Programmteil weiß nicht, ob das aufgerufene Sub-Target wirklich ausgeführt wird, da dort möglicherweise diverse Vorbedingungen geprüft werden. Unter Umständen bedeutet dies, dass für ein und dieselbe Aufgabe mehrere Sub-Targets definiert werden müssen, nur weil in diesen Targets unterschiedliche Vorbedingungen zu prüfen sind.

Eine weitere Eigenschaft, die durchaus zu Missverständnissen führen kann, ist, dass die bedingte Abarbeitung eines Targets keinen Einfluss auf die Ausführung der abhängigen Targets hat. Zunächst werden, unabhängig von der Auswertung der Attribute `if` und `unless`, alle abhängigen Targets ausgeführt. Erst dann wird geprüft, ob das aktuelle Target ausgeführt werden muss oder nicht. Daher können abhängige Targets über die Definition von Properties auf die Ausführung des übergeordneten Targets Einfluss nehmen.

Das folgende Beispiel demonstriert dieses Verhalten:

```
<project name=" bsp0403" default="main" basedir=".">
  <target name="main" depends="sub" unless="p1">
    <echo message="Main-Target"/>
  </target>

  <target name="sub" >
    <echo message="Target sub"/>
    <property name="p1" value="true"/>
  </target>
</project>
```

Das `main`-Target ist vom Target `sub` abhängig. Außerdem soll es nur ausgeführt werden, wenn das Property `p1` nicht existiert. Unabhängig davon, ob Sie beim Aufruf der Datei in der Kommandozeile das Property `p1` setzen oder nicht, wird zunächst das Target `sub` ausgeführt. Da spätestens dort das Property `p1` erzeugt wird, kommt das `main`-Target nie zur Ausführung.

4.1.5 Die Kommandos ANT und ANTCALL

Mitunter sollen Sub-Targets nicht über die mit `depends` definierten Abhängigkeiten aufgerufen werden, sondern mitten aus einem anderen Target heraus. Folgende Szenarien machen dies beispielsweise notwendig:

- Das Sub-Target befindet sich in einer anderen Datei.
- Das Sub-Target soll (nur) mit ausgewählten Properties versorgt werden.
- Bedingungsprüfung und Funktionalität sollen voneinander getrennt werden.
- Das Sub-Target dient als Unterprogramm und wird mehrfach (mit unterschiedlichen Properties) aufgerufen.
- Der Name des aufzurufenden Targets wird durch ein Property bestimmt.

All diese Aufgaben erfordern den expliziten Aufruf eines Targets. Dafür stehen die beiden recht ähnlichen Kommandos `<ant>` und `<antcall>` zur Verfügung. Der wesentliche funktionale Unterschied zwischen beiden Kommandos besteht darin, dass Sie mit `<ant>` ein Target in einem anderen Build-File starten können, während `<antcall>` nur den Aufruf von Targets innerhalb der eigenen Datei ermöglicht. Die jeweiligen Attribute der beiden Kommandos können auch Properties auflösen, sodass der Name des zu startenden Targets auch dynamisch in einem Property übergeben werden kann.

Ein weiterer Unterschied besteht in der Weitergabe von Properties, genauer gesagt in den dazu benutzten eingebetteten Tags. Im Falle von `<ant>` können Sie das noch näher zu beschreibende Property-Tag benutzen, um Properties an das aufgerufene Target zu übergeben. Innerhalb des Tags `<antcall>` kann dieses Kommando nicht benutzt werden, dafür steht dort das Kommando `<param>` zur Verfügung. Näheres zu diesen beiden Kommandos finden Sie in Abschnitt 5.1.7.

Tabelle 4.2 listet zunächst die Attribute des Kommandos `<antcall>` auf.

Attribut	Beschreibung	Erforderlich	Default
`target`	Das aufzurufende Target	Ja	
`inheritall`	Properties weitergeben	Nein	`true`
`inheritrefs`	Referenzen weitergeben	Nein	`false`

Tabelle 4.2 Attribute des Kommandos `<antcall>`

Im `<antcall>`-Kommando ist natürlich das Attribut `target` zu benutzen, mit dem das aufzurufende Target benannt wird. `inheritall` und `inheritrefs`, die anderen beiden Attribute, bestimmen, ob die aktuellen Properties und Referenzen an das neue Target weitergereicht werden.

Unabhängig von diesen beiden Attributen stehen für die Übergabe von Properties und Referenzen auch zwei eingebettete Tags bereit. Mit `<param>` können Sie Name-Wert-Paare definieren, die von `<antcall>` in Properties umgewandelt werden. Diese stehen dann innerhalb des aufgerufenen Targets zur Verfügung. Das `<param>`-Tag besitzt die Attribute `name` und `value`. Auf diese Weise definierte Properties überschreiben eventuell vorhandene gleichnamige Properties. Außerdem erfolgt die Übergabe an das aufgerufene Target unabhängig vom Wert des Attributs `inheritall`.

Ein zweites Tag, `<reference>`, ermöglicht die Übergabe von Referenzen. Diese Referenzen ermöglichen es, komplexere Strukturen, beispielsweise Datei-Suchmuster, separat zu notieren und später per Verweis in andere Kommandos einzufügen. Sie können mit dem `<reference>`-Tag weitergereicht werden. Dazu kennt das Tag die Attribute `refid` und `torefid`. Dabei ist `refid` ein Muss-Attribut. Mit ihm legen Sie die weiterzureichende Referenz fest. Mit dem optionalen Attribut `torefid` können Sie bestimmen, unter welchem Namen die Referenz im aufgerufenen Target verfügbar sein soll. Falls dieses Attribut nicht zum Einsatz kommt, ist die Referenz mit ihrem ursprünglichen Namen anzusprechen.

Details zu Properties, zur Weitergabe an untergeordnete Targets, zu Gültigkeitsbereichen etc. finden Sie im Kapitel 5.

Etwas komfortabler als das eben beschriebene Kommando arbeitet das Kommando `<ant>`. Es ermöglicht den Aufruf von Targets in anderen Dateien. Dazu verfügt es über eine Reihe zusätzlicher Attribute. Tabelle 4.3 zeigt zunächst eine Zusammenstellung aller Attribute dieses Kommandos.

Attribut	Beschreibung	Erforderlich	Default
`antfile`	Name der Build-Datei, die aufgerufen werden soll	Nein	`build.xml`
`dir`	Verzeichnis, in dem die Build-Datei gesucht wird	Nein	Aktuelles Arbeitsverzeichnis
`target`	Das aufzurufende Target	Nein	Default-Target der gerufenen Datei
`output`	Ausgaben in diese Datei schreiben	Nein	
`inheritall`	Properties weitergeben	Nein	`true`
`inheritrefs`	Referenzen weitergeben	Nein	`false`

Tabelle 4.3 Attribute des Kommandos `<ant>`

Die Attribute `target`, `inheritall` und `inheritrefs` entsprechen denen des Kommandos `<antcall>`. Allerdings ist das Attribut `target` optional. Falls kein Target angegeben wird, benutzt Ant das `default`-Attribut des `<project>`-Tags der aufgerufenen Datei.

Das Attribut `output` kann benutzt werden, um die Konsolenausgaben der aufgerufenen Build-Datei zusätzlich zur Ausgabe auf der Konsole in eine Datei zu schreiben.

Einfluss auf die aufgerufene Build-Datei haben die beiden Attribute `antfile` und `dir`. Mit `antfile` legen Sie den Namen der aufzurufenden Build-Datei fest. Auch dieses Attribut ist optional. Falls Sie es nicht verwenden, sucht Ant automatisch nach der Datei `build.xml`.

Gesucht wird normalerweise im Arbeitsverzeichnis der aktuellen Build-Datei. Dieses Verzeichnis kann im `<project>`-Tag mit dem Attribut `basedir` gesetzt werden. Ohne dieses Attribut ist das Verzeichnis, in dem sich die Build-Datei befindet, das Arbeitsverzeichnis. Das Arbeitsverzeichnis der aktuellen Datei ist zugleich auch das Arbeitsverzeichnis der aufgerufenen Datei, auch wenn dort mit dem Attribut `basedir` ein anderes Arbeitsverzeichnis gesetzt wird. Sofern allerdings im Kommando das Attribut

```
inheritall="false"
```

gesetzt wird, unterbleibt die Weitergabe des Arbeitsverzeichnisses. In diesem Fall wird ein `basedir`-Attribut der aufgerufenen Datei wirksam.

Die Wirkung des `basedir`-Attributs bzw. das Arbeitsverzeichnis können Sie durch das Attribut `dir` des `<ant>`-Kommandos ändern. Dieses Attribut legt fest, wo die aufzurufende Datei gesucht wird, und bestimmt auch das aktuelle Arbeitsverzeichnis für die aufgerufene Datei. Dieses Verhalten kann durch das Attribut `inheritall` nicht beeinflusst werden! Sobald das Attribut `dir` benutzt wird, ist damit das Arbeitsverzeichnis der aufgerufenen Datei festgeschrieben.

Im Zusammenhang mit dem `<ant>`-Kommando können zwei eingebettete Tags benutzt werden. Eines davon, das `<reference>`-Tag, wurde bereits beim Kommando `<antcall>` beschrieben. Es weist beim Kommando `<ant>` exakt dieselbe Funktion auf.

Das zweite mögliche Tag ist das `<property>`-Tag. Mit diesem Kommando definieren Sie Properties für das aufgerufene Target. Insofern ähnelt die Funktion von `<property>` dem `<param>`-Tag, das beim Kommando `<antcall>` benutzt werden kann. Allerdings besitzt das `<property>`-Kommando einen wesentlich größeren Funktionsumfang als das `<param>`-Tag. Es kann zudem auch als eigenständiges Kommando benutzt werden. Aus diesem Grund wird es detailliert im Abschnitt über die Properties (siehe Kapitel 5.1) beschrieben.

Die nachfolgenden beiden Build-Dateien demonstrieren die Verwendung des `<ant>`-Kommandos und zeigen die Auswirkungen der diversen Attribute auf das Arbeitsverzeichnis. Beginnen wir mit der aufzurufenden Datei. Hier existiert nur ein Target, in dem lediglich der Inhalt des Properties `basedir` auf der Konsole ausgegeben wird. Im `<project>`-Tag wird mit dem Attribut `basedir` ein

4.1 Details

übergeordnetes Verzeichnis als Arbeitsverzeichnis definiert. Diese Datei muss in einem Unterverzeichnis unterhalb der anderen Beispieldateien untergebracht werden (bsp0404.xml):

```xml
<project name="bsp0404" default="main" basedir="../..">
  <target name="main">
    <echo message="${basedir}"/>
  </target>
</project>
```

Die eben vorgestellte Datei wird von der folgenden Build-Datei mehrfach aufgerufen. Dabei kommen alle vier Kombinationen des inheritall-Attributs und des dir-Attributs zum Einsatz:

```xml
<project name="bsp0405" default="main" basedir=".">
  <target name="main">
    <ant antfile="Bsp04/bsp0404.xml" inheritall="false"/>
    <ant antfile="Bsp04/bsp0404.xml" inheritall="true"/>
    <ant antfile="bsp0404.xml" dir="Bsp04" inheritall="false"/>
    <ant antfile="bsp0404.xml" dir="Bsp04" inheritall="true"/>
  </target>
</project>
```

Durch die Ausführung der Ant-Datei ergibt sich eine Bildschirmausgabe ähnlich der folgenden:

```
main:
     [echo] D:\usr\AntBuch\Beispiele
main:
     [echo] D:\usr\AntBuch\Beispiele\Kapitel04
main:
     [echo] D:\usr\AntBuch\Beispiele\Kapitel04\Bsp04
main:
     [echo] D:\usr\AntBuch\Beispiele\Kapitel04\Bsp04
```

Die ersten beiden Ausgaben entstehen durch den Aufruf der nachgeordneten Build-Datei ohne das dir-Attribut. Je nach Wert des inheritall-Attributs ist entweder das in der nachgeordneten Datei festgelegte Basis-Verzeichnis oder aber das Arbeitsverzeichnis der aufrufenden Datei das aktuell verwendete Arbeitsverzeichnis. Bei der Aufruf-Variante mit dem dir-Attribut ist stets dessen Wert das Basis-Verzeichnis für die aufgerufene Datei, unabhängig vom Zustand des inheritall-Attributs.

4.2 Ausführung von Kommandos im Target

Die Kommandos (Tasks) innerhalb eines Targets werden sequenziell gemäß ihrer Reihenfolge im Target ausgeführt. Ein Kommando wird erst ausgeführt, wenn das vorangegangene beendet wurde.

Von diesem Verfahren kann in bestimmten Fällen abgewichen werden. Ant bietet die Möglichkeit, mehrere Kommandos parallel auszuführen. Das ist beispielsweise sinnvoll, wenn aus Ant heraus Software-Tests gestartet werden sollen. Ein Ant-Task startet die zu testende Software, ein anderer das Testprogramm. Auf schnellen Maschinen können auch andere Vorgänge parallelisiert werden, z.B. das Kompilieren und das Erstellen der Javadoc.

Für die gesteuerte Ausführung von Kommandos existieren vier spezielle Tasks. Tabelle 4.4 zeigt zunächst eine Übersicht über diese Kommandos.

Task	Aufgabe
parallel	Alle enthaltenen Kommandos werden als parallel laufende Tasks gestartet.
sequential	Alle enthaltenen Kommandos werden nacheinander ausgeführt.
waitfor	Wartet auf das Eintreffen eines bestimmten Ereignisses.
sleep	Unterbricht die Programmausführung für eine angegebene Zeit.

Tabelle 4.4 Kommandos zur Modifikation der Abarbeitungsreihenfolge

Am interessantesten ist zunächst das Kommando `<parallel>`. Es dient als Hülle um andere Ant-Kommandos, die dann parallel ausgeführt werden. Besonders einfach ist dabei die parallele Ausführung mehrerer anderer Targets zu erreichen, die per `<antcall>`-Tag aufgerufen werden können:

```
<parallel>
   <antcall target="comp"/>
   <antcall target="jdoc"/>
</parallel>
```

Ob eine derartige Parallelisierung wirklich einen Zeitgewinn bringt, ist sehr stark von den aufgerufenen Kommandos und der verwendeten Hardware abhängig.

Bei komplexen Aufgaben, z.B. bei automatisierten Tests, enthalten die parallel auszuführenden Programmstränge oft mehrere Kommandos, die wiederum sequenziell abgearbeitet werden sollen. Dazu steht das Tag `<sequential>` zur Verfügung, dessen Einsatz natürlich nur innerhalb des `<parallel>`-Tags Sinn macht.

Zwei weitere Tags ermöglichen die Einflussnahme auf den zeitlichen Ablauf. Das Tag `<sleep>` unterbricht die Abarbeitung des aktuellen Programmstrangs für eine einstellbare Zeit. Diese kann über eines oder mehrere der Attribute `hours`, `minutes`, `seconds` oder `milliseconds` eingestellt werden. Die Gesamtzeit ergibt sich aus der Summe der eingestellten Zeiten, wobei diese auch negativ sein dürfen.

Etwas komplexer ist das Tag `<waitfor>`. Dieses Tag unterbricht die Ausführung des aktuellen Programmzweigs und wartet auf das Auftreten eines oder mehrerer Ereignisse. Diese Ereignisse werden in Form eingebetteter Tags programmiert. Sie entsprechen denen, die auch im `<condition>`-Tag benutzt werden. Um übermäßige Redundanz zu vermeiden, sei bezüglich der möglichen Sub-Tags auf die Beschreibung von `<condition>` in Kapitel 9 verwiesen. Als Vorgriff folgt hier die Aufzählung der Bedingungen oder Ereignisse, die im Zusammenhang mit `<waitfor>` Sinn machen:

- Existenz einer Datei oder Klasse
- Erfolgreiche Uptodate-Prüfung von Dateien
- Existenz eines bestimmten Propertys
- Test des Inhalts eines Properties auf den Wert true oder false

Der Einsatz von `<waitfor>` ist im Zusammenhang mit der parallelen Ausführung mehrerer Kommandos sinnvoll, um deren Abarbeitung synchronisieren zu können.

Die Überprüfung der Bedingungen erfolgt periodisch, um nicht unnötig Rechenzeit zu beanspruchen. Im Standardfall werden die Bedingungen alle 500 Millisekunden überprüft. Eine Änderung dieses Intervalls ist mit den Attributen `checkevery` und `checkeveryunit` möglich. Dabei enthält `checkevery` einen Zahlenwert. Die dazu gehörige Maßeinheit wird mit dem Attribut `checkeveryunit` bestimmt. Als Wertebereich für `checkeveryunit` sind die Zeichenketten »millisecond«, »second«, »minute«, »hour«, »day« und »week« möglich. Da für beide Attribute Default-Werte gesetzt werden (500 für `checkevery` und »millisecond« für `checkeveryunit`), reicht es aus, nur das wirklich zu modifizierende Attribut zu setzen.

Damit die Anwendung nicht für immer und ewig auf ein Ereignis wartet, das nie eintritt, existiert natürlich auch eine maximale Wartezeit. Diese beträgt 180 Sekunden. Eine Modifikation ist über die beiden Attribute `maxwait` und `maxwaitunit` möglich. Die Defaultwerte sind 180000 für `maxwait` und wiederum »millisecond« für `maxwaitunit`.

Falls das `<waitfor>`-Tag erfolglos auf ein Ereignis wartet und dann wegen Erreichens der maximalen Wartezeit abbricht, wird ein Property erzeugt, dessen Name Sie über das Attribut `timeoutproperty` definieren.

Das folgende kleine Beispiel demonstriert die Anwendung aller vier Tags. Einen über Demonstrationszwecke hinausgehenden praktischen Nutzen besitzt es nicht.

```
<project name="bsp0406" default="main" basedir=".">
  <target name="main" >

    <parallel>
      <sequential>
        <echo message="Sleep-Task gestartet" />
        <sleep minutes="1" seconds="-55" />
        <echo message="Sleep-Task aufgewacht" />
        <property name="go" value="on" />
      </sequential>

      <sequential>
        <echo message="Waitfor-Task gestartet" />
        <waitfor checkevery="1000" >
          <isset property="go" />
        </waitfor>
        <echo message="Waitfor-Task Ende" />
      </sequential>
    </parallel>

  </target>
</project>
```

Das Beispiel erzeugt zwei Programmzweige, die parallel ausgeführt werden. Jeder Programmzweig enthält mehrere Kommandos, die nacheinander ausgeführt und daher in jeweils einem `<sequential>`-Tag zusammengefasst werden. Nach dem Start der Anwendung erzeugt jeder der Programmzweige eine Konsolenausgabe, um seine Existenz zu beweisen. Der erste Zweig legt dann eine Pause ein, die 1 Minute minus 55 Sekunden, also 5 Sekunden lang ist. Danach wird wiederum eine Nachricht auf der Konsole ausgegeben und das Property go erzeugt.

Der zweite Programmzweig wartet nach der ersten Konsolenausgabe auf die Bereitstellung des Propertys. Dabei wird dessen Existenz alle 1000 ms geprüft. Nach der Erstellung führt er eine weitere Konsolenausgabe durch. Die Reihenfolge der Ausgaben ermöglicht es, den Programmablauf zu verfolgen.

Zusammenfassung

Targets sind die kleinste und neben den Build-Dateien die einzige Modularisierungseinheit. Ant-Kommandos können nur ausgeführt werden, wenn sie sich in einem Target befinden. Verschiedene Mechanismen ermöglichen die Einflussnahme auf die Abarbeitungsreihenfolge sowie eine bedingte Ausführung.

5 Properties

Properties sind Platzhalter für Werte, die dynamisch zur Laufzeit der Anwendung gesetzt werden können. Insofern ähneln sie entfernt den Konstantendeklarationen der üblichen Programmiersprachen. Ein zunächst ebenfalls sinnfälliger Vergleich mit Variablen ist nicht korrekt, da Properties, nachdem sie einmal definiert und mit einem Wert versehen wurden, nicht mehr gelöscht oder überschrieben werden können. Allerdings sind die Konzepte von Ant von denen einer herkömmlichen Programmiersprache sehr verschieden, sodass auch Properties etwas anders benutzt werden als Konstanten in Java. Properties werden vor allem für folgende Zwecke benutzt:

- Einsatz als Flag, um Ja/Nein-Zustände darstellen zu können
- Einsatz als Symbol (Konstante), um z.B. die Pflege mehrfach verwendeter Informationen zu vereinfachen
- Bereitstellen von Customizing-Werten mittels externer Property-Datei
- Rückgabe von Werten durch Ant-Kommandos

5.1 Erzeugen

Entsprechend der unterschiedlichen Aufgaben der Properties existieren völlig verschiedene Mechanismen zu deren Definition. Folgende Varianten existieren:

- Ant bzw. die JVM definiert einige allgemein gültige Properties
- Direkte Erstellung durch das `<property>`-Tag
- Einlesen einer Property-Datei
- Einlesen der Umgebungsvariablen des Betriebssystems
- Definition durch Kommandozeilenparameter beim Aufruf von Ant
- Diverse Tags erzeugen Properties als Statusinformation
- Beim Aufruf untergeordneter Targets können Properties für diesen Aufruf definiert werden

5.1.1 Vordefinierte Properties

Ant bzw. die Java Virtual Machine stellt eine Reihe von vordefinierten Properties zur Verfügung.

Einen Überblick über die vordefinierten Properties erhalten Sie am einfachsten durch die folgende kleine Build-Datei:

```
<project name="bsp0501" default="main" basedir=".">
  <target name="main">
    <echoproperties />
  </target>
</project>
```

Das Kommando `<echoproperties>` listet die zum aktuellen Zeitpunkt definierten Properties auf. Sehr viele davon sind für die Arbeit mit Ant nicht notwendig. Die Tabelle 5.1 zeigt Ihnen eine Auswahl von vordefinierten Properties, von denen das eine oder andere gegebenenfalls in Ant-Dateien benutzt werden muss. Beachten Sie dabei, dass einige der Properties betriebssystemabhängige Werte bereitstellen und somit nicht auf allen Plattformen verfügbar sind.

Property	Beschreibung	Bereitgestellt von	Beispiel
`java.version`	Aktuelle Java-Version	JVM	`1.3.1`
`java.home`	Installationsverzeichnis der JVW	JVM	`c\:\\jdk1.3.1\\jre`
`java.class.path`	Aktueller Classpath	JVM	`c\:\\jdk1.3.1\\lib\\tools.jar;c\:\\programme\\ant\\lib\\xml-apis.jar;c\:\\programme\\ant\\lib\\xercesImpl.jar;c\:\\programme\\ant\\lib\\optional.jar;c\:\\programme\\ant\\lib\\ant.jar;`
`os.name`	Name des Betriebssystems	JVM	`Windows NT`
`os.arch`	Hardware-Basis	JVM	`x86`
`os.version`	Betriebssystem-Version	JVM	`4.0`
`file.separator`	Trennzeichen für Datei- und Verzeichnisnamen	JVM	`\\`
`path.separator`	Trennzeichen bei Auflistung mehrerer Verzeichnisse	JVM	`;`
`line.separator`	Zeilentrenner	JVM	`\r\n`
`user.name`	Name des Benutzers	JVM	`bernd`
`user.home`	Home-Verzeichnis des aktuellen Benutzers	JVM	`C\:\\WINNT\\Profiles\\bernd`
`user.dir`	Aktuelles Arbeitsverzeichnis	JVM	`D\:\\USR\\Ant-Buch\\beispiele`

Tabelle 5.1 Vordefinierte Properties

Property	Beschreibung	Bereitgestellt von	Beispiel
`basedir`	Der absolute Pfad des durch das Attribut `basedir` gesetzten Verzeichnisses	Ant	`D\:\\USR\\ Ant-Buch\\beispiele`
`ant.file`	Der komplette Name der aktuellen Build-Datei	Ant	`D\:\\USR\\ Ant-Buch\\beispiele\\ant070.xml`
`ant.version`	Versionsbezeichnung von Ant in Langform	Ant	`Apache Ant version 1.5Beta2 compiled on May 31 2002`
`ant.project.name`	Der Name des aktuellen Projekts, der durch das Attribut `name` gesetzt wurde	Ant	`ant070`

Tabelle 5.1 Vordefinierte Properties (Forts.)

5.1.2 Explizite Definition durch das <property>-Kommando

Innerhalb einer Build-Datei können Properties auch manuell mit Hilfe des Kommandos `<property>` erstellt werden. Dieses Kommando weist eine Reihe von Attributen auf, die sich teilweise gegenseitig ausschließen. So können Sie mit diesem Kommando entweder einzelne, explizit benannte Properties anlegen und ihnen mittels diverser Mechanismen einen Wert zuweisen oder aber einen kompletten Satz von Properties aus externen Quellen (meist einer Datei) einlesen.

Das `<property>`-Tag kann auch außerhalb des `<target>`-Tags stehen, also in der Ebene direkt unter dem `<project>`-Tag. Von dieser Möglichkeit wird Gebrauch gemacht, um Properties zu definieren, die auf jeden Fall zur Ausführung der Build-Datei notwendig sind und deren Existenz daher nicht von der Ausführung eines Targets abhängig sein soll.

Das folgende Listing zeigt zunächst die verschiedenen Varianten des Kommandos `<property>` zum Anlegen einzelner Properties. Alle hier benutzten Varianten des Kommandos benutzen das Attribut `name`.

```
<project name="bsp0502" default="main">

  <target name="main" depends="compile_dummy">
    <property name="path.abs.root"
              value="/forcont/factory"/>
    <property name="path.rel.source"
              value="src"/>
    <property name="path.rel.target"
              value="build"/>
```

```xml
    <property name="path.abs.source"
              value="${path.abs.root}/${path.rel.source}"/>
    <echo message="${path.abs.source}"/>
    <property name="path.this"
              location="bsp0502.xml"
              id="pt"/>
    <echo message="${path.this}"/>

    <property name="path.classpath"
              refid="cp"/>
    <echo message="${path.classpath}"/>

    <property name="prop"
              refid="pt"/>
    <echo message="${prop}"/>
</target>

<target name="compile_dummy">
    <javac srcdir="."
           destdir="."
           includes="*.java">
      <classpath id="cp">
        <pathelement location="xyz.jar"/>
      </classpath>
    </javac>
</target>

</project>
```

Die ersten vier <property>-Tags definieren Properties auf die einfachste Art und Weise durch Verwendung des name- und des value-Attributs. Dabei werden in der vierten Definition die Inhalte von zwei der zuvor benutzten Properties als Wert benutzt. Dieser so erstellte Wert wird anschließend zur Kontrolle durch ein <echo>-Kommando auf der Konsole ausgegeben.

Eine weitere Möglichkeit, einem einzelnen Property einen Wert zuzuweisen, stellt das location-Attribut dar. Es erwartet als Parameter einen Dateinamen, wobei diese Datei nicht existieren muss. Als Resultat wird der Dateiname mit dem aktuellen Pfad ergänzt und dem Property als Wert zugewiesen.

Schließlich kann einem Property ein Wert auch noch per Referenz zugewiesen werden. Dazu kommt das Attribut refid zum Einsatz. Dies ist aber nur sinnvoll, wenn die Referenz auf ein anderes Property oder eine Pfadangabe zeigt. Die Demonstration dieser Variante erfordert die Notation eines zweiten Targets, das das noch nicht näher beschriebene <javac>-Tag enthält. An dieser Stelle ist nicht das Javac-Kommando, sondern nur das eingebettete <classpath>-Tag von Bedeutung. Bei diesem Tag handelt es sich um eine Pfadangabe, die über eine

Referenz in ein Property eingelesen werden kann. Die beiden letzten `<property>`-Tags im Target `main` demonstrieren den Bezug auf andere Werte per Referenz.

Die Referenzierung eines anderen Propertys scheint zunächst identisch mit der direkten Angabe des Property-Namens zu sein. Allerdings kann Ant keine rekursiven Ersetzungen ausführen. Es ist daher nicht möglich, in einem Property den Namen eines anderen Propertys anzugeben und dessen Wert einzufügen. Falls dies notwendig ist, bieten Referenzen einen Ausweg. Die nachfolgende Ant-Datei verdeutlicht dies. In dieser Datei wird das erste `<property>`-Tag außerhalb des Targets platziert, um auch diese Möglichkeit einmal praktisch zu demonstrieren.

```
<project name="bsp0503" default="main">
  <property name="property" value="Wert von Property" id="ref"/>

  <target name="main">
    <!-- funktioniert nicht -->
    <property name="pointer1" value="property"/>
    <property name="target1" value="${pointer1}"/>
    <echo message="${target1}"/>

    <!-- funktioniert -->
    <property name="pointer2" value="ref"/>
    <property name="target2" refid="${pointer2}"/>
    <echo message="${target2}"/>
  </target>

</project>
```

Im Target `main` wird zunächst ein Property angelegt und mit einem Wert gefüllt. Außerdem erhält das Property einen Identifikator, damit es referenziert werden kann.

Nun wird ein Property `pointer1` angelegt, das als Wert den Namen des ersten Propertys erhält. Der Versuch, anschließend ein Property zu erzeugen, dessen Wert der Inhalt des Propertys ist, dessen Name in `pointer1` steht, schlägt fehl. Das nachfolgende Echo-Kommando zeigt, dass lediglich der Wert von `pointer1` zugewiesen wird.

Anders sieht es aus, wenn die Zuweisung über eine Referenz erfolgt. In `pointer2` wird anstelle des Property-Namens der Identifikator abgelegt. Anschließend wird das Property `target2` erzeugt und dessen Wert per Referenz gesetzt. Der Name der Referenz wird dabei `pointer2` entnommen. Nun wird der korrekte Wert übernommen, wie die zweite Echo-Anweisung zeigt. Hier shen Sie die Konsolen-Ausgabe der Build-Datei:

```
Buildfile: bsp0503.xml
main:
     [echo] property
     [echo] Wert von Property
BUILD SUCCESSFUL
```

Beim Test der letzten Anwendung kann ein kleines Problem auftreten, falls Sie die von Ant erzeugte DTD einbinden und versuchen, die Datei zu validieren. Die von Ant erstellte DTD ist nicht flexibel genug, um die dynamische Übergabe der Referenz in einem Property korrekt auswerten zu können. Sie kann lediglich eine statische Prüfung der in der Datei notierten Zeichenketten für `id` und `refid` durchführen. Daher wird die Datei als »nicht gültig« bemängelt, obwohl sie von Ant korrekt verarbeitet werden kann.

5.1.3 Einlesen von Property-Dateien

Neben der Erzeugung einzelner Properties kann das `<property>`-Kommando auch mehrere Properties auf einmal anlegen. Diese werden aber nicht innerhalb des Kommandos notiert, sondern aus einer externen Datei gelesen. Die Datei muss Einträge der Form

```
key=value
```

enthalten. Das folgende Beispiel benutzt zwei inhaltlich identische Dateien mit folgendem Inhalt:

```
date=06.06.2002
num=17
running=true
```

Eine der Dateien (`my0504.properties`) liegt im selben Verzeichnis wie die Build-Datei. Die andere (`myres0504.properties`) befindet sich in einem separaten Verzeichnis `Resources` unterhalb des aktuellen Arbeitsverzeichnisses.

Kennzeichen für die Massendefinition von Properties ist das fehlende `name`-Attribut im `<property>`-Kommando. Stattdessen müssen Sie ein alternatives Attribut angeben. Zum Einlesen externer Property-Dateien stehen zwei unterschiedliche Attribute, `file` und `resource`, zur Verfügung. Als Wert für die beiden Attribute ist der Name der einzulesenden Datei anzugeben. Die beiden Attribute unterscheiden sich lediglich durch die Verzeichnisse, in denen die angegebene Datei gesucht wird. Falls im Attribut `file` ein absoluter Pfad benutzt wird, verwendet Ant natürlich diese Angabe; ansonsten wird im aktuellen Arbeitsverzeichnis gesucht. Beim Attribut `resource` berücksichtigt Ant zusätzlich einen optional angegebenen Classpath. Dieser kann im Attribut `classpath` direkt oder per Referenz im Attribut `classpathref` übergeben werden.

Bei Einbindung externer Property-Dateien kann nicht ausgeschlossen werden, dass Properties mehrfach definiert werden. Um derartige Konflikte zu vermeiden, können Sie Ant dazu veranlassen, beim Einlesen von Dateien die einzelnen Properties mit einem Präfix zu versehen. Dies definieren Sie im `<property>`-Kommando mit dem Attribut `prefix`. Das folgende Beispiel nutzt dieses Attribut beim Lesen der ersten Datei.

```
<project name="bsp0504" default="main">
  <target name="main">
    <property file="my0504.properties"
              prefix="my"/>
    <echo message="${my.date}"/>
    <echo message="${my.num}"/>
    <echo message="${my.running}"/>
    <echo message="-----------------------------------"/>

    <property resource="myres0504.properties"
              classpath="./resources"/>
    <echo message="${date}"/>
    <echo message="${num}"/>
    <echo message="${running}"/>
  </target>
</project>
```

Der erfolgreiche Test des Beispiels setzt voraus, dass Sie die beiden erwähnten Property-Dateien mit dem bereits vorgestellten Inhalt erzeugen und in den angegebenen Pfaden ablegen. Sie können durch einige Modifikationen der Dateiinhalte und der Build-Datei die Wirkung des `classpath`- und des `prefix`-Attributs testen.

Es existieren zwei weitere Kommandos zum Einlesen einer Property-Datei, die zusätzlichen Komfort bieten. Die beiden Kommandos `<loadproperties>` und `<xmlproperties>` können allerdings nur innerhalb eines Targets stehen und nicht, wie das `<property>`-Kommando, direkt auf der Ebene unterhalb des `<project>`-Tags.

Mit dem Kommando `<loadproperties>` lesen Sie eine herkömmliche Property-Datei ein. Sie können allerdings im Gegensatz zum `<property>`-Tag durch zusätzliche eingebettete Tags auswählen, welche Properties zu berücksichtigen sind. Unter Umständen ist auch noch eine Modifikation der einzulesenden Properties möglich. Zuständig dafür ist das Tag `<filterchain>` in Zusammenarbeit mit so genannten Filtern. Da diese Tags auch im Zusammenhang mit anderen Kommandos eingesetzt werden können, werden sie im Abschnitt 8.9 detailliert beschrieben.

Ohne die eingebetteten Tags ist die Syntax des `<loadproperties>`-Kommandos sehr einfach. Es verfügt lediglich über ein Attribut `srcfile`, das immer verwendet werden muss. Mit diesem Attribut legen Sie die zu lesende Property-Datei fest.

Mit dem Kommando `<xmlproperty>` lesen Sie Properties aus einer XML-Datei ein. Die verwendbaren Attribute unterscheiden sich aber wesentlich vom `<loadproperties>`-Kommando. Beachten Sie dazu Tabelle 5.2.

Attribut	Beschreibung	Erforderlich	Default-Wert
`file`	Name der einzulesenden Datei	Ja	
`prefix`	Präfix, das jedem Property-Namen vorangestellt wird	Nein	
`keeproot`	Wenn »false«, dann wird das Root-Tag der XML-Datei nicht in den Property-Namen aufgenommen.	Nein	`true`
`validate`	Wenn »true«, wird eine Validierung der XML-Datei durchgeführt.	Nein	`false`
`collapseattributes`	Wenn »true«, werden XML-Attribute wie eingebettete Tags ausgewertet.	Nein	`false`

Tabelle 5.2 Attribute des `<xmlproperty>`-Kommandos

Die Namen der Properties ergeben sich aus den aneinander gereihten Namen der Tags und Attribute. Im Normalfall (`collapseattributes` nicht gesetzt oder »false«) werden die Tag-Namen durch Punkte getrennt und Attributnamen in runde Klammern eingeschlossen. Falls `collapseattributes` auf den Wert »true« gesetzt wurde, werden Attributnamen ohne die runden Klammern, dafür aber ebenfalls durch einen vorangesetzten Punkt von den übrigen Namensbestandteilen getrennt, in den Property-Namen aufgenommen. Dazu einige Beispiele. Vorausgesetzt sei folgende XML-Property-Datei `prop.xml`:

```
<xml-root>
  <path root="/usr/forcont/factory">
    <source>src</source>
    <build>build</build>
  </path>
</xml-root>
```

Im ersten Beispiel wird die XML-Datei einfach eingelesen, ohne dass weitere Attribute im `<xmlproperty>`-Kommando benutzt werden. Das Kommando lautet somit:

```
<xmlproperty file="prop.xml"/>
```

Die folgende Übersicht zeigt die dadurch entstehenden Properties mit deren Werten:

```
xml-root.path.source=src
xml-root.path(root)=/usr/forcont/factory
xml-root.path.build=build
```

Allen Properties wird der Name des Root-Tags der Property-Datei vorangestellt. Es schließen sich die Namen der inneren Tags an. Der Name des Attributs im Root-Tag steht im Property-Namen in Klammern. Diese etwas gewöhnungsbedürftige Schreibweise kann durch das Attribut collapseattributes zum <xmlproperty>-Kommando in ein leichter lesbares Format umgewandelt werden. Betrachten wir zunächst das Kommando:

```
<xmlproperty file="prop.xml" collapseattributes="true"/>
```

Die entstehenden Properties gleichen, bis auf die Schreibweise des source-Attributs, den vorangegangenen:

```
xml-root.path.source=src
xml-root.path.build=build
xml-root.path.root=/usr/forcont/factory
```

Das an die Property-Namen angefügte Root-Tag verlängert die Namen. Das kann unerwünscht sein. Das Attribut keeproot unterbindet das Einfügen dieses Namensbestandteils. Das Kommando

```
<xmlproperty file="prop.xml" keeproot="false"/>
```

erzeugt somit folgende Properties:

```
path(root)=/usr/forcont/factory
path.build=build
path.source=src
```

Natürlich könnte hier zusammen mit dem keeproot-Attribut auch noch das collapseattributes-Attribut benutzt werden, um Tags und Attribute der Property-Datei auf identische Weise zu behandeln.

Die automatisch angefügten Präfixe sind in einigen Fällen durchaus nützlich. Oft gelingt es nur dadurch, eindeutige Property-Namen zu erhalten. In größeren Projekten besteht oft die Gefahr, dass an unterschiedlichen Stellen, egal ob in Property-Dateien oder Build-Files, identische Property-Namen für logisch unterschiedliche Informationen benutzt werden. Ebenso wie das <loadproperties>-Kommando bietet auch das <xmlproperty>-Tag die Möglichkeit, den Property-Namen ein frei wählbares Präfix voranzustellen. Das folgende Beispiel zeigt die Verwendung dieses Attributs. Achten Sie bei diesem Beispiel bitte darauf, dass Sie trotz Verwendung des prefix-Attributs die Aufnahme des Root-Tags der XML-Property-Datei in den Property-Namen separat abschalten müssen.

```
<xmlproperty file="prop.xml" prefix="pr" keeproot="false"/>
```

Mit dem vorgestellten Kommando erzeugen Sie folgende Properties:

```
pr.path(root)=/usr/forcont/factory
pr.path.build=build
pr.path.source=src
```

Das folgende Listing stellt alle Kommandos nochmals in einer lauffähigen Build-Datei vor. Die `<xmlproperty>`-Aufrufe wurden jeweils in ein eigenes Target verlagert, das mit `<antcall>` aufgerufen wird. Dies bewirkt, dass die Properties nur innerhalb der Sub-Targets existieren und somit keine Nebenwirkungen durch bereits vorhandene Properties auftreten.

```xml
<project name="bsp0505" default="main">

  <target name="main">
    <antcall target="xmlprop1"
             inheritall="false"/>
    <antcall target="xmlprop2"
             inheritall="false"/>
    <antcall target="xmlprop3"
             inheritall="false"/>
    <antcall target="xmlprop4"
             inheritall="false"/>
  </target>

  <target name="xmlprop1">
    <xmlproperty file="prop0505.xml"/>
    <echoproperties prefix="xml"/>
  </target>

  <target name="xmlprop2">
    <xmlproperty file="prop0505.xml"
                 collapseattributes="true"/>
    <echoproperties prefix="xml"/>
  </target>

  <target name="xmlprop3">
    <xmlproperty file="prop0505.xml"
                 keeproot="false"/>
    <echoproperties prefix="path"/>
  </target>

  <target name="xmlprop4">
    <xmlproperty file="prop0505.xml"
                 prefix="pr"
                 keeproot="false"/>
    <echoproperties prefix="pr"/>
  </target>
</project>
```

Neben der Möglichkeit, echte Property-Dateien einzulesen, können auch beliebige Dateien in ein einzelnes Property eingelesen werden. Das ist z. B. sinnvoll für Properties, die eine Liste mit Datei- oder Pfadnamen aufnehmen sollen. Eine andere Verwendungsmöglichkeit besteht im Einlesen einer Nachricht, die mit dem `<mail>`-Kommando verschickt werden soll.

Das für diese Funktion vorgesehene Kommando ist `<loadfile>`. Es besitzt die in Tabelle 5.3 aufgeführten Attribute. Als einziges eingebettetes Tag ist das bereits beim `<loadproperties>`-Kommando erwähnte `<filterchain>`-Tag möglich.

Attribut	Beschreibung	Default	Erforderlich
srcfile	Einzulesende Datei		Ja
property	Zu erzeugendes Property		Ja
encoding	Kodierung des Zeichensatzes		Nein
failonerror	Build abbrechen, wenn Einlesen fehlschlägt?	true	Nein

Tabelle 5.3 Attribute des `<loadfile>`-Tags

5.1.4 Umgebungsvariablen einlesen

In vielen Anwendungen müssen Sie die konkrete Systemumgebung berücksichtigen. Sie haben dazu die Möglichkeit, alle Umgebungsvariablen des Betriebssystems als Properties einzulesen. Sie benutzen dazu das Attribut `environment`. Dieses Attribut erhält als Wert ein Präfix, das dem Namen der Umgebungsvariablen vorangestellt wird. Dadurch können Sie das unbeabsichtigte Überschreiben von existierenden Properties vermeiden. Das nachfolgende Beispiel zeigt die Verwendung in einem Windows-NT-System.

```
<project name="bsp0506" default="main">
   <target name="main">
    <property environment="env"/>
    <echo message="${env.USERNAME}"/>
    <echo message="${env.SystemDrive}"/>
    <echo message="${env.Path}"/>
   </target>
</project>
```

5.1.5 Properties als Status-Information

Eine Reihe von Kommandos können selbst Properties erzeugen und mit Werten füllen. Diese Kommandos können bezüglich ihres Umgangs mit Properties in zwei große Gruppen unterteilt werden.

Einmal wird das erstellte Property später als Flag benutzt. Je nach Parametrisierung des Kommandos wird entweder ein leeres Flag erstellt oder nur ein Default-Wert (z. B. »true«) zugewiesen. Derartige Properties werden oft benutzt, um die bedingte Ausführung von Targets zu steuern. Dabei ist oft nur die Existenz eines Propertys, nicht aber sein Wert von Interesse.

Die Kommandos der zweiten Gruppe hingegen könnten, um wieder einen Bezug zu echten Programmiersprachen herzustellen, unter der Rubrik *Funktion* zusammengefasst werden. Sie liefern eine Zeichenkette zurück, die das Ergebnis einer komplexeren Verarbeitung darstellt.

Tabelle 5.4 zeigt eine Übersicht über die wichtigsten Kommandos, die Properties erstellen können.

Kommando	Aufgabe	Erstelltes Property ist
`apply`	Ausführen eines Systemkommandos	Flag/Funktionswert
`available`	Prüft, ob eine Ressource (Datei, Klasse, ...) verfügbar ist.	Flag
`basename`	Liefert den letzten Bestandteil einer Pfadangabe.	Funktionswert
`checksum`	Berechnet eine Check-Summe.	Funktionswert
`condition`	Prüft eine Bedingung.	Flag
`dirname`	Entfernt den letzten Bestandteil einer Pfadangabe und liefert den übrig gebliebenen Teil.	Funktionswert
`exec`	Betriebssystemkommando ausführen.	Flag/Funktionswert
`format`	Formatierung eines Zeitstempels	Funktionswert
`input`	Liest eine Benutzereingabe.	Funktionswert
`jarlib-available`	Prüft, ob eine Java-Bibliothek (Extension) in einem Jar-File vorhanden ist oder nicht.	Flag
`jarlib-resolve`	Prüft, ob eine Java-Bibliothek (Extension) in einer Anzahl von Jar-Files vorhanden ist oder nicht.	Flag
`loadfile`	Lädt eine Datei in ein Property.	Funktionswert
`pathconvert`	Erzeugt eine Zeichenkette mit einer plattformabhängigen Liste mit Datei- und Pfadnamen.	Funktionswert
`uptodate`	Prüft die Aktualität einer Datei.	Flag

Tabelle 5.4 Ant-Kommandos, die Properties erstellen

Einige der Kommandos werden später noch genauer beschrieben. An dieser Stelle soll ein kleines Beispiel lediglich ein Gefühl für die Anwendung der Kommandos geben.

5.1 Erzeugen

```
<project name="bsp0507" default="main">

  <target name="main" >
   <dirname property="file.dir" file="${ant.file}"/>
   <basename property="file.name" file="${ant.file}"/>
   <available property="flag1" file="${ant.file}"/>

   <echo message="${ant.file}"/>
   <echo message="${file.dir}"/>
   <echo message="${file.name}"/>
   <echo message="${flag1}"/>
  </target>

</project>
```

Im main-Target der Build-Datei werden zunächst zwei funktionsähnliche Kommandos aufgerufen, die ein Property erzeugen, um damit einen Rückgabewert an die übrige Anwendung zu übermitteln. Die beiden Kommandos benutzen das vordefinierte Property ant.file, das den kompletten Namen der momentan ausgeführten Datei enthält. Dieser Name wird durch die Kommandos zerlegt. Das eine Kommando liefert den Dateinamen ohne Pfad, das andere nur den Pfad-Bestandteil.

Das dritte Kommando erstellt ein Property, das als Flag benutzt wird. Es testet, ob eine angegebene Datei (Attribut file) verfügbar ist oder nicht. In diesem Fall ist sichergestellt, dass die Datei existiert, da wiederum der Name der aktuellen Build-Datei benutzt wird. Das Flag wird in diesem Fall den Wert true erhalten. Die nachfolgenden Konsolen-Ausgaben zeigen Ihnen den aktuellen Zustand der benutzten und erzeugten Properties.

5.1.6 Definition in der Kommandozeile

Die in Ant verfügbaren Properties sind technisch betrachtet Java-Properties. Neben der Definition innerhalb des Programms können sie daher auch beim Aufruf einer Ant-Datei von der Kommandozeile aus erstellt werden. Dies erfolgt mit der Option:

-Dproperty=value

Mit älteren Versionen von Ant war es möglich, Properties zu erzeugen, ohne einen Wert zuzuweisen. Das machte Sinn, da innerhalb von Ant oft die bloße Existenz von Properties ausgewertet wird, ohne deren Wert zu berücksichtigen. In diesem Fall wurde der Wert in der Kommandozeile weggelassen; das Gleichheitszeichen musste trotzdem notiert werden:

-Dproperty=

Neuere Versionen akzeptieren diese Form der Property-Definition nicht mehr, es muss auf jeden Fall ein Wert zugewiesen werden. Ansonsten beendet Ant die Abarbeitung der Build-Datei ohne weiteren Kommentar. Zur Definition mehrerer Properties müssen entsprechend viele –D-Optionen notiert werden:

```
-Dprop_1=value_1 -Dprop_2=value_2 ... -Dprop_n=value_n
```

Neben dem Setzen einzelner Properties kann mit der Kommandozeilenoption

```
-propertyfile <dateiname>
```

eine Property-Datei komplett eingelesen werden.

5.1.7 Property-Definition beim Aufruf von Sub-Targets

Zwei Kommandos (<ant> und <antcall>) gestatten den Aufruf von Sub-Targets unabhängig von den mit depends definierten Abhängigkeiten. Die detaillierte Beschreibung der Kommandos finden Sie in Abschnitt 4.1.5 über die Ablaufsteuerung von Targets.

Beide Kommandos ermöglichen es, durch eingebettete Tags Properties zu definieren und an das aufzurufende Target zu übergeben. Für das Kommando <ant> wird als eingebettetes Tag das <property>-Kommando benutzt. Es kann in allen beschriebenen Varianten eingesetzt werden. Sie können somit einzelne Properties definieren oder komplette Property-Dateien einlesen und an das Sub-Target übergeben.

Das <antcall>-Kommando hingegen akzeptiert als eingebettetes Target nur das <param>-Tag. Dieses Tag wird auch in vielen anderen Kommandos als eingebettetes Tag benutzt, um zusätzliche Informationen unterschiedlichster Art an diese zu übergeben. Dabei werden durch <param> nicht immer Properties definiert, diese Wirkung ergibt sich erst im Zusammenhang mit dem <antcall>-Kommando.

Beim Einsatz mit <antcall> wird das <param>-Tag mit den Parametern name und value benutzt. Andere Attribute sind nicht möglich. Somit können Sie Properties nur einzeln direkt im Quelltext erzeugen.

Die auf diese Weise definierten Properties sind nur im aufgerufenen Target und gegebenenfalls in dessen Sub-Targets gültig, nicht aber innerhalb des aufrufenden Targets.

Auch dazu ein Beispiel. Durch das Kommando <antcall> wird ein Target aufgerufen, dem zwei Properties übergeben werden:

```
<project name="bsp0508" default="main">
  <target name="main"  >
    <antcall target="sub">
```

```
      <param name="prop1" value="Property 1"/>
      <param name="prop2" value="${ant.file}"/>
    </antcall>
    <echo message="Main Property 1: ${prop1}"/>
    <echo message="Main Property 2: ${prop2}"/>
  </target>

  <target name="sub">
    <echo message="Sub Property 1: ${prop1}"/>
    <echo message="Sub Property 2: ${prop2}"/>
  </target>
</project>
```

5.2 Zugriff und Gültigkeitsbereich

Die Verwendung von Properties, genauer gesagt der Zugriff auf ihren Wert, wurde bereits hinreichend demonstriert. Der Platzhalter

`${Property-Name}`

wird zur Laufzeit durch den Wert des Propertys ersetzt. Existiert kein derartiges Property, bleibt die Platzhalter-Zeichenkette unverändert stehen, und die Abarbeitung der Build-Datei wird fortgesetzt. Nur bei der Verwendung der `verbose`-Kommandozeilenoption beim Aufruf von Ant erfolgt eine informative Ausgabe auf der Konsole.

Properties sind nicht mit Variablen herkömmlicher Programmiersprachen zu verwechseln. Sie ähneln eher Konstanten. Nachdem ein Property einmal erzeugt wurde, kann es weder gelöscht noch mit einem anderen Wert versehen werden. Derartige Versuche haben keine Auswirkung auf die Fortsetzung des Builds, lediglich bei Aufruf von Ant mit der `verbose`-Option erfolgt wiederum eine Ausgabe auf der Konsole.

Der Gültigkeitsbereich für ein Property ist im Normalfall die aktuelle Datei. Unabhängig davon, wo Properties in einer Datei erstellt werden, sind sie im Standardfall ab dem Zeitpunkt der Erstellung global in der gesamten Datei gültig. Alle Definitionen außerhalb eines Targets, nicht nur die von Properties, werden von Ant ausgeführt, bevor ein Target gestartet wird. Sie sind deshalb in allen Targets der aktuellen Datei verfügbar.

Kommandozeilen-Properties sind für den gesamten Ant-Aufruf über alle Dateien hinweg gültig. Das gilt sowohl für die Properties, die mit der –D-Option erzeugt werden, als auch für die aus einer Property-Datei, die in der Kommandozeile mit der –`propertyfile`-Option gelesen werden kann. Properties, die mit Kommandozeilenoptionen definiert werden, erstellt Ant noch vor der Auswertung der eigentlichen Build-Datei. Daher können Sie auf diese Weise Properties definieren, die auch in der Build-Datei erstellt werden. Da die Definition per Kommandozeile eher wirksam wird als die in der Build-Datei, sind letztere somit wirkungslos. Per Kommandozeilenoption können Sie somit Property-Definitionen einer Build-Datei überschreiben.

Beim Aufruf eines Targets mit den Kommandos <ant> und <antcall> werden die aktuellen Properties standardmäßig mit übergeben. Eine Rückgabe von Properties von der aufgerufenen in die aufrufende Datei erfolgt allerdings nicht! Dieser Weg ist prinzipiell nicht vorgesehen. Das gilt auch, wenn sich das aufgerufene Target in der aktuellen Datei befindet, denn die beiden Kommandos starten einen neuen Prozess, der nach dem Verlassen des aufgerufenen Targets beendet wird. Dabei gehen alle Werte in diesem Prozess verloren. Das folgende Beispiel zeigt die Auswirkungen unterschiedlicher Aufruf-Mechanismen auf den Gültigkeitsbereich von Properties.

```
<project name="bsp0509" default="main">
  <target name="main" depends="sub1">
    <antcall target="sub2"/>
    <echo>
      ${prop1}
      ${prop2}
    </echo>
  </target>

  <target name="sub1">
    <property name="prop1" value="Property 1"/>
  </target>

  <target name="sub2">
    <property name="prop2" value="Property 2"/>
  </target>
</project>
```

Während prop1 in einem Target definiert wird, das über den depends-Mechanismus aufgerufen wird, erfolgt der Start von Target sub2 durch das <antcall>-Kommando. Die Ausgaben im main-Target zeigen die dadurch bedingten Unterschiede im Property-Handling.

In bestimmten Fällen ist es möglich, die Gültigkeit eines Propertys einzuschränken und es in untergeordneten Targets neu zu definieren. Dies funktioniert allerdings nur, wenn der Aufruf der untergeordneten Targets nicht über die durch das depends-Attribut definierten Abhängigkeiten erfolgt, sondern durch die Kommandos <ant> oder <antcall>. Beide Kommandos kennen das Attribut inheritall, über das die Weitergabe von Properties gesteuert werden kann. Der Default-Wert dieses Attributs ist true. Daher werden im Standardfall alle Properties weitergereicht. Wird dieser Wert auf false gesetzt, so unterbleibt die

Weitergabe von Properties. Diese können daher im aufgerufenen Target neu erstellt werden. Die beiden Kommandos eröffnen einen neuen Prozess, der nach Abarbeitung des Targets wieder gelöscht wird. Dabei gehen auch alle Properties verloren, die im aufgerufenen Target definiert wurden. Dazu ein einfaches Beispiel:

```
<project name="bsp0510" default="main">
  <property name="glob" value="Globales Property"/>

  <target name="main"  >
    <property name="prop" value="Main-Target"/>
    <echo message="prop: ${prop}"/>
    <antcall target="sub" />
    <antcall target="sub" inheritall="false"/>
  </target>

  <target name="sub">
    <property name="prop" value="Sub-Target"/>
    <echo message="prop: ${prop}"/>
    <echo message="glob: ${glob}"/>
  </target>
</project>
```

Direkt unterhalb des `<project>`-Tags wird zunächst ein Property `glob` definiert, das auf Grund dieser exponierten Stellung von vornherein global gültig ist. Daher ist seine Gültigkeit, zumindest innerhalb der aktuellen Datei, nicht von den Vererbungsmechanismen der einzelnen Targets abhängig. Das `main`-Target erzeugt anschließend das Property `prop`. Danach startet es mit dem Kommando `<antcall>` zweimal das Target `sub`. Dabei wird beim ersten Mal die Default-Vorgabe für `inheritall` genutzt, beim zweiten Mal hingegen die Weitergabe der Properties unterbunden. Das Target `sub` versucht ebenfalls, ein Property `prop` zu erstellen. Ausgaben auf der Konsole zeigen jeweils den aktuellen Inhalt des Propertys. Beim ersten Aufruf bleibt der im `main`-Target gesetzte Wert des Propertys erhalten, beim zweiten Aufruf wird das `<property>`-Kommando im Target `sub` hingegen wirksam.

Die globale Gültigkeit des Propertys `glob` ist allerdings nur in der aktuellen Datei gegeben. Sollte durch das `<ant>`-Kommando ein Target in einer anderen Datei aufgerufen werden, so wird dieses Property natürlich auch nur dann weitergegeben, wenn die Vererbung der Properties nicht abgeschaltet wird.

Neben der undifferenzierten Vererbung aller existierenden Properties können bei Verwendung der Kommandos `<ant>` und `<antcall>` gezielt Properties für das aufzurufende Target gesetzt werden. Dazu dienen die eingebetteten Tags `<property>`- bzw. `<param>`. Diese Möglichkeit wurde bereits im vorangegangenen Abschnitt erwähnt. Falls Properties auf diese Art erzeugt werden, sind zwei Besonderheiten bezüglich des Gültigkeitsbereichs zu beachten:

- Die Properties werden auf jeden Fall an das Sub-Target übergeben. Ein eventuell benutztes Attribut `inheritall` ist wirkungslos.
- Auch bereits existierende Properties können neu definiert werden.

Die folgende Build-Datei zeigt die Vorgehensweise am Beispiel des `<antcall>`-Kommandos, das als eingebettetes Tag das `<param>`-Tag erfordert:

```
<project name="bsp0511" default="main">
  <target name="main"  >
    <property name="prop" value="Main-Target, Property 1"/>
    <property name="prop2" value="Property 2 aus dem Main-Target"/>
    <antcall target="sub">
      <param name="prop" value="Neu definiert im Main-Target"/>
    </antcall>
    <echo message="Main-Target, prop: ${prop}"/>
  </target>

  <target name="sub">
    <echo message="Sub-Target, prop : ${prop}"/>
    <echo message="Sub-Target, prop2: ${prop2}"/>
  </target>
</project>
```

Das main-Target erzeugt zunächst zwei Properties. Beim Aufruf des Sub-Targets wird dann das erste Property mit einem neuen Wert belegt. Die Ausgaben innerhalb des Sub-Targets zeigen, dass beide Properties verfügbar sind, wobei das erste den neuen Wert enthält. Innerhalb des main-Targets ist dann wieder der zuerst gesetzte Wert für das Property prop verfügbar.

Die Eigenschaften von Properties erfordern eine gewisse Vorausplanung bei deren Verwendung, da die versehentliche mehrfache Erstellung eines Propertys mit hoher Wahrscheinlichkeit zu unerwünschtem Verhalten von Ant führen wird. Kritisch sind hierbei die Erstellung von Properties durch Einlesen von Property-Dateien und die Definition von Properties in der Kommandozeile. Es ist daher empfehlenswert, beim Einlesen von Property-Dateien stets ein Präfix zu vergeben oder eindeutige Namensräume zu definieren. Für den Start einer Build-Datei sollten Startscripts benutzt werden, in denen die per Kommandozeile zu definierenden Properties im Quelltext notiert werden. Aufrufparameter des Startscripts werden per Programm in Property-Definitionen umgesetzt. Die direkte manuelle Notation von Property-Definitionen beim Start von Ant ist eine mögliche Fehlerquelle. Allerdings kann diese Möglichkeit auch gezielt eingesetzt werden, um Properties zu überschreiben, die eigentlich innerhalb einer Build-Datei definiert werden.

5.3 Datumswerte

Ort der Property-Definition	Kommando-Zeile	Global in Datei	Target	Im <ant>- oder <antcall>-Kommando
Gültigkeitsbereich in aktueller Datei	Ja	Ja	Ja, wenn aktuelles Target über depends aufgerufen wurde	Nein
Gültigkeitsbereich in Sub-Targets bei depends-Aufruf	Ja	Ja	Ja	Nein
Gültigkeitsbereich in Sub-Targets bei Ant/Antcall-Aufruf und inheritall=true	Ja	Ja	Ja	Ja
Gültigkeitsbereich in Sub-Targets bei Ant/Antcall-Aufruf und inheritall=false	Ja	Nein	Nein	Ja

Tabelle 5.5 Gültigkeitsbereich von Properties

5.3 Datumswerte

Ant kann Datumswerte in Properties ablegen und diese Werte formatieren. Dazu stehen zwei Tasks bereit, die hier im Zusammenhang beschrieben werden sollen.

In einem Ant-Script können mit dem Task <tstamp> drei Properties erzeugt und mit Zeit- bzw. Datumsangaben gefüllt werden. Es handelt sich um die Properties DSTAMP, TSTAMP und TODAY. Inhalt und Default-Formatierung sind in Tabelle 5.6 beschrieben.

Property	Beschreibung	Default-Formatierung
DSTAMP	Aktuelles Tagesdatum	yyyyMMdd
TSTAMP	Aktuelle Zeit	hhmm
TODAY	Alternatives Datum	MMMM dd yyyy

Tabelle 5.6 Properties, die durch <tstamp> angelegt werden

Das folgende Beispiel zeigt die wichtigste Verwendung:

```
<project name="bsp0512" default="main" basedir=".">
  <target name="main">
    <tstamp/>
    <echo message="DSTAMP    ">${DSTAMP}</echo>
    <echo message="TSTAMP    ">${TSTAMP}</echo>
    <echo message="TODAY     ">${TODAY}</echo>
  </target>
</project>
```

Das Tag kennt lediglich ein optionales Attribut prefix, mit dem ein Präfix für die drei Properties vorgegeben werden kann.

Mit dem eingebetteten Tag <format> können Sie die aktuelle Zeitangabe freizügig formatieren. Die Formatierungsmöglichkeiten entsprechen denen der Klasse SimpleDateFormat, die in jedem JDK enthalten ist. Das <format>-Tag verfügt dazu über einige Attribute, die Sie der Tabelle 5.7 entnehmen können.

Attribut	Beschreibung	Erforderlich
property	Property für das Ergebnis	Ja
pattern	Muster zur Formatierung	Ja
timezone	Zeitzone	Nein
offset	Differenz zur aktuellen Zeit	Nein
unit	Einheit für den Offset-Wert	Nein
locale	Lokalisierungsangabe	Nein

Tabelle 5.7 Attribute des <format>-Tags

Die gültigen Wertebereiche für die Attribute timezone und locale sind identisch mit denen der Java-Klassen Timezone und Locale, die im Hintergrund zur Formatierung benutzt werden. Gültige Werte für unit sind millisecond, second, minute, hour, day, week, month und year.

Auch für das <format>-Tag soll ein kleines Beispiel folgen:

```
<project name="bsp0513" default="main" basedir=".">
  <target name="main">
    <tstamp>
      <format property="d1"
              pattern="E, d.MMMM yyyy"
              locale="de"/>
      <format property="d2"
              pattern="HH:mm:ss"/>
      <format property="d3"
              pattern="HH:mm"
              offset="-123"
              unit="minute"/>
    </tstamp>
    <echo>${d1}</echo>
    <echo>${d2}</echo>
    <echo>${d3}</echo>
  </target>
</project>
```

6 Datei-Selektion und Namens-Handling

Viele der Ant-Kommandos führen Operationen mit Dateien oder kompletten Verzeichnisbäumen durch. Dabei kann es sich um ganz allgemeine Funktionen wie um das Kopieren oder Löschen handeln, andere Kommandos hingegen sind wesentlich spezialisierter. Sie kompilieren Java-Quellen oder erstellen Archive. All diese Kommandos benötigen für ihre Arbeit eine Liste mit den zu bearbeitenden Dateien. Dies kann durch Attribute geschehen. Für eine größere Flexibilität akzeptieren die dateiorientiert arbeitenden Kommandos aber auch einige eingebettete Tags, mit denen so genannte *Filesets* definiert werden. Ein Fileset ist eine Liste mit Dateien, die innerhalb des Filesets auf unterschiedliche Weise spezifiziert werden können.

Dieses Kapitel stellt zunächst die allgemein verwendbaren Tags zum Definieren von Filesets vor. Es schließen sich Erläuterungen zu den Kommandos für allgemeinere Datei-Operationen an.

Den Abschluss dieses Abschnitts bildet die Beschreibung weiterer Tags zur Definition von Dateilisten, die allerdings nur in ausgewählten Ant-Kommandos benutzt werden können.

6.1 Filesets

Ein Fileset ist eine Liste, die eine oder mehrere Dateien enthält. Ein Fileset wird über ein spezielles Tag, `<fileset>`, erzeugt. Dieses Tag ist kein separat ausführbares Kommando, sondern wird immer von anderen Kommandos als eingebettetes Tag benutzt. Allerdings können Filesets zunächst als eigenständiges Element definiert und später per Referenz in andere Kommandos eingebunden werden. Außerdem gibt es ausführbare Kommandos, die alle Eigenschaften eines Filesets erben. Innerhalb dieser Kommandos können Sie die Dateiselektion mit denselben SubTags programmieren wie im eigentlichen Fileset. Die Original-Dokumentation von Ant spricht davon, dass diese Kommandos ein implizites Fileset nachbilden.

Für die Auswahl von Dateien stehen innerhalb eines Filesets einige Attribute und weitere eingebettete Tags zur Verfügung. Die Definition eines Filesets kann daher recht komplex werden.

Die Auswahl der Dateien erfolgt durch zwei unterschiedliche Methoden. Zunächst können Dateien über Muster selektiert werden, die sich auf Pfad- und Dateinamen beziehen. Die Musterangaben bilden ein so genanntes *Patternset*. Eine andere Möglichkeit stellen die so genannten *Selektoren* dar, die Dateien anhand zusätzlicher Eigenschaften wie Länge, Erstellungsdatum, Auftreten eines bestimmten Textes in der Datei u. Ä. selektieren.

Tabelle 6.1 zeigt zunächst die Attribute des `<fileset>`-Tags.

Attribut	Beschreibung	Voreinstellung	Erforderlich
`dir`	Wurzelverzeichnis für die nachfolgenden Datei-Spezifikationen		Ja
`defaultexcludes`	Legt fest, ob spezielle Dateien automatisch ausgeschlossen werden sollen (siehe Text).	`true`	Nein
`includes`	Liste der einzuschließenden Dateien (durch Komma oder Leerzeichen getrennt). Musterangaben sind möglich.	Alle Dateien (entspricht dem Muster **)	Nein
`includesfile`	Name einer Datei, in der die einzuschließenden Dateinamen stehen. Musterangaben sind möglich.		Nein
`excludes`	Liste von Dateien, die vom Vorgang auszuschließen sind (getrennt durch Komma oder Leerzeichen). Musterangaben sind möglich.		Nein
`excludesfile`	Name einer Datei, in der die auszuschließenden Dateien stehen		Nein
`casesensitive`	Groß-/Kleinschreibung berücksichtigen.	`true`	Nein
`followsymlinks`	Links verfolgen	`true`	Nein
`id`			Nein
`refid`			Nein

Tabelle 6.1 Attribute des <fileset>-Tags

Die prinzipielle Wirkungsweise des `<fileset>`-Tags sowie einige der Attribute erfordern eine detailliertere Beschreibung.

Auf jeden Fall müssen Sie das Attribut `dir` verwenden. Mit dem Wert dieses Attributs legen Sie das Ausgangsverzeichnis für alle folgenden Dateiselektionen fest. Sie können im Folgenden nur Dateien selektieren, die sich in oder unterhalb dieses Verzeichnisses befinden. Falls Sie später Pfadangaben verwenden, die auf Dateien außerhalb dieses Verzeichnisses zeigen, werden diese nicht berücksichtigt. Dieses Attribut ist wirklich nur für die Aufnahme eines einzelnen konkreten Verzeichnisnamens vorgesehen. Musterangaben führen zu einem Fehler.

Alle Pfadnamen, die durch das Fileset bereitgestellt werden, sind relativ zum Ausgangsverzeichnis des Filesets. Das müssen Sie später, insbesondere im Zusammenhang mit Mappern, unbedingt berücksichtigen.

Ohne zusätzliche, in den folgenden beiden Abschnitten beschriebene Selektionsmechanismen sind im Fileset automatisch alle Dateien und Verzeichnisse unterhalb des Wurzel-Verzeichnisses enthalten. Die Selektions-Tags führen somit immer nur zu einer Einschränkung der Dateimenge.

6.1.1 Selektion durch Muster

Eine erste Dateiselektion ist mit den optionalen Attributen `includes` und `excludes` möglich. Mit `includes` bestimmen Sie, welche Dateien in die Auswahl aufgenommen werden sollen; mit `excludes` legen Sie fest, welche Dateien nicht betroffen sein sollen. Beide Attribute nehmen ein oder mehrere Muster für Dateinamen auf. Die einzelnen Elemente werden dabei durch ein Komma oder ein Leerzeichen getrennt. Sofern das Attribut `includes` nicht benutzt wird, selektiert das `<fileset>`-Tag automatisch alle Dateien unterhalb des mit `dir` festgelegten Verzeichnisses. Da das Leerzeichen als Trennzeichen benutzt wird, sind hier keine Datei- oder Verzeichnisnamen möglich, die Leerzeichen enthalten.

Die Muster können die hinlänglich bekannten Musterzeichen »?« und »*« als Suchmuster für genau ein oder beliebig viele Zeichen enthalten. Des Weiteren steht die Kombination »**« als Musterzeichen für beliebig tief verschachtelte Verzeichnisse und gegebenenfalls alle Dateien darin zur Verfügung. Natürlich können für die beiden Attribute auch vollständige Dateinamen ohne Musterzeichen und Dateinamen mit vorangestellten Pfadangaben verwendet werden. Falls eine Musterangabe auf »/« bzw. »\« endet, wird automatisch das Muster »**« angehängt.

Bei der Dateiselektion macht das Fileset keinen Unterschied zwischen Dateien und Verzeichnissen.

In allen Musterangaben berücksichtigt das `<fileset>`-Tag die Groß- und Kleinschreibung. Falls dies unerwünscht ist, können Sie dieses Verhalten durch das Attribut

`casesensitive="false"`

abschalten.

Eine Besonderheit des `<fileset>`-Tags ist, dass in der Grundeinstellung des Tags bestimmte Dateien automatisch ausgeblendet werden. Es handelt sich dabei vorrangig um Dateien, die von den verschiedenen Sourcecode-Control-Systemen angelegt werden. Sie werden anhand der folgenden Muster erkannt:

```
**/*~
**/#*#
**/.#*
**/%*%
**/._*
**/CVS
**/CVS/**
**/.cvsignore
**/SCCS
**/SCCS/**
**/vssver.scc
**/.svn
**/.svn/**
```

Falls Sie diese Dateien mit in die Selektion aufnehmen möchten, müssen Sie das Attribut `defaultexcludes` auf den Wert `false` setzen.

Zur Demonstration der Anwendung eignet sich das `<copy>`-Kommando recht gut. Aus technischen Gründen, die in Kürze beschrieben werden, ist auch noch das `<delete>`-Kommando erforderlich. Eine ausführliche Beschreibung dieser Kommandos finden Sie im nächsten Abschnitt; hier sollen sie ohne nähere Erläuterung einfach nur benutzt werden. Beachten Sie bitte, dass die folgenden Beispiele dazu gedacht sind, die Dateiselektion mit dem `<fileset>`-Tag zu demonstrieren. Das durch das `<copy>`-Kommando erstellte Zielverzeichnis bzw. dessen Inhalt ermöglicht auf einfachste Weise die Überprüfung, welche Dateien durch das Fileset selektiert wurden.

Hier nun das erste Beispiel. Es kopiert einige Dateien aus dem aktuellen Arbeitsverzeichnis in ein Verzeichnis mit dem Namen `targetdir`:

```xml
<project name="bsp0601" default="main" basedir=".">
  <target name="main" depends="prepare">
    <copy todir="targetdir">
      <fileset dir="." includes="*.xml" />
    </copy>
  </target>

  <target name="prepare">
    <delete dir="targetdir"/>
  </target>
</project>
```

Die eigentliche Arbeit übernimmt das Target `main`. Dieses Target ist allerdings vom Target `prepare` abhängig, in dem das Zielverzeichnis, sollte es vorhanden sein, gelöscht wird. Das einzige Attribut im `<copy>`-Tag gibt das Zielverzeichnis für den Kopiervorgang an. Sollte dieses Verzeichnis nicht existieren, wird es automatisch erstellt.

6.1 Filesets

Das Fileset wird auf denkbar einfache Weise definiert. Das `dir`-Attribut verweist auf das aktuelle Arbeitsverzeichnis, das Dateimuster »*.xml« selektiert alle XML-Dateien des aktuellen Verzeichnisses.

Aufbauend auf diesem Beispiel können Sie die unterschiedlichen Attribute des `<fileset>`-Tags erproben. Betrachten Sie die folgenden Beispiele als Anregung für eigene Experimente. Auf der CD ist für jede der folgenden Fileset-Definitionen eine eigene Build-Datei vorhanden.

```
<fileset dir="." includes="*1*.xml" />
<fileset dir="." includes="*1*.xml, *3*.xml" />
<fileset dir="." includes="*.xml" excludes="*2*" />
```

Das erste Fileset selektiert alle XML-Dateien des aktuellen Verzeichnisses, die im eigentlichen Namen das Zeichen »1« enthalten. Das zweite Fileset zeigt die Verwendung mehrerer Muster im `includes`-Attribut. Die Muster sind durch ein Leerzeichen oder ein Komma zu trennen. Selektiert werden alle XML-Dateien, die eines der Zeichen »1« oder »3« enthalten. Das dritte Beispiel selektiert zunächst alle XML-Dateien, schließt aber durch das `excludes`-Attribut alle Dateien aus, die das Zeichen »2« enthalten.

Das Muster ** sorgt dafür, dass nicht nur Dateien aus dem aktuellen Verzeichnis, sondern auch aus allen Unterverzeichnissen selektiert werden:

```
<fileset dir=".." includes="**/*.xml" />
```

Falls mehrere Verzeichnisebenen existieren, können Sie durch einen einzelnen Stern auch gezielt die Verzeichnistiefe bestimmen. Das folgende Muster würde alle XML-Dateien selektieren, die sich in Unterverzeichnissen der ersten Ebene befinden. Die XML-Dateien des aktuellen Verzeichnisses sind in diesem Muster nicht enthalten!

```
<fileset dir="../Kapitel04" includes="*/*.xml" />
```

Um die Wirkung des `defaultexcludes`-Attributs zu testen, müssen Sie im aktuellen Arbeitsverzeichnis zunächst eine Datei erzeugen, die dem Ausschluss-Muster entspricht, z.B. `vssver.scc`.

Die Dateinamensmuster müssen nicht unbedingt direkt in der Build-Datei stehen. Mit den beiden Attributen `includesfile` und `excludesfile` können Sie externe Dateien lesen, in denen die Muster enthalten sind.

Sollen sehr viele Muster oder Dateinamen in ein Fileset aufgenommen werden, wird die Notation in den Attributen des Tags unübersichtlich. Daher können an Stelle der beschriebenen vier Attribute auch eingebettete Tags benutzt werden. Es handelt sich dabei um die Tags:

```
<include>
<exclude>
<includesfile>
<excludesfile>
```

Alle Tags verfügen über das Attribut name, in dem entweder das oder die Muster bzw. der Name der einzulesenden Datei notiert werden. Allerdings können die Tags jeweils nur einen Namen oder ein Muster aufnehmen.

Die Auswertung der erwähnten Tags erfolgt in einer vorbestimmten Reihenfolge. Zunächst werden Dateien mit den beiden <include>-Tags in die Auswahl aufgenommen. Dabei wertet Ant zunächst alle derartigen Tags aus, unabhängig davon, in welcher Reihenfolge sie stehen. Danach wendet Ant auf diese Auswahl alle Exlude-Muster an.

Interessanterweise verarbeiten alle vier Tags außerdem die Attribute if und unless. Die Attribute besitzen dieselbe Wirkung wie beim <target>-Tag. Sie erhalten den Namen eines Propertys als Wert. Das Tag wird nur dann wirksam, wenn das Tag existiert (bei if) oder wenn es nicht existiert (im Falle von unless).

Auch dazu ein Beispiel:

```
<project name="bsp0607" default="main" basedir=".">
  <target name="main" depends="prepare">
    <copy todir="targetdir">
      <fileset dir=".">
        <include name="*6*.xml" if="p1"/>
        <exclude name="*2*.xml" unless="p2"/>
      </fileset>
    </copy>
  </target>

  <target name="prepare">
    <delete dir="targetdir"/>
  </target>
</project>
```

Hier wird auf die optionalen Attribute des <fileset>-Tags verzichtet. Stattdessen kommen zwei eingebettete Tags zum Einsatz. Beide definieren ein Muster, sind aber zusätzlich von der Existenz bzw. Nicht-Existenz jeweils eines Propertys abhängig. Rufen Sie diese Build-Datei nacheinander mit folgenden Kommandos auf:

```
ant -f bsp0607.xml -Dp1=x
ant -f bsp0607.xml -Dp1=x -Dp2=x
```

Im ersten Fall werden alle XML-Dateien kopiert, die eine »1« im Namen haben. Aus dieser Menge werden allerdings alle Dateien ausgeblendet, in deren Namen das Zeichen »0« vorkommt. Da beim zweiten Aufruf das Exclude-Muster durch die Wirkung des Propertys p2 unterdrückt wird, sollten mehr Dateien kopiert werden.

Die aktuelle Implementierung (Version 1.5.1) weist eine Eigenschaft auf, über deren Wertung als Bug oder Feature die Meinungen der verschiedenen Anwender auseinander gehen. Sofern in einem `<fileset>`-Tag durch das Attribut `dir` ein Verzeichnis angesprochen wird, das nicht existiert, bricht der Build mit einer Fehlermeldung ab. Sofern die Build-Datei generischen Charakter hat und gegebenenfalls in unterschiedlichen Umgebungen eingesetzt werden soll oder wechselnde Verzeichnisstrukturen berücksichtigt werden müssen, kann das unterschiedliche Filesets erfordern. Dazu müssen gegebenenfalls unterschiedliche Targets definiert werden, deren Ausführung von der Existenz diverser Ressourcen (Dateien, Verzeichnisse, ...) abhängig ist. Nähere Informationen zur Auswertung von Bedingungen finden Sie in Kapitel 9.

6.1.2 Patternset

Die vier erwähnten Tags können durch das Tag `<patternset>` zu einer Gruppe zusammengefasst werden. Jedes Patternset kann mit einer ID versehen und später an anderer Stelle referenziert werden. Dies ist übrigens auch für das gesamte Fileset möglich. Sowohl das `<patternset>`-Tag als auch das `<fileset>`-Tag dürfen daher auch außerhalb von Targets notiert werden. Patternsets können übrigens auch mehrfach ineinander verschachtelt werden.

Das folgende Listing zeigt ein Beispiel für den Einsatz eines Patternsets:

```xml
<project name="bsp0608" default="main" basedir=".">
  <patternset id="ps">
    <include name="*6*.xml" if="p1"/>
    <exclude name="*2*.xml" unless="p2"/>
  </patternset>

  <target name="main" depends="prepare">
    <copy todir="targetdir">
      <fileset dir=".">
        <patternset refid="ps"/>
      </fileset>
    </copy>
  </target>

  <target name="prepare">
    <delete dir="targetdir"/>
  </target>
</project>
```

Die vorangegangenen Beispiele haben schon deutlich gemacht, dass alle musterbasierten Selektionen ODER-verknüpft sind. Falls zwei `<include>`-Tags existieren, so werden nicht nur die Dateien in die Selektion aufgenommen, die dem ersten und dem zweiten Muster entsprechen, sondern alle diejenigen, die mindestens einem der beiden Muster genügen. Sollten in einem Fileset mehrere Patternsets enthalten sein, werden sie ebenso miteinander verknüpft.

6.1.3 Selektion über Datei-Eigenschaften

Anfangs wurde erwähnt, dass neben der musterbasierten Selektion weitere Möglichkeiten existieren, Dateien in ein Fileset aufzunehmen. Dabei werden durch weitere Tags zusätzliche Eigenschaften der Dateien ausgewertet. Im Moment existieren die in Tabelle 6.2 aufgeführten Möglichkeiten. Die für diese Selektion benutzten Tags werden auch als *Selektoren* bezeichnet.

Tag	Beschreibung
contains	Selektiert Dateien, die eine vorgegebene Zeichenkette enthalten.
date	Wertet das letzte Modifikationsdatum der Datei aus.
depends	Ermittelt alle Dateien in einem Zielverzeichnis, die älter als eine gleichnamige Datei im aktuellen Arbeitsverzeichnis sind.
depth	Beschränkt die Dateiauswahl auf eine bestimmte Verzeichnistiefe.
filename	Auswahl über Namensmuster (analog <include>)
present	Prüft, ob im Zielverzeichnis eine gleichnamige Datei wie im Arbeitsverzeichnis existiert oder nicht.
size	Wertet die Dateigröße aus.
custom	Aufruf einer eigenen Java-Klasse zur Durchführung der Selektion

Tabelle 6.2 Tags zur Selektion über Dateieigenschaften

Die einzelnen Selektions-Tags verwenden unterschiedlichste Attribute mit zum Teil vorgegebenem Wertevorrat. Daher sollen die Tags nun detaillierter beschrieben werden.

Im Gegensatz zu den auf Mustern basierenden Selektionen sind die Tags zur Auswertung von Dateieigenschaften standardmäßig UND-verknüpft. Außerdem kommen sie erst nach der Auswertung der musterbezogenen Selektionen zur Anwendung. Soll innerhalb eines Filesets eine Dateimenge durch kombinierte Auswertung von Mustern und Dateieigenschaften erstellt werden, so sind dazu zwei Dinge notwendig:

- Die Musterselektion muss über den Selektor <filename> erfolgen.
- Die einzelnen Selektionstags müssen durch Verknüpfungsoperatoren zusammengefasst werden.

Details dazu finden Sie in Abschnitt 6.1.4, *Verknüpfungsoperatoren*.

Contains

Das Tag <contains> selektiert alle Dateien, die eine bestimmte Zeichenkette enthalten. Es verfügt nur über zwei Attribute, deren Beschreibung Sie in Tabelle 6.3 finden.

6.1 Filesets

Attribut	Beschreibung	Default	Erforderlich
text	Die zu suchende Zeichenkette		Ja
casesensitive	Flag, das angibt, ob Groß-/Kleinschreibung berücksichtigt werden soll	true	Nein

Tabelle 6.3 Attribute des Selektions-Tags <contains>

Die Anwendung ist sehr einfach, wie das folgende Beispiel zeigt. Im Fileset wurde zudem die aktuelle Datei mit dem <exclude>-Tag ausgeschlossen, da sie sonst zwangsläufig ebenfalls kopiert werden würde.

```
<project name="bsp0609" default="main" basedir=".">
  <target name="main" depends="prepare">
    <copy todir="targetdir">
      <fileset dir=".">
        <contains text="patternset" />
        <exclude name="${ant.project.name}.xml" />
      </fileset>
    </copy>
  </target>

  <target name="prepare">
    <delete dir="targetdir"/>
  </target>
</project>
```

Date

Das <date>-Tag selektiert Dateien in Abhängigkeit von einer Zeitangabe. Tabelle 6.4 zeigt die zur Verfügung stehenden Attribute.

Attribut	Beschreibung	Default	Erforderlich
datetime	Datum in der Form MM/DD/YYYY HH:MM AM oder PM.		datetime oder millis.
millis	Zahl der Millisekunden seit dem 1.1.1970		datetime oder millis.
granularity	Toleranz der Zeitangaben in Millisekunden	2000 ms bei Windows-Systemen, sonst 0.	Nein
when	Vergleichskriterium. Mögliche Werte: before equal after	equal	Nein

Tabelle 6.4 Attribute des Selektions-Tags <date>

Mit den Attributen `datetime` oder `millis` geben Sie das Vergleichsdatum vor, mit dem optionalen Attribut `when` das Vergleichskriterium. Je nach Vergleichskriterium selektiert das `<date>`-Tag alle Dateien, deren Zeitpunkt der letzten Modifikation vor oder nach dem Referenzdatum liegt oder diesem exakt entspricht. Durch das Attribut `granularity` können Sie eine Toleranz vorgeben, die bei den Zeitvergleichen berücksichtigt wird.

Der Wert für `datetime` muss im Format »MM/DD/YYYY HH:MM AM|PM« notiert werden. Andernfalls bricht Ant mit einer Fehlermeldung ab.

Auch für dieses Tag ist ein einfaches Beispiel möglich:

```
<fileset dir="." includes="*.xml">
  <date datetime="07/26/2002 8:00 PM" when="before"/>
</fileset>
```

Das `includes`-Attribut im `<fileset>`-Tag soll verhindern, dass zu viele Dateien und eventuelle Unterverzeichnisse kopiert werden. Für das Datum setzen Sie einen Wert ein, der auf Ihrem System zum Zeitpunkt der Abarbeitung Sinn macht.

Size

Mit dem `<size>`-Tag können Sie die Größe einer Datei als Selektionskriterium heranziehen. Die Attribute des Selektors (siehe Tabelle 6.5) sind selbsterklärend.

Attribut	Beschreibung	Default	Erforderlich
value	Vergleichsgröße		Ja
units	Einheit für die Größenangabe		Nein
when	Vergleichskriterium. Mögliche Werte: less more equal	equal	Nein

Tabelle 6.5 Attribute des Selektions-Tags `<size>`

Eine Besonderheit ist beim `units`-Attribut zu beachten. Mit diesem Attribut geben Sie die Maßeinheit für die Größenangabe vor. Ohne dieses Attribut wird das Attribut `value` als Zahl der Bytes gewertet. Die Einheiten k, M, G usw., also die üblichen einstelligen Bezeichner, verwenden jeweils 1000er-Einheiten. Die Kombination

```
<size value="10" units="K"/>
```

meint also exakt 10.000 Byte. Zweistellige Einheitenbezeichner (ki, Mi, Gi) arbeiten allerdings als Multiplikatoren von 1024. Daher ist die reale Selektionsgröße des folgenden Tags 10.240 Byte:

```
<size value="10" units="ki"/>
```

Depend

Auch dieses Kommando wertet den Zeitpunkt der letzten Modifikation einer Datei aus. Allerdings wird hier nicht mit einen fest vorgegebenen Zeitpunkt verglichen. Das <depend>-Tag vergleicht vielmehr das Modifikationsdatum zweier Dateien miteinander. Die Quelldatei wird in die Auswahl des Filesets aufgenommen, wenn sie aktueller ist als die Vergleichsdatei. Obwohl das Tag nur zwei Attribute kennt (siehe Tabelle 6.6), ist seine Funktion etwas komplizierter als die Funktionsweise der vorangegangenen.

Attribut	Beschreibung	Default	Erforderlich
targetdir	Verzeichnis, in dem die Vergleichs-dateien gesucht werden.		Ja
granularity	Toleranzgrenze in Millisekunden bei Auswertung der Zeitangaben	2000 ms bei Windows-Systemen, sonst 0	Nein

Tabelle 6.6 Attribute des Selektions-Tags <depend>

Da für den Vergleich zwei Dateien benutzt werden, müssen innerhalb des gesamten Fileset-Kommandos zwei Datei-Listen oder Verzeichnisse spezifiziert werden. Das Fileset selbst definiert eine der beiden Listen. In einem Fileset sind zunächst alle Dateien und Verzeichnisse unterhalb des Startverzeichnisses enthalten. Alle weiteren Selektionsmechanismen (egal ob sie durch Attribute oder eingebettete Tags definiert werden) arbeiten mit dieser implizit im Fileset enthaltenen Dateimenge und schränken sie letztendlich nur ein. Im <depend>-Tag definieren Sie durch das targetdir-Attribut ein zweites Verzeichnis. Für jede Datei, die in der aktuellen Dateiauswahl des Filesets enthalten ist, wird eine gleichnamige Datei im Zielverzeichnis des <depend>-Tags gesucht. Ist die Datei im Zielverzeichnis älter als die des Filesets, so verbleibt die Datei in der Selektion des Filesets, andernfalls wird sie entfernt. Dieses targetdir-Attribut ist nur für den Datei-Vergleich von Bedeutung, es ist nicht mit dem Zielverzeichnis des <copy>-Tags identisch.

In der Grundeinstellung dieses Tags werden Dateien, ausgehend von den beiden Wurzelverzeichnissen, über identische Dateinamen (einschließlich der Unterverzeichnisse) verglichen. Von dieser Zuordnung kann durch den Einsatz so genannter *Mapper* abgewichen werden. Diese Mapper werden auf Grund ihrer Komplexität in einem separaten Abschnitt (siehe Kapitel 6.4) beschrieben.

Der Test dieses Tags erfordert einige Vorarbeit, die wie gewohnt im Target prepare erledigt wird. Zusätzlich zum Löschen des Zielverzeichnisses werden zwei Unterverzeichnisse, dependssource und dependstarget, erzeugt. Sie entstehen durch zweimaliges Kopieren eines anderen Beispiel-Verzeichnisses. Dadurch haben alle beteiligten Dateien zunächst ein einheitliches Modifikationsdatum. Das folgende Script dürfte daher, abgesehen vom Target prepare beim allerersten Aufruf, keine Dateien kopieren:

```
<project name="bsp0611" default="main" basedir=".">
  <fileset dir="../Kapitel05" id="fs"/>

  <target name="main" depends="prepare">
    <copy todir="targetdir" >
      <fileset dir="dependssource">
        <depend targetdir="dependstarget" />
      </fileset>
    </copy>
  </target>

  <target name="prepare">
    <delete dir="targetdir" />
    <copy todir="dependssource" >
      <fileset refid="fs"/>
    </copy>
    <copy todir="dependstarget" >
      <fileset refid="fs"/>
    </copy>
  </target>
</project>
```

Verändern Sie nun im Verzeichnis dependssource das Modifikationsdatum einiger Dateien, z. B. durch Editieren der Datei oder durch den Einsatz eines Systemkommandos. Bei erneuter Ausführung der Build-Datei werden genau diese Dateien durch das <copy>-Tag im Target main kopiert.

Present

Das <present>-Tag ähnelt dem <depend>-Selektor. Hier wird aber nicht geprüft, ob eine Datei aktueller als eine Vergleichsdatei ist, sondern nur, ob für eine Datei im Arbeitsverzeichnis eine passende Datei im Vergleichsverzeichnis existiert. Der Sinn dieses Tags mag auf den ersten Blick nicht ersichtlich sein. Der Vergleich auf exakt identische Dateinamen ist in der Praxis auch wenig nützlich. Aber auch das <present>-Tag kann mit den bereits erwähnten Mappern zusammenarbeiten. Dadurch ist es möglich, den Namen der Vergleichsdatei dynamisch festzulegen.

Die Wirkung der Attribute des <present>-Tags geht aus Tabelle 6.7 hervor.

Attribut	Beschreibung	Default	Erforderlich
targetdir	Verzeichnis, in dem die Vergleichsdateien gesucht werden		Ja
present	Legt fest, ob Dateien selektiert werden, die nur im Arbeitsverzeichnis (srconly) oder in beiden Verzeichnissen (both) existieren.	both	Nein

Tabelle 6.7 Attribute des Selektions-Tags <present>

Depth

Das Tag `<depth>` schränkt die Selektion auf ausgewählte Verzeichnisebenen ein. Dabei spielen die Namen der Unterverzeichnisse keine Rolle, lediglich die Verschachtelungstiefe ist wichtig. Dementsprechend einfach sind die Attribute des Tags, die Sie in Tabelle 6.8 finden.

Attribut	Beschreibung	Erforderlich
min	Die minimale Anzahl von Verzeichnisebenen zwischen dem Ausgangsverzeichnis und der Datei	Mindestens eines der beiden Attribute
max	Die maximale Anzahl von Verzeichnisebenen zwischen dem Ausgangsverzeichnis und der Datei	

Tabelle 6.8 Attribute des Selektions-Tags <depth>

Es muss mindestens eines der beiden Attribute benutzt werden. Falls ein Attribut nicht benutzt wird, verwendet Ant für `min` den Wert 0, selektiert also direkt ab dem Ausgangsverzeichnis, und für `max` eine unbegrenzte Verzeichnistiefe.

Filename

Der `<filename>`-Selektor entspricht in seiner Wirkungsweise in etwa den Möglichkeiten des `<include>`- und `<exclude>`-Tags. Im Attribut `name` geben Sie einen Dateinamen oder ein Muster vor. Im Gegensatz zu den beiden anderen Tags können Sie hier nur ein Element verwenden. Die Aufzählung mehrerer Dateinamen oder Muster ist nicht möglich. Mit dem Flag `casesensitive` legen Sie fest, ob bei Namensvergleichen zwischen Groß- und Kleinschreibung unterschieden werden soll oder nicht. Das dritte Attribut, `negate`, erlaubt es Ihnen, die Auswahl umzukehren. Mit Hilfe dieses Attributs kann das `<filename>`-Tag die Funktionalität des `<include>`- und des `<exclude>`-Tags abdecken.

Tabelle 6.9 listet alle Attribute des `<filename>`-Tags auf.

Attribut	Beschreibung	Default	Erforderlich
name	Dateiname oder Muster für die Selektion		Ja
casesensitive	Groß-/Kleinschreibung berücksichtigen	true	Nein
negate	Auswahl negieren	false	Nein

Tabelle 6.9 Attribute des Selektions-Tags <filename>

Custom

Der <custom>-Selektor ermöglicht das Einbinden eines selbst programmierten Selektors. Auf die Möglichkeiten, die Funktionalität von Ant durch eigene Programmierung zu erweitern, soll hier aber nicht eingegangen werden.

6.1.4 Verknüpfungsoperatoren

Die nicht musterbasiert arbeitenden Selektoren können durch zusätzliche Tags zu logischen Ausdrücken zusammengefasst werden. Die Ant-Dokumentation spricht in diesem Fall von Selektoren-Containern. Tabelle 6.10 enthält die existierenden Verknüpfungsmöglichkeiten.

Tag	Beschreibung
and	Alle enthaltenen Selektionsbedingungen müssen für eine Datei erfüllt sein, damit sie in die Auswahl aufgenommen wird.
majority	Die Mehrzahl der Selektionsbedingungen muss für eine Datei erfüllt sein.
none	Keine der Selektionsbedingungen darf erfüllt sein.
not	Negation einer einzelnen Selektionsbedingung
or	Oder-Verknüpfung der Selektionen

Tabelle 6.10 Logische Verknüpfungen für Selektoren

Die Wirkung der logischen Verknüpfungen kann sehr einfach demonstriert werden. Das folgende Beispiel führt mehrere Kopiervorgänge in unterschiedliche Zielverzeichnisse durch und benutzt dabei jeweils eine andere Form der Verknüpfung von Selektionsmustern.

Die <none>-Verknüpfung erfordert mehrere Ausdrücke, um die Zahl der kopierten Dateien möglichst klein zu halten.

```
<project name="bsp0612" default="main" basedir=".">
  <target name="main" depends="prepare">

    <copy todir="target_or">
      <fileset dir=".">
        <or>
          <filename name="*2*.xml"/>
          <filename name="*3*.xml"/>
        </or>
      </fileset>
    </copy>

    <copy todir="target_and">
      <fileset dir=".">
```

```
            <and>
               <filename name="*1*.xml"/>
               <filename name="*2*.xml"/>
            </and>
         </fileset>
      </copy>

      <copy todir="target_non" includeemptydirs="false">
         <fileset dir=".">
            <none>
               <filename name="*1*.xml"/>
               <filename name="*3*.xml"/>
               <filename name="*5*.xml"/>
               <filename name="t*/**/*"/>
               <filename name="d*/**/*"/>
            </none>
         </fileset>
      </copy>

      <copy todir="target_not">
         <fileset dir=".">
            <filename name="*2*.xml"/>
            <not>
               <filename name="*1*.xml"/>
            </not>
         </fileset>
      </copy>
   </target>

   <target name="prepare">
      <delete includeemptydirs="true">
         <fileset dir=".">
            <include name="target*"/>
            <include name="target*/**"/>
         </fileset>
      </delete>

   </target>
</project>
```

Die einzelnen Verknüpfungs-Tags können bei Bedarf ineinander verschachtelt werden.

Sollen musterbasierte und eigenschaftsbasierte Selektionen in einem Fileset gemeinsam benutzt werden, führt kein Weg an den logischen Verknüpfungen und dem Einsatz des `<filename>`-Selektors vorbei. Der folgende Ausschnitt aus einem Listing stellt eine Anweisung dar, mit der alle Dateien ausgewählt werden, die entweder die Zeichenkette »UnicastRemoteObject« enthalten oder einem speziellen Namensmuster entsprechen:

```
<or>
  <contains text="UnicastRemoteObject"/>
  <filename name="${path.rel.remote}/Remote*Impl.class"/>
</or>
```

6.1.5 Selektoren

Bei den musterorientiert arbeitenden Tags wurde auf das Patternset hingewiesen. Auf ähnliche Weise können Sie die Selektoren durch das Tag `<selector>` zusammenfassen. Innerhalb eines `<selector>`-Tags können alle bisher beschriebenen Selektoren und das `<selector>`-Tag selbst enthalten sein. Ebenso wie ein Patternset kann ein Selektor außerhalb von Targets als eigenständiges Element definiert und später per Referenz eingebunden werden.

Unabhängig vom Ort der Definition kann jedes `<selector>`-Tag, ebenso wie jedes `<patternset>`-Tag, in einer beliebig tiefen Unterebene per ID an anderen Stellen der Build-Datei referenziert werden. Aus Gründen der Übersichtlichkeit ist es besser, auf diese Variante zu verzichten. Sofern eine Referenzierung erfolgen soll, verbessert es die Verständlichkeit der Build-Datei sehr, wenn die zu referenzierenden Objekte außerhalb von Targets als separate Elemente erzeugt werden.

6.2 Dirset

Neben dem Fileset existiert ein ähnliches, allerdings seltener verwendetes Konstrukt, mit dem nur Verzeichnisse selektiert werden. Die Arbeitsweise ähnelt dem Fileset. Die Auswahl der Verzeichnisse erfolgt über die Attribute oder eingebettete Tags. Als eingebettete Tags sind alle vom Fileset bekannten musterbasierten Tags möglich, also `<include>`, `<includesfile>`, `<exclude>`, `<excludesfile>` und `<patternset>`.

Tabelle 6.11 zeigt die Attribute des Tags.

Attribut	Beschreibung	Default	Erforderlich
dir	Wurzelverzeichnis für das Dirset		Ja
includes	Liste aller aufzunehmenden Verzeichnisse. Musterangaben sind möglich. Trennung durch Leerzeichen oder Komma.	Alle Unterverzeichnisse	Nein
includesfile	Name einer Datei, in der die einzuschließenden Dateien oder die entsprechenden Muster stehen		Nein

Tabelle 6.11 Attribute des `<dirset>`-Tags

Attribut	Beschreibung	Default	Erforderlich
excludes	Liste aller auszuschließenden Verzeichnisse. Musterangaben sind möglich. Trennung durch Leerzeichen oder Komma.		Nein
excludesfile	Name einer Datei, in der die auszuschließenden Dateien oder die entsprechenden Muster stehen		Nein
casesensitive	Gross-/Kleinschreibung berücksichtigen?	true	Nein
followsymlinks	Symbolische Links verfolgen?	true	Nein

Tabelle 6.11 Attribute des <dirset>-Tags (Forts.)

6.3 Datei- und Pfadlisten

Ein Fileset definiert ein oder mehrere Suchmuster, über das meist mehrere Dateien und Verzeichnisse gefunden werden. Es dient, je nach übergeordnetem Tag, sowohl zur Selektion von Dateien als auch zur Selektion von Verzeichnissen.

Mitunter ist es aber auch erforderlich, eine Liste mit exakt benannten Dateien aufzustellen. Außerdem benötigen einige der Kommandos als Laufzeitumgebung eine Liste mit Pfaden. Beispielsweise benötigt das <javac>-Kommando den Classpath, um das Runtime-System und externe Bibliotheken exakt verwenden zu können.

Für beide Zwecke existieren separate Tags. Zunächst soll intensiver auf die Pfadlisten eingegangen werden, da diese eine größere Bedeutung besitzen als die Dateilisten. Diese Listen werden im Ant-Sprachgebrauch auch *pfad-artige Strukturen* bzw. *path-like structures* genannt. Auf Grund des Verwendungszwecks können Pfadlisten nicht nur echte Pfadangaben enthalten, sondern auch Dateinamen. Schließlich nehmen Jar- und Zip-Archive im Java-Classpath einen wichtigen Platz ein.

Die Grundlage für Pfadlisten ist das Tag <path>. Dieses Tag kann außerhalb von Targets stehen und später referenziert werden. Es verfügt über zwei Attribute zur Pfadselektion, location und path. Das Attribut location ist zur Notation eines einzelnen Pfades vorgesehen, während path mehrere, durch das Semikolon oder den Doppelpunkt getrennte Pfadangaben aufnehmen kann. Oft wird das Attribut path durch ein Property gefüllt, z.B. eines, das den vom System übernommenen Classpath enthält.

Die Erstellung komplexerer Pfadlisten ist durch zusätzliche eingebettete Tags möglich. Zunächst kann ein <path>-Tag weitere <path>-Tags enthalten. Dies ist vor allem im Zusammenhang mit der Referenzierung dieses Tags möglich. Des Weiteren existiert das Tag <pathelement>, das die gleichen Attribute besitzt wie das `<path>`-Tag, aber nicht referenziert werden kann. Dieses Tag besitzt keine weiteren eingebetteten Tags.

Zusätzlich ist es möglich, Dateien und Verzeichnisse mit den Tags `<fileset>`, `<dirset>` und `<filelist>` in eine Pfadliste einzufügen.

Im Zusammenhang mit einigen Tags wie z. B. `<javac>` existieren spezielle Tags für Pfadangaben, z. B. `<classpath>`. Diese Tags sind syntaktisch mit dem beschriebenen `<path>`-Tag identisch, nehmen aber wegen ihres Namens innerhalb ausgewählter Tags eine besondere Stellung ein. Tabelle 6.12 zeigt Ihnen diese Tags sowie die Kommandos, in denen sie enthalten sein können.

Eine Eigenschaft dieser Tags ist, dass sie sozusagen zuweisungskompatibel zum `<path>`-Tag sind. Von allen pfad-artigen Tags kann nur das `<path>`-Tag außerhalb von Targets definiert werden. Es ist aber möglich, diese Tags auch in den Tags aus Tabelle 6.12 zu referenzieren. Vergleichen Sie dazu auch das Beispiel.

Tag	z. B. enthalten im Kommando
addfiles	Jlink
bootclasspath	Javadoc, javah, javac
classpath	java, javac, filterreader, mapper, javadoc,…
coveragepath	jpcovreport
extdirs	rmic, javac
filepath	available
mergefiles	Jlink
rulespath	Maudit
searchpath	Maudit
sourcepath	javadoc, maudit, jpcovreport, mmetrics, …
src	javac
wasclasspath	websphere
wlclasspath	wlrun, weblogictoplink

Tabelle 6.12 Tags für pfadartige Strukturen und ihre Verwendung

Das folgende Fragment einer praktisch eingesetzten Build-Datei zeigt die Verwendung von pfad-artigen Tags am Beispiel der Classpath-Definition für ein `<javac>`-Kommando:

```
<property file="main.properties" prefix="pf"/>
<path id="classpath">
  <pathelement path="${java.class.path}" />
  <pathelement location="${pf.extClasses}/classes12.zip" />
```

```
    <pathelement location="${pf.extClasses}/JSQLConnect.jar" />
    ...
</path>
...
<javac srcdir="${pf.path.abs.src}/ff"
       destdir="${pf.path.abs.build}/classes">
  <classpath refid="classpath"/>
</javac>
```

Zum Abschluss noch einige Worte zur Dateiliste. Dieses Tag wird nur in sehr seltenen Fällen benötigt. Die Attribute gehen aus Tabelle 6.13 hervor.

Attribute	Beschreibung	Erforderlich
`dir`	Ausgangsverzeichnis für Dateiangaben	Ja
`files`	Liste der Dateien	Ja

Tabelle 6.13 Attribute des <filelist>-Tags

Mit dem Attribut `dir` wird wieder das Wurzelverzeichnis festgelegt; in `files` tragen Sie die Liste der gewünschten Dateien ein. Musterangaben sind nicht möglich, die Dateinamen sind relativ zum Wert von `dir`. Eingebettete Tags kennt dieses Kommando nicht.

6.4 Mapper

Mit Hilfe der im vorangegangenen Abschnitt beschriebenen Filesets können Sie diversen Kommandos mitteilen, welche Dateien zu bearbeiten sind. Meist erzeugen diese Kommandos weitere Dateien. Üblicherweise entspricht der Name der erzeugten Datei dem der Ausgangsdatei. Je nach Kommando ändert sich maximal die Dateinamensendung. Aus *.java-Dateien werden beispielsweise nach Ausführung des `<javac>`-Kommandos *.class-Dateien. Auch die Pfadstruktur im Zielverzeichnis ergibt sich analog zu der Pfadstruktur des Ausgangsverzeichnisses.

Mitunter ist es wünschenswert, auf die Namensbildung Einfluss nehmen zu können. Für diesen Zweck existieren die so genannten *File Mapper* oder kurz *Mapper*.

Ein Mapper beeinflusst die Namensbildung für Dateien, die als Ergebnis eines Kommandos entstehen. Ein Mapper muss deshalb im jeweiligen Kommando notiert werden. Dabei kann jeweils nur ein Mapper benutzt werden. Die Definition mehrerer Mapper ist wegen eventueller Mehrdeutigkeiten nicht möglich.

Ant stellt standardmäßig einige Mapper bereit. Außerdem können Sie, ähnlich wie bei den Selektoren, über eine spezielle Variante des Kommandos eigene Implementierungen einbinden. An dieser Stelle sollen nur die von Ant bereitgestellten Mapper erläutert werden.

Ein <mapper>-Tag besitzt die in Tabelle 6.14 aufgeführten Attribute.

Attribut	Beschreibung	Erforderlich
type	Typ des Mappers. Bestimmt die Art und Weise der Konvertierung.	Ja
from	Ausgangsmuster; gegebenenfalls abhängig vom Typ	Abhängig vom Typ
to	Ergebnismuster; gegebenenfalls abhängig vom Typ	Abhängig vom Typ

Tabelle 6.14 Attribute des <mapper>-Tags

Es existieren unterschiedliche Mapper-Typen. Die nachfolgenden Abschnitte stellen jeden Typ detailliert vor. Zunächst jedoch folgt eine Beispiel-Datei, die den Einsatz eines Mappers demonstriert:

```
<project name="bsp0613" default="main" basedir=".">
  <target name="main" depends="prepare">
    <copy todir="targetdir">
      <fileset dir="." includes="*.xml"/>
      <mapper type="glob" from="*.xml" to="*.bak"/>
    </copy>

  </target>

  <target name="prepare">
    <delete dir="targetdir"/>
  </target>
</project>
```

Das Beispiel beruht auf einer minimalen Ergänzung des Fileset-Beispiels. Innerhalb des <copy>-Tags kommt ein einfacher Mapper zum Einsatz. Seine Aufgabe besteht darin, die Dateinamen aller Ergebnis-Dateien (also der Kopien) umzuformen. In diesem Fall werden alle *.xml-Dateien in *.bak-Dateien umbenannt.

Ein Mapper durchsucht das aktuelle Dateisystem nicht selbst nach Dateien. Er formt lediglich Dateinamen, die ihm übergeben werden, um. Er bekommt dazu vom übergeordneten Kommando eine Liste mit Dateinamen. Diese setzen sich aus dem relativen Pfadnamen (bezogen auf das Arbeitsverzeichnis des Kommandos) und dem eigentlichen Dateinamen zusammen. Der Mapper wertet diesen Namen als einfache Zeichenkette aus. Alle Muster-Operationen werden vom Mapper als reine Zeichenkettenvergleiche bzw. String-Ersetzungen durchgeführt. Das kann problematisch werden, wenn in den Mustern der Pfad-Trenner explizit verwendet werden soll, da dieser vom jeweiligen Betriebssystem abhängt. In diesem Fall sollten Sie das vordefinierte Property file.separator benutzen, in dem Ant das Zeichen ablegt, das die aktuelle Umgebung als Pfad-Trennzeichen erwartet.

Nun zu den einzelnen Mapper-Typen im Detail.

6.4.1 Identity-Mapper

Der Identity-Mapper muss eigentlich nie wirklich benutzt werden, da er keine Modifikation an den Dateinamen vornimmt. Dementsprechend ignoriert er die beiden Attribute `from` und `to`.

6.4.2 Flatten-Mapper

Der Mapper vom Typ Flatten lässt den eigentlichen Dateinamen unverändert, entfernt aber den vorangestellten Pfad. Bei Verwendung in einem `<copy>`-Kommando würden somit alle kopierten Dateien in ein und dasselbe Unterverzeichnis kopiert werden. Für diese Funktion werden die Attribute `from` und `to` nicht benötigt und somit ignoriert.

Durch den Wegfall der Verzeichnisstruktur kann es durchaus dazu kommen, dass ein Zieldateiname mehrfach vergeben wird. In diesem Fall kann es z.B. zum Überschreiben von Dateien kommen.

6.4.3 Merge-Mapper

Dieser Mapper erfordert die Verwendung des `to`-Attributs, er ignoriert allerdings das `from`-Attribut. Alle Quelldateinamen werden in den im `to`-Attribut angegebenen Dateinamen umgesetzt. Hierbei ist zu beachten, dass der Mapper dem übergeordneten Kommando lediglich die Zuordnung von Quell- zu Zieldateinamen übermittelt. Im Falle des oben vorgestellten Beispiels würden daher alle Dateien nacheinander kopiert, wobei wegen des stets identischen Namens der Zieldatei diese jedes Mal überschrieben wird. Der Merge-Mapper macht daher in einem solchen Szenario keinen Sinn. Andere Kommandos, die dazu dienen, Dateien zu verketten (z.B. Concat), verfügen über ein Attribut, in dem der Zieldateiname abgelegt werden kann. Auch hier ist der Merge-Mapper nicht erforderlich.

Hilfreich kann dieser Mapper allerdings im Zusammenhang mit den bereits beschriebenen Selektoren innerhalb eines Filesets sein. Zwei der Selektoren (`<depend>` und `<present>`) akzeptieren ein eingebettetes `<mapper>`-Tag. Dieses bestimmt in diesem Fall den Namen der Vergleichsdatei. Im Falle des Merge-Mappers würden somit alle Quelldateien mit einer einzigen Zieldatei verglichen. Auf diese Weise könnte z.B. festgestellt werden, welche Quelldateien sich nach der Erstellung eines Archivs nochmals geändert haben. Auch dazu ein Beispiel:

```xml
<project name="bsp0614" default="main" basedir=".">
  <property name="name.zipfile" value="demo.zip"/>

  <target name="main" depends="prepare">
    <touch file="${ant.file}"/>
    <copy todir="targetdir">
      <fileset dir="." includes="*.xml">
        <depend targetdir="." granularity="0">
          <mapper type="merge" to="${name.zipfile}"/>
        </depend>
      </fileset>
    </copy>
  </target>

  <target name="prepare">
    <delete dir="targetdir"/>
    <zip destfile="${name.zipfile}">
      <fileset dir="." includes="*.xml"/>
    </zip>
  </target>
</project>
```

Die Struktur dieses Beispiels ähnelt den vorangegangenen Beispielen. Im vorbereitenden Target wird hier aber nicht nur das Zielverzeichnis gelöscht, sondern zusätzlich ein Archiv erstellt. Das dazu benutzte Zip-Kommando wurde noch nicht erwähnt, seine Funktion ist aber leicht verständlich. Alle Dateien, die im eingebetteten Fileset enthalten sind, werden in das Archiv aufgenommen.

Im main-Target wird das Modifikationsdatum der aktuellen Build-Datei durch das <touch>-Kommando auf den aktuellen Zeitpunkt gesetzt. Diese Datei ist dadurch aktueller als das eben erstellte Zip-Archiv. Innerhalb des Copy-Kommandos erfolgt durch die Kombination des <depend>- und des <mapper>-Tags die Auswahl der Dateien, die aktueller sind als die Zip-Datei. Daher wird nur die aktuelle Build-Datei kopiert.

In diesem Beispiel dient das <copy>-Tag nur als einfache Möglichkeit, die durch das Fileset ausgewählten Dateien kenntlich zu machen.

Ein wirklich praktischer Anwendungsfall wäre, nur die Java-Dateien zu kompilieren, die sich seit der Erstellung eines Archivs geändert haben. Derartige Selektionen können bei einem realen Build erheblich Zeit sparen.

6.4.4 Glob-Mapper

Der bereits am Anfang des Kapitels in einem Beispiel benutzte Glob-Mapper führt eine echte Wandlung der Dateinamen durch. Im `from`- und im `to`-Attribut geben Sie Muster für Dateinamen an. Diese Namen können auch eine Pfadangabe enthalten. Die Muster dürfen maximal ein Musterzeichen »*« enthalten. Andere Musterzeichen sind nicht möglich. Für alle Dateien, die dem `from`-Muster entsprechen, werden die durch das Musterzeichen selektierten Namensbestandteile an Stelle des Musterzeichens im `to`-Attribut eingesetzt. Dabei können durch das Musterzeichen auch Bestandteile der Pfadangabe selektiert werden, nicht nur Teile des eigentlichen Dateinamens.

Dateien, die dem `from`-Muster nicht entsprechen, werden komplett ignoriert. Damit wirkt der Mapper gleichzeitig als zusätzlicher Filter.

Natürlich kann auch dieser Mapper durch einige Beispiele besser beschrieben werden als durch bloße Erläuterungen. Voraussetzung für die Diskussion einiger Muster ist folgender kleiner Verzeichnisbaum, der sich der Einfachheit halber im aktuellen Arbeitsverzeichnis befinden soll.

```
MapperExampleDir
   Sub1
      File-a.txt
      File-b.txt
   Sub2
      File-a.txt
      File-b.txt
```

Alle Musterangaben im Mapper gehen davon aus, dass auf eben dieses Arbeitsverzeichnis zugegriffen wird. Die nachfolgenden Beispiele für Mapper können Sie durch Modifikation des folgenden Beispiels ausprobieren. Auf der CD sind für die funktionsfähigen Mapper eigene Build-Dateien enthalten (`bsp0615.xml` bis `bsp0617.xml`). Außerdem existiert dort das Beispiel-Verzeichnis.

```xml
<project name="bsp0615" default="main" basedir=".">
  <property name="name.zipfile" value="demo.zip"/>

  <target name="main" depends="prepare">
    <copy todir="targetdir">
      <fileset dir="."/>
      <mapper type="glob" from="M*.txt" to="M*.bak"/>
    </copy>
  </target>

  <target name="prepare">
    <delete dir="targetdir"/>
  </target>
</project>
```

Das Fileset selektiert zunächst alle Dateien. Das Muster im Mapper legt fest, dass der Dateiname (einschließlich des Pfadnamens) mit dem Zeichen M beginnt und mit .txt endet. Diesem Muster entsprechen alle vier Dateien. Durch das Musterzeichen werden alle Zeichen zwischen dem führenden M und dem Dateityp, also .txt, abgedeckt. Für die erste Datei wäre das beispielsweise die Zeichenkette apperExampleDir/subdir_1/file_a. Das Muster-Zeichen im to-Attribut wird durch diese Zeichenkette ersetzt, wodurch sich der neue Dateiname MapperExampleDir/subdir_1/file_a.bak ergibt.

Alle Bestandteile des Namens, die nicht durch das Musterzeichen abgedeckt sind, können im to-Attribut neu definiert werden. Dies kann auch Einfluss auf den Pfadnamen haben. Der folgende Mapper würde nicht nur die Dateiendung, sondern auch den Namen des obersten Verzeichnisses ändern.

```
<mapper type="glob"
        from="MapperExampleDir${file.separator}*.txt"
        to="backup${file.separator}*.bak"/>
```

In diesem Beispiel wird zusätzlich der Pfad-Trenner benutzt, um die Auswahl wirklich auf das dir-Verzeichnis zu beschränken. Der erste Mapper würde hingegen alle Verzeichnisse selektieren, deren Name mit d beginnt.

Die Muster können natürlich auch mit dem Musterzeichen selbst beginnen. Der nächste Mapper würde daher alle Dateien, die auf txt enden, in bak-Dateien umwandeln. Dabei werden aber alle Textdateien bearbeitet, die in beliebigen Verzeichnissen in und unterhalb des aktuellen Arbeitsverzeichnisses liegen. Allerdings kann die Auswahl natürlich auch durch ein zusätzliches Fileset eingeschränkt werden.

```
<mapper type="glob" from="*.txt" to="*.bak"/>
```

Die folgenden beiden Mapper-Beispiele funktionieren nicht. Bei der Ausführung gibt Ant zwar keine Fehlermeldung aus, aber es entsteht auch keine Ergebnismenge. Das erste Beispiel sucht nach Dateien, deren Namen mit file_a beginnen. Derartige Dateien existieren zwar, allerdings nicht direkt im aktuellen Arbeitsverzeichnis. Das from-Muster passt somit auf keinen der Namen, die der Mapper zu bearbeiten hat.

```
<mapper type="glob" from="file_a*" to="file_c*"/>
```

Das nächste Beispiel verwendet zwei Musterzeichen. Das ist bei einem Mapper des Typs glob nicht möglich. Das zweite Musterzeichen würde nicht mehr als Muster erkannt, sondern es würde nach dem konkreten Zeichen gesucht. Auch diesem Muster entspricht keine der Dateien.

```
<mapper type="glob" from="*_*" to="*-*"/>
```

6.4.5 Package-Mapper

Der Package-Mapper arbeitet ähnlich wie der Glob-Mapper. Allerdings ersetzt er in dem Teil des Dateinamens, der durch das Musterzeichen selektiert wird, alle Pfadtrenner durch einen Punkt. Auf diese Weise entsteht aus einer herkömmlichen Pfadangabe eine Zeichenkette, wie sie zur Notation der Namen von Java-Klassen benutzt werden kann. Dieser Mapper kann daher insbesondere eingesetzt werden, um festzustellen, ob eine Klasse in einem Archiv noch aktuell ist.

6.4.6 Regexp-Mapper

In den bisher beschriebenen Mappern kann maximal ein Musterzeichen enthalten sein. Einige Aufgaben, wie z. B. Ersetzen des Bindestrichs durch einen Unterstrich, können mit ihnen nicht ausgeführt werden. Für derartige Zwecke steht ein Mapper zur Verfügung, bei dem sowohl das Suchmuster als auch der Ersetzungsstring in Form von regulären Ausdrücken bereitgestellt werden können.

In diesem Zusammenhang ist eine Bemerkung erforderlich. Für die Verarbeitung regulärer Ausdrücke benötigt die JVM gegebenenfalls zusätzliche Bibliotheken. Diese müssen Sie eventuell zusätzlich zu Ihrer JVM installieren. Näheres zur Installation und zu den Grundlagen regulärer Ausdrücke finden Sie in Kapitel 17.

Ein regulärer Ausdruck definiert mehrere Teilmuster, die in runde Klammern eingeschlossen werden. Der durch diese Muster gefundene Gesamtstring kann im Ergebnisstring durch den Platzhalter \0, die Teilstrings können über die Platzhalter \1 bis \9 eingefügt werden.

Die eingangs erwähnte Aufgabe, in den Namen der Dateien den Unterstrich durch den Bindestrich zu ersetzen, könnte mit folgender Datei erfüllt werden:

```
<project name="bsp0618" default="main" basedir=".">
   <target name="main" depends="prepare">
   <copy todir="targetdir">
     <mapper type="regexp" from="^(.*)\_(.*)" to="\1-\2"/>
     <fileset dir="." includes="MapperExampleDir/**/*.txt"/>
   </copy>
  </target>

  <target name="prepare">
    <delete dir="targetdir"/>
  </target>
</project>
```

Zusammenfassung

Mapper dienen zur Umwandlung von Dateinamen, wobei unterschiedliche Mechanismen zum Einsatz kommen. Sowohl Quell- als auch Zielnamen können über Musterangaben definiert werden.

Mapper sind keine eigenständigen Kommandos, sondern werden nur als eingebettete Elemente verwendet.

Das übergeordnete Kommando verarbeitet nur Dateien, deren Name durch den Mapper bereitgestellt wird. Somit schränkt ein Mapper zusätzlich zu den anderen Selektionsmechanismen die Menge der zu bearbeitenden Dateien ein, was zu unerwünschten Nebenwirkungen führen kann.

7 Datei-Kommandos

Viele Aktionen während eines Builds erfordern unterschiedliche Manipulationen an oder mit Dateien. Am häufigsten ist es erforderlich, Dateien zu kopieren oder zu verschieben, alte Dateien zu löschen und eine passende Verzeichnisstruktur anzulegen. Für diese Aufgaben stehen eine Reihe von Kommandos zur Verfügung, denen dieses Kapitel gewidmet ist. Fast allen Kommandos ist gemeinsam, dass die Auswahl der zu bearbeitenden Dateien über die in den vorangegangenen Abschnitten beschriebenen Mechanismen erfolgt.

7.1 Kopieren und Verschieben

Ein Build besteht nicht nur aus dem eigentlichen Kompilieren der Quelldateien. Gerade im Java-Umfeld sind einige vor- und nachbereitende Arbeiten erforderlich. Das Kopieren von Dateien nimmt dabei eine zentrale Stellung ein.

7.1.1 Das Copy-Kommando

Das wichtigste und am häufigsten benutzte Kommando aus der Reihe der Datei-Kommandos ist das `<copy>`-Kommando. Es dient zum Kopieren von Dateien und Verzeichnissen, wobei durch die Wirkung diverser Attribute, eingebetteter Tags und weiterer Elemente auch zusätzliche Manipulationen, z.B. an den Dateinamen, dem Dateiinhalt oder der Verzeichnisstruktur, möglich sind.

Das `<copy>`-Kommando kopiert Dateien und Verzeichnisse. Es löst die veralteten Kommandos `<copyfile>` und `<copydir>` ab. Die Dateizugriffsrechte der Quelldatei werden beim Kopieren nicht übernommen.

Beim Kopieren sind zunächst natürlich Quell- und Zieldateien bzw. Verzeichnisse anzugeben. Dazu kommen wiederum unterschiedliche Methoden zum Einsatz. Die Angabe des Ziels hängt davon ab, ob eine einzelne, explizit benannte Datei oder möglicherweise mehrere Dateien und Verzeichnisse kopiert werden sollen.

Eine einzelne zu kopierende Datei kann durch das Attribut `file` festgelegt werden. Dieses Attribut führt keine Mustersuche durch. Wildcards werden nicht interpretiert, sondern als normales Zeichen gewertet. Die angegebene Datei muss existieren, ansonsten erzeugt Ant einen Build-Fehler. Dieser kann allerdings durch das Attribut

```
failonerror="false"
```

abgeschaltet werden. In diesem Fall erzeugt Ant zwar eine Warnung, bricht den Build aber nicht ab. Dieses Attribut wirkt allerdings nur für das Attribut `file`.

Für die Vorgabe des Ziels stehen die alternativen Attribute tofile oder todir zur Verfügung. Eines der beiden Attribute muss im <copy>-Tag enthalten sein. Mit tofile können Sie einen kompletten Dateinamen einschließlich Pfad angeben, wobei der Name der Zieldatei natürlich vom Namen der Quelldatei abweichen kann. Mit todir wird ein Zielverzeichnis vorgegeben, in da die betreffende Datei kopiert wird. Dabei wird der eigentliche Dateiname nicht geändert, es sei denn, im <copy>-Tag ist ein Mapper enthalten. Falls die Zieldatei bereits existiert, hängt es von verschiedenen Rahmenbedingungen ab, ob sie überschrieben wird oder nicht. Dazu später mehr. Hier zunächst zwei Beispiele, die das Kopieren einer einzelnen Datei demonstrieren:

```
<copy file="init.properties"
      tofile="server/startup.properties"/>
<copy file="init.properties"
      todir="server"/>
```

Um mehrere Dateien oder Verzeichnisse zu kopieren, muss das <copy>-Tag durch ein oder mehrere eingebettete <fileset>-Tags ergänzt werden. Auch in diesem Fall können sowohl das tofile- als auch das todir-Attribut zur Zielvorgabe benutzt werden. Allerdings erzeugt Ant bei Verwendung von tofile einen Build-Fehler, wenn durch das <fileset>-Tag mehr als eine Datei selektiert wird. Ein Fehler entsteht auch dann, wenn das im Fileset-Tag eingetragene Wurzelverzeichnis nicht existiert. Dieser Fehler kann allerdings nicht durch das Attribut failonerror unterdrückt werden. Die Filesets und alle Möglichkeiten zur Auswahl von Dateien wurden in Kapitel 6 bereits ausführlich erläutert. Nachfolgend ein kleines Beispiel:

```
<copy todir="install">
  <fileset dir="build" includes="*.class"/>
  <fileset dir="etc">
    <include name="*.properties"/>
    <include name="*.ressources"/>
  </fileset>
</copy>
```

Beim Kopieren von mehrstufigen Verzeichnissen wird die Verzeichnisstruktur unterhalb des Startverzeichnisses mitkopiert. Auch leere Unterverzeichnisse werden kopiert, wenn deren Namen zum Selektionsmuster der Filesets passen. Falls leere Verzeichnisse nicht kopiert werden sollen, kann das Kopieren durch

```
includeemptydirs="false"
```

unterbunden werden. Des Weiteren können Sie durch

```
flatten="true"
```

erreichen, dass die zu kopierenden Dateien direkt im Zielverzeichnis abgelegt werden, ohne die Verzeichnisstruktur der Quelle nachzubilden. Sollten gleichnamige Dateien existieren, wird eine bereits existierende Datei überschrieben.

Beim Kopiervorgang können so genannte *Filter* wirksam werden, die den Inhalt der zu kopierenden Dateien modifizieren. Meist handelt es sich dabei um das Ersetzen diverser Token durch andere Informationen, beispielsweise durch einen Copyright-Eintrag oder das Build-Datum. Nähere Informationen zu Filtern finden Sie im Abschnitt 8.9. Filter können sowohl außerhalb von *<copy>*-Kommandos als auch in Form eingebetteter Tags innerhalb des <copy>-Tags existieren. Damit extern definierte Filter wirksam werden, müssen sie durch das Attribut

```
filtering="true"
```

innerhalb eines <copy>-Kommando freigeschaltet werden. Es werden dadurch alle globalen Filter wirksam; eine Auswahl ist nicht möglich.

Das <copy>-Kommando arbeitet selektiv. Im Standardfall wird eine Datei nur dann kopiert, wenn die Zieldatei nicht existiert oder älter als die Quelldatei ist. Nur durch das Attribut

```
overwrite="true"
```

können Sie erzwingen, dass stets alle Dateien kopiert werden, unabhängig davon, ob die Zieldatei älter als die Quelldatei ist oder nicht.

Unter Microsoft-Betriebssystemen bleibt beim Überschreiben einer Datei deren Schreibweise (Groß-/Kleinschreibung) erhalten, auch wenn die Schreibweise der zu kopierenden Datei davon abweicht.

Einige andere Kommandos, z.B. das Kompilier-Kommando <javac>, berücksichtigen ebenfalls das Modifikationsdatum der Dateien, um unnötige Arbeitsschritte zu vermeiden. Beim Kopieren erhalten die kopierten Dateien aber die aktuelle Systemzeit als Modifikationsdatum. Sie würden damit auf jeden Fall als neu gewertet, auch wenn die Ursprungsdatei keiner echten Änderung unterlag. Durch das Attribut

```
preservelastmodified="true"
```

können Sie erzwingen, dass die Zieldatei dasselbe Modifikationsdatum erhält wie die Quelldatei.

Tabelle 7.1 zeigt Ihnen zum Abschluss noch die Attribute des <copy>-Kommandos.

Attribut	Beschreibung	Erforderlich	Default
file	Die zu kopierende Datei. Keine Auswertung von Musterzeichen.	Entweder Attribut file oder eingebettetes Fileset	
preservelast-modified	Die Kopien erhalten dasselbe Modifikationsdatum wie das Original.	Nein	false
tofile	Name der Zieldatei	Entweder tofile oder todir	
todir	Name des Zielverzeichnisses	Entweder tofile oder todir	
overwrite	Existierende Dateien auch dann überschreiben, wenn sie jünger sind als die Quelldatei.	Nein	false
filtering	Globale Filter berücksichtigen?	Nein	false
flatten	Verzeichnisstruktur beim Ablegen im Zielverzeichnis ignorieren.	Nein	false
includeemptydirs	Leere Verzeichnisse mitkopieren.	Nein	true
failonerror	Build-Fehler erzeugen, wenn eine zu kopierende Datei nicht existiert.	Nein	true
verbose	Die Namen der kopierten Dateien auf der Konsole auflisten.	Nein	false

Tabelle 7.1 Attribute des <copy>-Kommandos

Das <copy>-Kommando akzeptiert eine überschaubare Menge von eingebetteten Tags. Bereits erwähnt wurde <fileset>. Ein weiteres, eng mit der Aufgabe des Copy-Kommandos verbundenes Tag ist das <mapper>-Tag. Es ermöglicht die Modifikation von Dateinamen gemäß einer Transformationsvorschrift. Dieses Kommando ist sehr hilfreich, um bei Massen-Kopiervorgängen Datei- oder Verzeichnisnamen automatisch anzupassen. Sie können beispielsweise die Dateinamensendung austauschen. Die Beschreibung der diversen Mapper finden Sie in Abschnitt 6.4. Das folgende Beispiel würde beispielsweise dafür sorgen, dass alle Java-Dateien in ein Sicherungsverzeichnis kopiert werden und die Endung »bak« erhalten.

```
<copy todir="backup">
  <fileset dir="source" includes="*.java"/>
  <mapper type="glob" from="*.java" to="*.java.bak"/>
</copy>
```

Die beiden Tags `<filterchain>` und `<filterset>` definieren so genannte *Filter*. Diese Filter werden beim Kopieren wirksam. Sie modifizieren nach unterschiedlichen Regeln den Inhalt der zu kopierenden Dateien. Mögliche Funktionen sind das Ersetzen von Tokens, das Löschen von Kommentaren u. Ä. Filter werden ausführlich in Abschnitt 8.9 beschrieben.

In Tabelle 7.2 finden Sie nochmals alle von `<copy>` akzeptierten eingebetteten Tags.

Eingebettetes Tag	Aufgabe	Detaillierte Beschreibung in Abschnitt
`filterchain`	Gruppe von Filterdefinitionen, mit denen die Inhalte der zu kopierenden Dateien beeinflusst werden können	8.9
`fileset`	Auswahl der zu kopierenden Dateien und Verzeichnisse	6.1
`filterset`	Weitere Filterdefinitionen zum Bearbeiten von Dateiinhalten	8.3
`mapper`	Element zur Umwandlung der Dateinamen	6.4

Tabelle 7.2 Eingebettete Tags für das `<copy>`-Kommando

7.1.2 Das Move-Kommando

Das Kommando `<move>` arbeitet ähnlich wie das `<copy>`-Kommando. Obwohl in der offiziellen Beschreibung weniger Attribute aufgeführt werden als beim `<copy>`-Kommando, verarbeitet `<move>` alle Attribute, über die auch das `<copy>`-Kommando verfügt. Ein wesentlicher Unterschied besteht aber in der Default-Einstellung des Attributs `overwrite`. Im Gegensatz zum `<copy>`-Kommando ist der Default-Wert hier `true`. Bereits existierende Dateien werden ohne weiteres überschrieben, auch wenn sie aktueller sind als die zu verschiebende Datei.

7.2 Löschen

Mit `<delete>` können Sie Dateien und Verzeichnisse löschen. Für das gezielte Löschen einer Datei oder eines Verzeichnisses dienen die Attribute `file` und `dir`. Beide Angaben sind unabhängig voneinander. `dir` legt also nicht fest, in welchem Verzeichnis `file` gesucht wird, sondern welches Verzeichnis gelöscht werden soll. Das mittels `dir` festgelegte Verzeichnis wird komplett, also mit allen Unterverzeichnissen und Dateien gelöscht. Im Attribut `file` hingegen können Sie einen Dateinamen, gegebenenfalls mit Pfadangabe, eintragen. Fehlt in `file` oder in `dir` eine absolute Pfadangabe, wird das aktuelle Arbeitsverzeichnis als Ausgangspunkt benutzt.

Neben der Verwendung dieser beiden Attribute ist es möglich, die zu löschenden Dateien über eingebettete `<fileset>`-Tags zu definieren. In diesem Fall werden standardmäßig nur Dateien gelöscht, übrig bleibt der leere Verzeichnisbaum. Um auch die leeren Verzeichnisse zu löschen, muss im `<delete>`-Tag das Attribut

```
includeemptydirs="true"
```

benutzt werden. Die beiden folgenden Kommandos sind somit funktional identisch:

```
<delete dir="build/classes" />

<delete includeemptydirs="true">
  <fileset dir="build/classes" />
</delete>
```

Das `<delete>`-Kommando bzw. die eingebetteten Filesets berücksichtigen, wie einige andere Kommandos auch, eine Liste mit Dateinamensmustern, die standardmäßig nicht behandelt werden. Bei diesen Dateien handelt es sich um Sicherheitskopien oder Hilfsdateien der diversen Sourcecode-Control-Systeme. Nähere Informationen und die Liste der entsprechenden Muster finden Sie bei der Beschreibung des `<fileset>`-Tags in Abschnitt 6.1.1.

Während der Ausschluss einiger Hilfsdateien bei den Kopierkommandos meist kein Problem darstellt, sondern eher erwünscht ist, kann dieses Verhalten beim Löschen stören. Nicht gelöschte Dateien können das Entfernen von Verzeichnissen verhindern, da diese nicht leer sind. Aus diesem Grund empfiehlt sich die Verwendung des Attributs `defaultexcludes`. Direkt im `<delete>`-Tag ist es allerdings veraltet, sodass es in den Filesets gesetzt werden sollte. Das Attribut

```
defaultexcludes="false"
```

hebt die Sonderrolle der reservierten Dateinamensmuster auf und ermöglicht so das problemlose Löschen der Dateien. Dazu nachfolgend ein Fragment zur Demonstration:

```
<delete includeemptydirs="true">
  <fileset dir="source" defaultexcludes="false"/>
</delete>
```

In Tabelle 7.3 sind die Attribute des <delete>-Kommandos aufgeführt. Veraltete (deprecated) Attribute wurden nicht aufgenommen.

Attribut	Beschreibung	Default	Erforderlich
file	Die zu löschende Datei		Entweder file oder dir oder ein eingebettetes Fileset
dir	Das zu löschende Verzeichnis		Entweder file oder dir oder ein eingebettetes Fileset
verbose	Die Namen der gelöschten Objekte auf der Konsole ausgeben	false	Nein
quiet	Fehlermeldungen ausgeben? Wenn auf true gesetzt, wird failonerror automatisch auf false gesetzt.	false	Nein
failonerror	Build-Fehler erzeugen, wenn ein Fehler beim Löschen auftritt? Dieses Attribut wird nur berücksichtigt bei quit=false.	true	Nein
includeemptydirs	Leere Verzeichnisse löschen, wenn Filesets zur Dateiauswahl benutzt werden?	false	Nein

Tabelle 7.3 Attribute des Delete-Kommandos

7.3 Verzeichnisse anlegen

Obwohl viele Kommandos selbsttätig Verzeichnisstrukturen anlegen, ist es in vielen Fällen erforderlich, Verzeichnisse auch manuell anlegen zu können. Für diese Zwecke steht das Kommando <mkdir> zur Verfügung. Es verfügt lediglich über das unbedingt zu verwendende Attribut dir. Dieses Attribut nimmt genau einen exakt vorgegebenen Verzeichnisnamen auf. Da eine Property-Ersetzung stattfindet, kann der Name aus Properties und einfachen Zeichenketten zusammengesetzt werden.

Relative Pfadangaben beziehen sich immer auf das aktuelle Arbeitsverzeichnis der Build-Datei. Es kann daher sinnvoll sein, in einer Property-Datei eine absolute Wurzel anzugeben und diese im <mkdir>-Tag durch den variablen Teil des Pfadnamens zu ergänzen:

```
<mkdir dir="build/classes"/>
<mkdir dir="${pf.path.abs.build}/classes"/>
```

7.4   Abhängige Dateien löschen

Bestimmte Dateien können voneinander abhängig sein, ohne dass immer eine 1:1-Beziehung vorliegen muss. Als Beispiel sei nur ein Archiv genannt, dessen Aktualität vom Zustand mehrerer Dateien abhängt. Derartige Abhängigkeiten werden vom `<dependset>`-Tag ausgewertet. Letztendlich handelt es sich beim Kommando `<dependset>` ebenfalls um ein Löschkommando. Allerdings ist der Löschvorgang von Vorbedingungen abhängig. Innerhalb des Kommandos werden durch eingebettete Tags eine Liste mit Quell- und eine Liste mit Zieldateien definiert. Das Modifikationsdatum jeder Zieldatei wird mit dem Modifikationsdatum der Quelldateien verglichen. Ist eine der Quelldateien aktueller als eine der Zieldateien oder fehlt eine der Quelldateien, so werden alle Zieldateien gelöscht.

Sinnvoll ist der Einsatz eines Kommandos vor allem dann, wenn eine Zieldatei aus mehreren Quelldateien erstellt wird. Das kann z.B. der Fall sein, wenn eine HTML- oder JSP-Datei durch eine XSL-Transformation aus einer XML-Datei und einem Stylesheet erstellt werden soll. Auch beim Erstellen einer Property-Datei aus mehreren Teildateien ist diese Voraussetzung gegeben.

Das Kommando `<dependset>` kennt vier eingebettete Tags. Es handelt sich dabei um `<srcfileset>`, `<srcfilelist>`, `<targetfileset>` und `<targetfilelist>`. Die Tags können mehrfach auftreten. Mit den beiden Src-Tags definieren Sie die Liste der Quelldateien, die beiden Target-Tags definieren die Menge der Zieldateien. Die Namen der vier Tags deuten darauf hin, dass es sich eigentlich um Varianten von `<fileset>` bzw. `<filelist>` handelt. Sie können exakt die Attribute und Sub-Tags besitzen, über die auch die beiden genannten allgemeinen Dateiselektions-Tags verfügen.

Der Vergleich und das Löschen von Dateien erfolgt gemäß der grundlegenden Eigenschaften der Dateiselektions-Tags. Das hat einige Konsequenzen. Wird beispielsweise mit `<targetfileset>` eine Menge von Dateien als Zielmenge gewählt, z.B. über eine Musterangabe, so werden alle diese Dateien geprüft und gegebenenfalls auch gemäß der Musterangabe gelöscht.

Wenn die Definition der Quelldateien durch `<srcfileset>` geschieht, so ergibt sich die Anzahl der Quelldateien dynamisch. In diesem Fall kann Ant nicht überprüfen, ob eine der Quelldateien fehlt.

Einige Beispiele sollen das Kommando und seine Eigenschaften erläutern. Grundlage für das erste Beispiel sei folgendes Szenario: Für eine Anwendung werden Properties in einer XML-Datei gepflegt. Die Pflege erfolgt über einen XML-Editor, die Einträge in der XML-Datei werden mit einer passenden DTD validiert. Dies ermöglicht die Erstellung inhaltlich vollständiger und korrekter XML-Dateien und deren automatische Prüfung. Während des Build-Prozesses entsteht aus der XML-Datei eine der üblichen Java-Property-Dateien, z. B. durch eine XSL-Transformation. Um die Existenz ungültiger Property-Dateien zu verhindern, prüft das `<dependset>`-Kommando, ob die Property-Datei garantiert jünger ist als jede der drei Ausgangsdateien. Ist dies nicht der Fall, wird sie gelöscht.

```
<dependset>
  <srcfilelist dir="src/properties" files="serverprop.xml"/>
  <srcfilelist dir="src/properties" files="serverprop.dtd"/>
  <srcfilelist dir="tools" files="transformprops.xsl"/>
  <targetfilelist dir="build/properties"
↪files="server.properties"/>
</dependset>
```

Nicht immer kann die Menge der beteiligten Dateien explizit angegeben werden. Das zweite Beispiel löscht alle `class`-Dateien in einem Zielverzeichnis, wenn im Source-Verzeichnis Java-Sourcen enthalten, die jünger als eine der Zieldateien sind. Dieses Vorgehen ist zwar etwas rigoros, allerdings können Sie auf diese Weise die komplette Übersetzung eines Projekts erzwingen, wenn sich der Source-Stand verändert hat. Das ist nicht unbedingt notwendig, vermeidet aber Probleme durch `class`-Dateien, deren Sourcen längst aus dem Projekt entfernt wurden.

```
<dependset>
  <srcfileset dir="source" includes="**/*.*"/>
  <targetfileset dir="build/classes" includes="**/*.*"/>
</dependset>
```

7.5 Temporäre Dateien

Mitunter werden temporäre Dateien benötigt, um Zwischenergebnisse abzuspeichern. Beim Bearbeiten von Textdateien (siehe Kapitel 8) sind mitunter mehrere Arbeitsschritte erforderlich. Damit für derartige Zwecke eindeutige Dateinamen bereitstehen, kann das Kommando `<tempfile>` Namen für temporäre Dateien erzeugen. Der Name wird in einem Property abgelegt. Erzeugt wird die Datei dabei nicht!

Der durch `<tempfile>` erzeugte Name besteht aus dem eigentlichen Dateinamen mit kompletter Pfadangabe. Falls wirklich nur der eigentliche Dateiname benötigt wird, so muss er durch das Kommando `<basename>` ermittelt werden.

Das `<tempfile>`-Tag kennt die in Tabelle 7.4 aufgeführten Attribute. Eingebettete Tags existieren nicht.

Attribut	Beschreibung	Erforderlich
property	Der Name des Propertys, das angelegt und mit dem Dateinamen gefüllt wird	Ja
destdir	Das Verzeichnis, das dem Namen der temporären Datei vorangestellt wird. Default ist der aktuelle Verzeichnisname.	Nein
prefix	Ein Präfix für den Dateinamen	Nein
suffix	Ein Suffix für den Dateinamen	Nein

Tabelle 7.4 Attribute des Kommandos <tempfile>

7.6 Prüfsummen

Ant bietet mit dem Kommando <checksum> eine Möglichkeit, Prüfsummen für Dateien zu erzeugen und später zu überprüfen. Damit können Veränderungen an Dateien erkannt werden. Das ist beispielsweise dann interessant, wenn Quelldateien oder Bibliotheken per Remote-verbindung beschafft werden.

Wie alle anderen dateibezogenen Kommandos muss diesem Kommando mitgeteilt werden, welche Dateien zu bearbeiten sind. Dies geschieht entweder mit dem Attribut file, das genau einen Dateinamen aufnehmen kann, oder durch ein bzw. mehrere eingebettete <fileset>-Tags. Die erzeugte Prüfsumme kann entweder in einem Property oder einer Datei abgelegt werden. Die Verwendung eines Propertys ist nur möglich, wenn die Prüfsumme für eine einzelne Datei berechnet wurde und das Attribut fileext nicht benutzt wird. In allen anderen Fällen erstellt Ant für jede bearbeitete Datei eine Prüfsummendatei. Deren Name setzt sich standardmäßig aus dem Namen der Originaldatei und der Algorithmus-Bezeichnung zusammen. Anstelle des Algorithmus-Namens können Sie durch das Attribut fileext ein alternatives Präfix definieren. Da die meisten Attribute optional sind, gestaltet sich der Aufruf des <checksum>-Kommandos recht einfach:

```
<checksum>
  <fileset dir="." includes="*.xml"/>
</checksum>
```

Zur Überprüfung der Korrektheit einer Datei wird das verifyproperty-Attribut im <checksum>-Tag notiert. Dieses Attribut erhält den Namen eines Propertys als Wert. Das Kommando berechnet dann wiederum die Prüfsumme, vergleicht diese mit dem Wert der Prüfsummendatei und setzt das Property in Abhängigkeit vom Prüfergebnis auf true oder false.

```
<checksum verifyproperty="isok" file="bsp0302.xml"/>
```

Tabelle 7.5 zeigt Ihnen alle Attribute des Kommandos.

7.7 Dateieigenschaften

Attribut	Beschreibung	Default	Erforderlich
file	Datei, für die die Prüfsumme zu berechnen ist		Entweder file oder eingebettete Filesets
algorithm	Algorithmus zur Prüfsummenberechnung (MD5 oder SHA)	MD5	Nein
provider	Provider des Algorithmus		Nein
fileext	Name eines Präfix für die Prüfsummendatei.	Algorithmusname	Nein
property	Name eines Propertys für die Prüfsumme. Siehe Text!		Nein
forceoverwrite	Existierende Dateien überschreiben, auch wenn sie aktueller sind?	no	Nein
verifyproperty	Property für das Prüfergebnis		Nein
readbuffersize	Puffergröße beim Lesen von Dateien	8192	Nein

Tabelle 7.5 Attribute des <checksum>-Kommandos

7.7 Dateieigenschaften

Eine für Ant sehr wichtige Eigenschaft einer Datei ist das Modifikationsdatum. Viele Kommandos erstellen aus einer Quelldatei eine Zieldatei. Dabei wird die Aktion nur ausgeführt, wenn die Quelldatei jünger als die Zieldatei ist. Um definierte Zustände schaffen zu können, ist es oft notwendig, das Modifikationsdatum von Dateien auf einen bestimmten Wert zu setzen. Dies erfolgt mit dem Kommando <touch>. Dieses Kommando kann über das Attribut file entweder eine einzelne Datei oder mit einem eingebetteten Fileset eine Gruppe von Dateien und Verzeichnissen bearbeiten. Nachfolgend zwei Beispiele:

```
<touch file="bsp0606.xml"/>
<touch>
  <fileset dir="Kapitel06">
    <include name="bsp*.xml"/>
  </fileset>
</touch>
```

In der gezeigten Form erhalten die Dateien und Verzeichnisse die aktuelle Systemzeit als Modifikationszeitpunkt. Die beiden Attribute millis und datetime gestatten hingegen, auch einen anderen Zeitpunkt vorzugeben. Dabei bezeichnet `millis` einen Zeitpunkt, der um die angegebene Zahl von Millisekunden nach dem 1.1.1970 liegt. Im Attribut `datetime` können Sie den gewünschten Zeitpunkt in der Form »MM/DD/YYYY HH:MM [AM | PM]« vorgeben. Alle Bestandteile müssen enthalten sein. Andere Formate führen zu einem Build-Fehler.

```
<touch file="bsp0606.xml" datetime="09/01/2002 4:10 PM"/>
```

Die Wirkung des `<touch>`-Kommandos ist aus folgendem Beispiel ersichtlich. Eine einzelne Datei wird kopiert. Falls das `<touch>`-Kommando auskommentiert ist, findet nur beim ersten Aufruf ein Kopiervorgang statt. Bei allen weiteren Aufrufen erkennt Ant, dass die Zieldatei aktueller als die Quelldatei ist, und kopiert daher nicht mehr. Erst wenn vor jedem Aufruf des `<copy>`-Kommandos das Modifikationsdatum der Quelldatei aktualisiert wird, kopiert Ant die Datei bei jedem Aufruf.

```
<project name="bsp0701" default="main" basedir=".">
  <target name="main">
    <!--touch file="bsp0701.xml"/-->
    <copy file="bsp0701.xml" tofile="bsp0701.bak"/>
  </target>
</project>
```

Es existieren keine anderen, plattformunabhängigen Kommandos, um weitere Dateieigenschaften zu manipulieren. Das ist bedauerlich, da zumindest Schreibrechte relativ häufig modifiziert werden müssen. Unter Unix-Systemen können Sie immerhin das Tag `<chmod>` verwenden, um die Unix-artigen Rechte zu setzen. Unter Windows-Systemen bleibt nur der Ausweg, ein Systemkommando zu starten (siehe Kapitel 14.2).

Da der überwiegende Teil der Java-Entwicklung wohl auf Unix-Rechnern stattfindet, soll das `<chmod>`-Tag trotz seiner Plattformabhängigkeit hier beschrieben werden. Dieses Kommando bildet wiederum implizit ein Fileset nach. Das bedeutet, dass neben einem eingebetteten `<fileset>`-Tag auch alle Sub-Tags enthalten sein dürfen, die auch im `<fileset>`-Tag stehen können.

Die Liste der Attribute (siehe Tabelle 7.6) ist relativ kurz. Einige der Attribute stammen aus dem Fileset-Tag. Wirklich neu ist das Attribut `perm`, das eine Zeichenkette mit den zu setzenden Rechten aufnimmt. Diese entspricht in ihrem Aufbau den Attributen des Unix-`chmod`-Kommandos. Mit dem Attribut `type` können Sie festlegen, ob nur Dateien oder auch Verzeichnisse von den Änderungen betroffen sein sollen.

Attribut	Beschreibung	Default	Erforderlich
file	Name einer Datei oder eines einzelnen Verzeichnisses, dessen Rechte geändert werden sollen		Entweder file oder dir oder eingebettete Filesets
dir	Name eines Verzeichnisses, in dem die Rechte aller enthaltenen Dateien geändert werden sollen		
perm	Die neuen Zugriffsrechte		Ja
includes	Die Liste aller einzuschließenden Dateien		Nein
excludes	Die Liste aller auszuschließenden Dateien		Nein
defaultexcludes	Liste mit Default-Ausschlüssen berücksichtigen	yes	Nein
parallel	Alle Änderungen auf Systemebene mit einem einzigen chmod-Aufruf ausführen.	true	Nein
type	Auswahl, ob nur Dateien, nur Verzeichnisse oder beides modifiziert werden soll. Wertevorrat: file, dir, both.	file	Nein

Tabelle 7.6 Attribute des <chmod>-Tasks

7.8 Laden von Dateien per URL

Alle bisherigen Beispiele gehen von der Annahme aus, dass stets alle benötigten Dateien lokal verfügbar sind. Da Ant aber etwas mehr als ein einfaches Build-Tool ist, kann es auch Dateien per HTTP-Übertragung beschaffen und im Build-Prozess benutzen. Auf diese Weise können beispielsweise entfernte Sourcecode-Control-Systeme angesprochen oder anderwärtige Ressourcen beschafft werden. Dieses Kommando ist nicht unbedingt in Zusammenhang mit einem echten Build zu sehen, Ant kann auch für andere Aufgaben benutzt werden. Beispielsweise könnten Sie durch das Kommando

```
<get src="http://www.geocities.com/bernd_matzke/ant/antexamples.zip"
     dest="antexamples.zip"/>
```

eine Zip-Datei mit allen Beispielen dieses Buches von meiner Homepage laden. Dies funktioniert allerdings nur, wenn Sie ohne Proxy auf das Internet zugreifen bzw. Java mit den entsprechenden Einstellungen starten. Mehr dazu am Ende dieses Kapitels.

Das Kommando <get> erfordert die Verwendung von zwei Attributen, src und dest. Mit src legen Sie die URL der zu ladenden Datei fest. Im Attribut dest tragen Sie ein, unter welchem Namen die Datei lokal abgelegt werden soll. Falls größere Dateien geladen werden sollen, kann die Verwendung des Attributs usetimestamp sinnvoll sein. Wird dieses Attribut auf den Wert true gesetzt, versucht Ant das Modifikationsdatum der Quelldatei zu beschaffen, und vergleicht es mit dem Modifikationszeitpunkt der lokalen Datei. Der Download erfolgt nur, wenn die lokale Datei veraltet ist.

Eventuelle Fehler beim Download verursachen einen Build-Fehler und damit einen Abbruch der Abarbeitung. Dies kann durch

```
ignoreerrors="true"
```

verhindert werden. Zusätzliche Informationen zum Download stellt das Attribut

```
verbose="true"
```

bereit. Sofern die zu ladende Datei durch ein (HTTP-)Passwort geschützt ist, muss mit den Attributen username und passwort eine korrekte Anmeldung am Webserver erfolgen. Das Kommando <get> verfügt nicht über eingebettete Tags. Tabelle 7.7 zeigt eine Übersicht über die Attribute.

Attribut	Beschreibung	Default	Erforderlich
src	URL der zu beschaffenden Datei		Ja
dest	Name der lokalen Datei zur Aufnahme der beschafften Daten		Ja
verbose	Ausführliche Informationen anzeigen?	false	Nein
ignoreerrors	Wenn true, dann kein Abbruch bei Fehlern.	false	Nein
usetimestamp	Zeitvergleich durchführen. Download nur, wenn lokale die Datei veraltet ist. Nur bei HTTP-Zugriff.	false	Nein
username	Username		Wenn »password« gesetzt ist
password	Passwort		Wenn »username« gesetzt ist

Tabelle 7.7 Attribute des Kommandos <get>

Das Kommando <get> ist zwar sehr einfach in der Anwendung, aber nicht ganz problemlos verwendbar. Es erfolgt beispielsweise keine Überprüfung der geladenen Datei. Liefert der Webserver statt der gewünschten Datei eine Seite mit einer

Fehlerausgabe zurück, wird diese von `<get>` kommentarlos in der gewünschten Zieldatei abgelegt, obwohl ein Großteil derartiger Probleme relativ einfach durch Überprüfung des MIME-Typs der zurückgelieferten Datei erkannt werden könnte. Führt der Nameserver oder der angesprochene Webserver ein URL-Mapping durch, kann das ebenfalls Probleme bereiten.

7.8.1 Zugriff über Proxy-Server

Aus Firmennetzen wird aus Sicherheitsgründen eigentlich nie direkt auf das Internet zugegriffen. Die Verbindung zum Internet stellt ein Proxy-Server her. Alle Anwendungen, die auf das Internet zugreifen wollen, müssen sich an eben diesen Server wenden, der den Request dann weiterleitet. Die entsprechenden Einstellungen erfolgen unabhängig von der eigentlichen URL. Wie das genau geschieht, hängt vom jeweiligen Werkzeug ab. Im Falle einer Java-Anwendung müssen die Zugriffsdaten für den Proxy-Server bereits beim Start der Java Virtual Machine als Systemparameter an diese (und nicht an Ant) übergeben werden. Die beiden Parameter lauten

```
-Dhttp.proxyHost=<proxyname>
```

und:

```
-Dhttp.proxyPort=<portnummer>
```

Beide Angaben erfahren Sie von Ihrem Systemadministrator.

Die Startdateien von Ant erleichtern diese Aufgabe durch die Systemvariable `ANT_OPTS`. Diese Variable wird in den Java-Aufruf eingebunden. Sie müssen dieser Variablen lediglich vor dem Aufruf der Ant-Startdatei einen passenden Wert zuweisen. Sie können dazu die Startdatei selbst modifizieren oder aber in Ihrer persönlichen Umgebung die entsprechenden Einstellungen vornehmen. Für Testzwecke bietet sich auch die Definition per Kommandozeile an. Auf einem Windows-NT-System lautet der Aufruf beispielsweise:

```
Set ANT_OPTS=%ANT_OPTS% -Dhttp.proxyHost=companyproxy -Dhttp.proxyPort=4712
```

8 Textdateien modifizieren

Einige Tasks können den Inhalt von Dateien modifizieren. Die einfachste Variante besteht darin, den Inhalt mehrerer Dateien miteinander zu verketten. Andere Varianten bestehen darin, Platzhalter (Tokens) durch Werte zu ersetzen. Mögliche Einsatzgebiete sind beispielsweise das Einmischen sprachabhängiger Texte direkt in den Sourcecode, das Vermerken einer Build-Nummer in Statusausgaben oder die Modifikation von Property-Dateien. Für diese Aufgabe existieren verschiedene Lösungsmöglichkeiten.

8.1 Verknüpfen von Dateien

Dieses Kommando verknüpft den Inhalt mehrerer Dateien miteinander und schreibt ihn in eine weitere Datei. Der Name der Zieldatei wird durch das Attribut `destfile` bestimmt. Das Attribut `append` legt fest, ob an die Zieldatei angefügt oder ob sie neu angelegt wird. Fehlt die Angabe einer Zieldatei, erfolgt die Ausgabe auf der Konsole. Die möglichen Attribute finden Sie in Tabelle 8.1.

Die zu verknüpfenden bzw. auszugebenden Dateien werden durch eingebettete `<fileset>`- oder `<filelist>`-Tags spezifiziert.

Weitere eingebettete Tags kann das `<concat>`-Kommando nicht verarbeiten. Die hier eigentlich sinnvolle Berücksichtigung von Filtern funktioniert hier (noch?) nicht. Bei Bedarf muss das Zusammenfassen von Dateien und das Manipulieren von Einträgen nacheinander durch Anwendung des `<concat>`- und des `<copy>`-Tags erfolgen, gegebenenfalls unter Verwendung temporärer Dateien.

Attribut	Beschreibung	Default	Erforderlich
`destfile`	Name der Zieldatei	Konsole	Nein
`append`	Wenn Zieldatei existiert, neuen Inhalt am Ende anfügen?	no	Nein
`encoding`	Kodierung für den Zeichensatz	Plattformabhängig	Nein

Tabelle 8.1 Attribute des Kommandos `<concat>`

8.2 Property-Dateien

Um Java-Anwendungen mit leicht zu modifizierenden Initialisierungsdaten zu versorgen, gibt es Property-Dateien. Sie enthalten Ausgaben der Form

```
Key = Value
```

Der Ant-Task `<propertyfile>` kann Dateien mit derartigen Einträgen erstellen bzw. modifizieren. Der Task besitzt das obligatorische Attribut `file`, mit dem der Name der zu bearbeitenden Datei festgelegt wird. Das optionale Attribut `comment` kann benutzt werden, um einen Kommentar am Anfang der Property-Datei einzufügen.

Für die Modifikation eines Eintrags ist das Element `<entry>` zuständig. Obligatorische Attribute dieses Elements legen den Namen des zu bearbeitenden Eintrags sowie dessen Wert fest. Außerdem können durch optionale Attribute die Werte existierender Einträge modifiziert werden.

Zwingend erforderlich ist das Attribut `key`. Es enthält den Namen des zu bearbeitenden Eintrags. Über eines der beiden Attribute `value` oder `default` wird der Wert des Attributs festgelegt. Mit `value` wird der aktuelle Wert des Property-Eintrags jedes Mal auf den angegebenen Wert gesetzt. Existiert der Eintrag noch nicht, wird er angelegt und mit dem angegebenen Wert belegt. Das Attribut `default` hingegen kommt nur zur Wirkung, wenn der Eintrag neu angelegt wird. Somit legt das Attribut `default` den Initialwert für einen Eintrag einer Property-Datei fest. Eine automatische Initialisierung erfolgt nicht; mindestens eines der beiden Attribute muss verwendet werden. Die Verwendung von `default` macht vor allem in Verbindung mit dem `operation`-Attribut Sinn, das noch beschrieben wird.

Das optionale Attribut `type` mit den möglichen Werten `int`, `date` und `string` spezifiziert den Datentyp des Eintrags näher. Diese Vorgabe ist für die Attribute `operation` und `pattern` wichtig. Durch `operation` kann der neue Wert eines Eintrags berechnet werden, z.B. indem der Wert jeweils um 1 erhöht wird. Das Attribut `pattern` hingegen sorgt für die Formatierung des Wertes.

Nachfolgend ein kleines Beispiel. Es erstellt eine Datei mit drei Properties, von denen später zwei in einen String innerhalb eines Java-Programms eingefügt werden. Dieser String kann in einer About-Box ausgegeben werden. Dies ermöglicht die eindeutige Identifikation des Software-Standes, was bei der Bearbeitung von Fehlern von großer Bedeutung ist.

```
<project name="bsp0801" default="main" basedir=".">
  <property name="build.status" value="false"/>
  <target name="main">
    <propertyfile
      file="my0801.properties"
      comment="Build Information File - DO NOT CHANGE" >

      <entry
        key="build.num"
        type="int"
        default="0"
        operation="+"
```

8.2 Property-Dateien

```
        pattern="0000"
      />
      <entry
        key="build.date"
        type="date"
        value="now"
        pattern="dd.MM.yyyy HH:mm"
      />
      <entry
        key="build.running"
        value="${build.status}"
      />
    </propertyfile>
  </target>
</project>
```

Die beiden Attribute des `<propertyfile>`-Tags legen als Dateinamen `my0801.properties` fest. Die Datei muss noch nicht existieren, bei Bedarf wird sie neu erzeugt. Das `comment`-Attribut sorgt dafür, dass in die Datei die Zeile

```
# Build Information File - DO NOT CHANGE
```

eingefügt wird. Außerdem erzeugt dieser Task eine weitere Kommentarzeile, die das Datum der letzten Modifikation enthält.

Das Beispiel-Listing enthält drei `<entry>`-Tags. Mit dem ersten wird der Eintrag `build.num` erzeugt. Dieser Eintrag soll vom Typ `int` sein und den Initialwert 0 besitzen. Bei jedem Zugriff wird der Wert dieses Eintrags um 1 erhöht. Verantwortlich dafür ist der Wert »+« des Attributs `operation`. Es erfolgt eine vierstellige Formatierung, wobei führende Nullen mit ausgegeben werden. Dafür sorgt der Wert »0000« für das Attribut `pattern`.

Das zweite `<entry>`-Tag fügt einen Eintrag mit dem aktuellen Datum hinzu. Dazu wird das Attribut `value` mit dem Wert `now` gefüllt. Dieser Wert ist nur für den Datentyp `date` möglich. Das bei `pattern` angegebene Muster formatiert das Datum gemäß der angegebenen Musterzeichen. In diesem speziellen Fall werden das Tagesdatum in der Form Tag, Monat und Jahr sowie die aktuelle Uhrzeit ausgegeben. Die möglichen Formatangaben entsprechen denen von `java.text.SimpleDateFormat`.

Das Muster wird sowohl bei der Ausgabe in die Property-Datei als auch beim Parsen des mit `value` oder `default` übergebenen Wertes benutzt. Wenn beim Parsen des Datumswertes Fehler auftreten, wird das aktuelle Datum verwendet. Die Bedeutung der Stellen der einzelnen Datums-Bestandteile wird allerdings nicht ausgewertet. Das Standard-Ausgabeformat entspricht der Formatierung mit »yyyy/MM/dd HH:mm«. Wenn eine Zuweisung erfolgen soll, ohne dass eine Formatangabe in das Tag eingefügt wird, muss das Datum in diesem Standardformat notiert werden.

Das dritte `<entry>`-Tag erstellt einen einfachen Eintrag des Datentyps `string`. Dabei wird der Wert allerdings aus einem Ant-Property gelesen. Diese Möglichkeit existiert bei allen Ant-Tasks, so auch beim `<entry>`-Tag.

Tabelle 8.2 zeigt die Übersicht der Attribute des `<entry>`-Tags. Das Tag verfügt nicht über eingebettete Tags.

Attribut	Enthält	Erforderlich
`key`	Name des Property-Eintrags	Ja
`value`	Zuzuweisender Wert	Mindestens eines der beiden Attribute `default` oder `value`.
`default`	Initialwert beim Anlegen des Property-Eintrags.	Mindestens eines der beiden Attribute `default` oder `value`.
`type`	Datentyp: `int`, `date` oder `string` (Default)	Nein
`operation`	Operation, die auf den Property-Eintrag angewendet wird. Datentypabhängig.	Nein
`pattern`	Formatierung der Ein- und Ausgabe	Nein

Tabelle 8.2 Attribute des `<entry>`-Tags

In Tabelle 8.3 finden Sie die möglichen Wertebereiche für das Attribut `value`.

Typ	Wert	Wirkung
`string`	Beliebiger String	Zuweisen des Strings
`int`	Zahl	Zuweisen einer Zahl
`date`	Datumswert	Zuweisen des angegebenen Datums. Angabe entweder im Standardformat (yyyy/MM/dd HH:mm) oder in dem mit `pattern` vorgegebenen Format.
`date`	`now`	Zuweisen des aktuellen Datums

Tabelle 8.3 Mögliche Werte des Attributs `value` in Abhängigkeit vom Datentyp

Für jeden Datentyp sind nur ausgewählte Operatoren zulässig, deren Wirkung zudem vom Datentyp abhängig ist. Tabelle 8.4 listet die momentan verfügbaren Operatoren auf.

8.2 Property-Dateien

Typ	Operation	Funktion
string	+	Fügt den Inhalt von `value` an den aktuellen Wert des Property-Eintrags an.
	=	Setzt den Wert des Property-Eintrags auf den Inhalt von `value` (Default-Funktion)
int	=	Setzt den Wert des Property-Eintrags (Default-Funktion)
	+	Erhöht den Property-Eintrag um den Wert von `value`.
	-	Verringert den Property-Eintrag um den Wert von `value`.
date	=	Setzt den Wert des Property-Eintrags (Default-Funktion)

Tabelle 8.4 Mögliche Operatoren für die verschiedenen Datentypen

8.2.1 Beispiele zur Formatierung des Datums

Folgende Build-Datei fügt sieben Datumsfelder in eine Property-Datei ein. Alle Anweisungen sind syntaktisch korrekt, das Beispiel kann durch Ant korrekt abgearbeitet werden.

```
<project name="bsp0802" default="main" basedir=".">
  <property name="build.status" value="false"/>
  <target name="main">
    <propertyfile
      file="my0802.properties"
      comment="Build Information File - DO NOT CHANGE" >

      <entry key="datum1" type="date"
             value="2002.04.03"  pattern="yyyy/MM/dd" />

      <entry key="datum2" type="date"
             value="2002/04/03"  pattern="yyyy/MM/dd" />

      <entry key="datum3" type="date"
             value="2002.04.03"  pattern="dd.MM.yyyy" />

      <entry key="datum4" type="date"
             value="03.04.2002"  pattern="dd.MM.yyyy" />

      <entry key="datum5" type="date"
             value="2002/04/03 11:11" />

      <entry key="datum6" type="date"
             value="2002/04/03" />

      <entry key="datum7" type="date"
             value="2002.04.03 11:11" />
```

```
    </propertyfile>
  </target>
</project>
```

Die Anweisungen erstellen sieben Einträge in der Property-Datei. Dabei wird für alle Einträge ein Wert gesetzt, der nicht in jedem Fall mit dem erwarteten Ergebnis übereinstimmt:

```
datum1=2002/06/06
datum2=2002/04/03
datum3=22.09.0008
datum4=03.04.2002
datum5=2002/04/03 11\:11
datum6=2002/06/06 14\:09
datum7=2002/06/06 14\:09
```

Beim Property-Eintrag `datum1` passt der Wert von `value` nicht zum Formatstring. Während im Attribut `value` der Punkt zur Trennung der Datumskomponenten benutzt wird, legt der Formatstring den Schrägstrich fest. Das Datum kann nicht korrekt geparst werden. Somit wird als Default das aktuelle Tagesdatum eingesetzt. Dieser Fehler wurde beim zweiten Eintrag behoben, hier stimmt die Wertvorgabe mit dem Formatstring überein.

Der dritte Eintrag verwendet zwar das korrekte Trennzeichen im Datumswert und im Formatstring, allerdings stimmt die Anordnung der einzelnen Komponenten nicht. Dies wird von Ant aber nicht bemerkt. Offensichtlich wird ein Datum berechnet, das 2002 Tage nach dem 1.4.03 liegt. Dieser Fehler wird beim vierten Eintrag korrigiert.

Das Beispiel für den fünften Property-Eintrag verzichtet auf den Formatstring. In diesem Fall müssen das Datum sowie die Uhrzeit im Standardformat angegeben werden. Wie der Eintrag in der nächsten Zeile zeigt, kann auf die Zeitangabe nicht verzichtet werden, da sonst wieder ein Fehler beim Parsen auftritt. Auch das Trennzeichen muss korrekt notiert werden: Die abschließende Zeile führt wegen des nicht dem Standard entsprechenden Leerzeichens ebenfalls zu einem Fehler.

Zusammenfassung

Der Task `<propertyfile>` dient zum Modifizieren der Einträge in klassischen Property-Dateien. Die zu bearbeitenden Einträge müssen die Form

`key=value`

aufweisen.

Für Integer- und Stringwerte sind einfache Ausdrücke möglich. Jede Property-Datei und jeder Eintrag muss separat behandelt werden.

8.3 Ersetzen von Platzhaltern beim Kopieren

Eine weitere Möglichkeit zum Modifizieren von Dateien beruht auf dem Ersetzen von Platzhaltern (Tokens). Dieser Vorgang kann beim Kopieren von Dateien stattfinden. Das ist sinnvoll, wenn aus einem Template heraus mehrere unterschiedliche Kopien generiert werden sollen oder die Originaldatei auf jeden Fall erhalten bleiben muss.

Da das Ersetzen beim Kopieren stattfindet, beruht der Vorgang auf dem `<copy>`- oder dem `<move>`-Tag. Zusätzlich zu den herkömmlichen Angaben wie dem Zielverzeichnis oder der Menge der zu kopierenden Dateien müssen dazu aber noch so genannte `Filter` definiert werden. Ein Filter enthält das zu ersetzende Token sowie den Wert, durch den es ersetzt werden soll. Im zu ersetzenden Text muss das Token in @-Zeichen eingeschlossen werden.

Den oder die Filter können Sie auf zwei verschiedene Arten mit dem `<copy>`-Tag verknüpfen. Zunächst ist es möglich, innerhalb eines Targets die Filter-Anweisung als separates Tag zu notieren. Ab dem Moment der Definition sind Filter global innerhalb des Projekts, also der aktuellen Build-Datei, gültig. Sie können somit auch in anderen als dem aktuellen Target wirken. Damit der Filter nun aber nicht automatisch alle `<copy>`-Tags des Projekts beeinflusst, müssen Sie im `<copy>`-Tag durch Setzen des optionalen Flags `filtering` die Auswertung der Filter freigeben.

Es ist möglich, einmal definierte Filter zu überschreiben. Sie können innerhalb eines Projekts einem Token durch erneute Definition eines Filters einen neuen Ersetzungswert zuweisen, der dann ab sofort benutzt wird.

Neben der eigenständigen Verwendung des `<filter>`-Tags können ein oder mehrere Filter durch das Tag `<filterset>` zu einer Gruppe zusammengefasst werden. Dies bietet einige Vorteile.

- Ein Filterset kann in ein `<copy>`-Kommando eingebettet werden. Es gilt dann nur für dieses Kommando und nicht mehr innerhalb des gesamten Projekts.

- Ein Filterset kann alternative Trennzeichen auswerten. Damit muss das zu ersetzende Token nicht zwangsläufig in @-Zeichen eingeschlossen werden.

- Ein Filterset kann mit einem Identifikator (ID) versehen werden. Es kann später über diese ID referenziert werden, was Schreibarbeit erspart.

Zunächst einige Beispiele für den Einsatz eines einfachen Filters. Als Basis wird eine Textdatei `source1.txt` mit folgendem Inhalt benötigt:

```
Dies ist @token1@ und das @token.zwei@.
```

Damit diese Datei nicht separat mit einem Texteditor erzeugt werden muss, besteht das folgende Beispiel aus zwei Targets. Das eigentliche Filter-Target ist dabei vom Target `createFile` abhängig, in dem die erforderliche Textdatei mit Hilfe des `<echo>`-Tags erstellt wird. Von diesem Verfahren wird im Folgenden des Öfteren Gebrauch gemacht. Damit bei mehrmaligem Aufruf des Buildfiles die Quelldatei mit Sicherheit jünger ist als die Zieldatei, kommt beim Schreiben der Datei auch noch das Kommando `<touch>` zum Einsatz. Dieses setzt den Zeitstempel der Datei auf die aktuelle Systemzeit.

Das folgende Kommando ersetzt die Inhalte der beiden Platzhalter:

```
<project name="bsp0803" default="main" basedir=".">
  <target name="main" depends="createFile">
    <filter token="token1"
            value="das erste ersetzte Token" />

    <filter token="token.zwei"
            value="das zweite" />

    <copy file="source1.txt"
          tofile="target1.txt"
          filtering="true" />
  </target>

  <target name="createFile">
    <echo file="source1.txt">
Dies ist @token1@ und das @token.zwei@.
    </echo>
    <touch file="source1.txt"/>
  </target>

</project>
```

Erwartungsgemäß entsteht die Datei `target1.txt` mit dem nachfolgend aufgelisteten Inhalt:

```
Dies ist das erste ersetzte Token und das das zweite.
```

Das zweite Beispiel zeigt die globale Wirkung einer Filter-Definition. Dazu ist eine zweite Quelldatei, `source2.txt`, erforderlich, die inhaltlich mit `source1.txt` übereinstimmen kann. In der Build-Datei müssen drei Targets aufgerufen werden: eines zum Erstellen der Dateien und zwei zum Filtern. Damit dies in der richtigen Reihenfolge geschieht, erfolgt der Aufruf über das Target `main`, das zuerst aufgerufen werden muss. Dieses sorgt durch den Wert des Attributs `depends` für den Aufruf der Targets `createFile`, `filter_1` und `filter_2` (in dieser Reihenfolge).

```
<project name="bsp0804" default="main" basedir=".">

  <target name="main"
          depends="createFile, filter_1, filter_2" />
```

```xml
<target name="filter_1">
  <filter token="token1"
          value="das erste ersetzte Token" />

  <copy file="source1.txt"
        tofile="target1.txt"
        filtering="true" />
</target>

<target name="filter_2">
  <filter token="token.zwei"
          value="das zweite" />

    <copy file="source2.txt"
          tofile="target2.txt"
          filtering="true" />
</target>

<target name="createFile">
   <echo file="source1.txt">
Dies ist @token1@ und das @token.zwei@.
   </echo>
   <touch file="source1.txt"/>
   <echo file="source2.txt">
Dies ist @token1@ und das @token.zwei@.
   </echo>
   <touch file="source2.txt"/>
</target>
```

`</project>`

Zunächst wird von Ant das Target `filter_1` ausgeführt. Der Filter in diesem Target bewirkt die Ersetzung des ersten Tokens. Nach korrekter Ausführung dieses Targets erfolgt der Start von Target `filter_2`. Dieses Target definiert einen weiteren Filter, der das zweite Token beeinflusst. Somit sollten in der ersten Datei das erste Token und in der zweiten die ersten beiden ersetzt werden. Der Inhalt von `target1.txt` sieht dann so aus:

`Dies ist das erste ersetzte Token und das @token.zwei@.`

Hier der Inhalt der Datei `target2.txt`:

`Dies ist das erste ersetzte Token und das das zweite.`

Eine Modifikation des Targets `filter_1` ermöglicht die Demonstration des Überschreibens von Filtern. Dazu wird das Target um einen zweiten Filter ergänzt. Das Beispiel wird hier nicht komplett abgedruckt. Es ist jedoch auf der CD als `bsp0805.xml` zu finden.

```xml
<target name="filter_1">
    <filter token="token1"
            value="das erste ersetzte Token" />

    <filter token="token.zwei"
            value="Token 2" />
    ...
```

Das Target `filter_1` verfügt nun von Anfang an über zwei Filter. In der Zieldatei `target1.txt` werden somit beide Tokens ersetzt:

```
Dies ist das erste ersetzte Token und das Token 2.
```

Das zweite Target definiert den Filter für das zweite Token neu. Dementsprechend erfolgt auch eine andere Ersetzung in der Datei `target2.txt`:

```
Dies ist das erste ersetzte Token und das das zweite.
```

Weitere Einsatzmöglichkeiten erschließen sich durch die Verwendung des `<filter>`-Tags in einem Filterset. Eine Überarbeitung der bereits verwendeten Targets zeigt zunächst die prinzipielle Verwendung. Sie finden das komplette Beispiel auf der CD als `bsp0806.xml`.

```xml
...
<target name="filter_1">
    <copy file="source1.txt"
          tofile="target1.txt" >
        <filterset>
            <filter token="token1"
                    value="das erste ersetzte Token" />
            <filter token="token.zwei"
                    value="Token 2" />
        </filterset>
    </copy>
</target>

<target name="filter_2">
    <copy file="source2.txt"
          tofile="target2.txt"
          filtering="true" />
</target>
...
```

Die beiden Filter im Target `filter_1` wandern in ein `<filterset>`-Tag innerhalb des `<copy>`-Kommandos. Die direkte Notation eines Filters ohne Filterset innerhalb eines `<copy>`-Kommandos ist nicht möglich. Da die Filterbedingungen explizit im `<copy>`-Kommando notiert werden, ist das `filtering`-Attribut im `<copy>`-Tag nicht mehr notwendig.

8.3 Ersetzen von Platzhaltern beim Kopieren

Die Abarbeitung der Datei und die Auswertung der beiden Ergebnisdateien zeigt nun, dass nur in der Datei `target1.txt` Änderungen durchgeführt wurden.

Filtersets können aus den Target-Abschnitten herausgelöst und direkt unterhalb des `<project>`-Tags notiert werden. Da grundsätzlich aber nur Target-Abschnitte ausgeführt werden, sind so platzierte Filtersets nicht sofort wirksam. Sie müssen mit einem Identifikator versehen und innerhalb des `<copy>`-Tags referenziert werden. Sie finden das komplette Beispiel als Datei `bsp0807.xml` auf der CD.

```
<filterset id="fs" >
  <filter token="token1"
          value="das erste ersetzte Token" />
  <filter token="token.zwei"
          value="Token 2" />
</filterset>

...

<target name="filter_1">
  <copy file="source1.txt"
        tofile="target1.txt" >

    <filterset refid="fs"/>

  </copy>
</target>
```

Die so referenzierten Filtersets sind wiederum nur für das umgebende `<copy>`-Tag wirksam. Eine Referenzierung außerhalb des `<copy>`-Tags, wie im folgenden Listing dargestellt, ist zwar syntaktisch möglich, aber wirkungslos:

```
<target name="filter_1">
<!-- funktioniert nicht !!! -->
    <filterset refid="fs"/>

    <copy file="source1.txt"
          tofile="target1.txt"
          filtering="true" />

</target>
```

Ein weiterer Vorteil der Filtersets ist die Möglichkeit, die zur Begrenzung des Tokens notwendigen Trennzeichen zu ändern. Dazu verwenden Sie die Attribute `begintoken` und `endtoken`. Eine Demonstration ist durch die geringfügige Überarbeitung des Filtersets und der Beispieldatei möglich. In der durch das Target `createFile` erzeugten Beispieldatei wird eine zweite Zeile mit anderen Trennzeichen eingetragen. In der Build-Datei sind die beiden erwähnten Attribute hinzuzufügen:

```
<project name="bsp0808" default="main" basedir=".">

  <filterset id="fs" begintoken="%" endtoken="$">
    <filter token="token1" value="das erste ersetzte Token"/>
    <filter token="token.zwei" value="Token 2"/>
  </filterset>

  <target name="main" depends="createFile, filter_1"/>

  <target name="filter_1">
    <copy file="source1.txt" tofile="target1.txt">
      <filterset refid="fs"/>
    </copy>
  </target>

  <target name="createFile">
    <echo file="source1.txt">
Dies ist @token1@ und das @token.zwei@.
Alternative Trennzeichen %token1$ und %token.zwei$.
    </echo>
    <touch file="source1.txt"/>
  </target>
</project>
```

Nach der Ausführung der Datei wurden die beiden Platzhalter der zweiten Zeile gemäß der Einstellung des Filters ersetzt. Die erste Zeile bleibt unverändert, da die Trennzeichen nicht mehr der Vorgabe des Filters entsprechen.

Das `<filterset>`-Tag innerhalb des `<copy>`-Tags kann übrigens auch mit `begintoken`- und `endtoken`-Attributen versehen werden, sofern im `<filterset>`-Tag auch wirklich untergeordnete Filter existieren. Im Zusammenhang mit dem `refid`-Attribut können die beiden `token`-Attribute nicht benutzt werden. Die nachträgliche Parametrisierung eines Filtersets durch unterschiedliche Trennzeichen ist somit nicht möglich.

Neben der direkten Angabe der Filterkriterien im Quelltext können Sie stattdessen auch eine Datei verwenden und diese in einem Filter-Kommando verwenden. Eine derartige Datei kann an mehreren Stellen benutzt werden. Wird das `<filter>`-Tag außerhalb eines Filtersets verwendet, können Sie das `token`- und das `value`-Attribut durch das `filtersfile`-Attribut ersetzen. Innerhalb eines Filtersets ist dies nicht möglich. Dort müssen Sie die Filterdatei entweder durch das `filtersfile`-Attribut im `<filterset>`-Tag oder durch ein eigenständiges `<filtersfile>`-Tag innerhalb des Filtersets definieren.

Innerhalb eines Filtersets können alle Möglichkeiten zur Definition von Filtern kombiniert werden. Sollten sich mehrere Filterbedingungen auf ein und dasselbe Token beziehen, wird stets die letzte Definition wirksam.

8.3 Ersetzen von Platzhaltern beim Kopieren

Das Format der Filterdatei entspricht dem Format herkömmlicher Property-Dateien. Das zu ersetzende Token dient als Property-Name, der zuzuweisende Inhalt als Wert. Im Folgenden sehen Sie das Listing der Filterdatei, die allerdings wieder durch ein separates Target erstellt wird:

```
token1=Token 1
token.zwei=das zweite Token
```

Zunächst ein Beispiel, in dem die Filterdatei in einem einfachen Filter-Kommando benutzt wird:

```
<project name="bsp0809" default="main" basedir=".">
  <target name="main" depends="createFile, filter_1"/>

  <target name="filter_1">
    <filter filtersfile="filter1.txt" />
    <copy file="source1.txt"
        tofile="target1.txt"
        filtering="true" />
  </target>

  <target name="createFile">
    <echo file="source1.txt">
Dies ist @token1@ und das @token.zwei@.
    </echo>
    <touch file="source1.txt"/>

    <echo file="filter1.txt">
token1=Token 1
token.zwei=das zweite Token
    </echo>
  </target>

</project>
```

Hier folgt nun ein Filterset, das durch eine Filterdatei beschrieben wird. Damit Sie dieses Beispiel korrekt ausführen können, muss zunächst die Filter-Datei durch Abarbeitung des vorangegangenen Beispiels erzeugt werden.

```
<project name="bsp0810" default="main" basedir=".">
  <filterset id="fs" filtersfile="filter1.txt" />

  <target name="main" >
    <touch file="source1.txt" />
    <copy file="source1.txt"
        tofile="target1.txt">
      <filterset refid="fs"/>
    </copy>
```

```
    </target>

</project>
```

Zum Abschluss sehen Sie noch ein Beispiel, das mehrere unterschiedliche Kommandos zur Filterdefinition kombiniert:

```
<project name="bsp0811" default="main" basedir=".">
  <target name="main" depends="createFile, filter_1"/>

  <filterset id="fs">
    <filtersfile file="filter1.txt" />
    <filter token="token.zwei"
            value="Wert aus Filterfile ueberschrieben" />
  </filterset>

  <target name="filter_1">
    <filter token="3.Token" value="Token drei."/>
    <copy file="source1.txt"
          tofile="target1.txt"
          filtering="true">

        <filterset refid="fs"/>
    </copy>
  </target>

  <target name="createFile">
    <echo file="source1.txt">
Dies ist @token1@ und das @token.zwei@.
Neue Zeile mit @3.Token@
    </echo>
    <touch file="source1.txt"/>

    <echo file="filter1.txt">
token1=das erste Token
token.zwei=das 2. Token
    </echo>
  </target>

</project>
```

Sollten neben den Filtersets im aktuellen Projekt auch noch eigenständige Filter existieren, werden diese vom Copy-Kommando ebenfalls ausgewertet, sofern dort das `filtering`-Attribut auf `true` gesetzt wurde. Durch derartige Kombinationen von Filtern ist es schwer, den Überblick zu behalten. Innerhalb eines Projekts sollte daher nach Möglichkeit nur eine Variante zum Einsatz kommen.

8.3 Ersetzen von Platzhaltern beim Kopieren

Der Vollständigkeit halber sei hier auch noch das Tag `<filterchain>` erwähnt. Innerhalb dieses Tags können mehrere vordefinierte oder sogar selbst programmierte Filter benutzt werden, wobei einer der Filter ebenfalls eine Ersetzung von Tokens ausführt. Die in der Filter Chain verwendbaren Filter bieten etwas weniger Funktionalität als das hier beschriebene Filterset, können aber freizügig kombiniert werden. Die Möglichkeiten gehen dann weit über die Ersetzung von Tokens hinaus. Näheres finden Sie im Abschnitt 8.9.

Die Attribute der drei Kommandos zur Filterdefinition sind überschaubar. Tabelle 8.5 zeigt die Übersicht über die Attribute des `<filter>`-Tags.

Attribut	Enthält	Erforderlich
`token`	Name eines Platzhalters (Token)	Zusammen mit `value`
`value`	Zuzuweisender Wert	Zusammen mit `token`
`filtersfile`	Datei mit Filterdefinitionen	Alternativ zu `token` und `value`

Tabelle 8.5 Attribute des `<filter>`-Kommandos

Das Filterset-Kommando kennt als untergeordnete Tags das `<filter>`-Tag und das `<filtersfile>`-Tag. Die Attribute zeigt Tabelle 8.6.

Attribut	Enthält	Default	Erforderlich
`begintoken`	Name eines Platzhalters (Token)	@	Nein
`endtoken`	Zuzuweisender Wert	@	Nein
`filtersfile`	Datei mit Filterdefinitionen		Nein
`id`	Identifikator		Nein
`refid`	Referenz auf eine andere Filterset-Definition		Nein

Tabelle 8.6 Attribute des Filterset-Kommandos

Das Attribut des `<filtersfile>`-Kommandos finden Sie in Tabelle 8.7.

Attribut	Enthält	Erforderlich
`file`	Name einer Datei mit Filterdefinitionen	Ja

Tabelle 8.7 Attribute des `<filtersfile>`-Kommandos

> **Zusammenfassung**
>
> Filter in Zusammenhang mit dem `<copy>`-Kommando erlauben Massenänderungen von Platzhaltern beim Kopieren bzw. Verschieben von Dateien. Es sind nur Ersetzungen durch vorgegebene Werte möglich, keine Berechnungen.
>
> Die Platzhalter im Template-Text müssen durch Trennzeichen gekennzeichnet sein.
>
> Die zu ersetzenden Werte können hart kodiert oder aber aus Property-Dateien entnommen werden.

8.4 Das Kommando Replace

Mit diesem Kommando ist es möglich, Platzhalter (Token) in einer oder mehreren Dateien zu ersetzen. Dabei wird nicht kopiert; die Änderungen finden direkt in den angegebenen Dateien statt. Das Kommando führt die Ersetzung auch in schreibgeschützten Dateien aus, wobei es den Schreibschutz entfernt.

In der einfachsten Form des `<replace>`-Kommandos werden Dateiname, Token und zu schreibender Wert über Attribute des `<replace>`-Tags angegeben. Diese Attribute sind `file`, `token` und `value`. Im Gegensatz zum `<filter>`-Kommando müssen die zu ersetzenden Token beim `<replace>`-Kommando nicht durch Trennzeichen markiert sein. Das bedeutet, dass Trennzeichen – sollten sie in der zu modifizierenden Datei enthalten sein – im Wert des `token`-Attributs mit aufgeführt werden müssen. Der Verzicht auf Trennzeichen ermöglicht es, prinzipiell jede Zeichenkette einer Datei zu ersetzen. Das kann unter Umständen zu extrem unerwünschten Ergebnissen führen. Nach Möglichkeit sollte daher nicht ohne zwingenden Grund auf die Trennzeichen verzichtet werden.

Das folgende Kommando ersetzt in der Datei `replace.txt` den Platzhalter `@build.number@` durch den Wert `123`. Die notwendige Textdatei wird wieder innerhalb der Datei erstellt, daher auch das `depends`-Attribut im `<replace>`-Kommando.

```
<project name="bsp0812" default="main" basedir=".">
  <target name="main" depends="createFile">
    <replace file="replace.txt"
             token="@build.number@"
             value="123" />
  </target>

  <target name="createFile">
    <echo file="replace.txt">
Zeile 1 mit Buildnummer @build.number@
Zeile 2 mit Builddatum @build.date@
```

```
    </echo>
  </target>
</project>
```

In dieser einfachen Form müsste das Kommando mehrfach notiert werden, wenn entweder mehrere Dateien zu bearbeiten sind oder aber mehrere Ersetzungen ausgeführt werden sollen. Für beide Aufgaben gibt es daher komfortablere Lösungen.

Innerhalb des `<replace>`-Kommandos können Sie mehrere Ersetzungen durch das eingebettete Tag `<replacefilter>` definieren:

```
<project name="bsp0813" default="main" basedir=".">
  <target name="main" depends="createFile">
    <replace file="replace.txt">
      <replacefilter token="@build.number@"
                     value="7"/>
      <replacefilter token="@build.date@"
                     value="2002/11/11"/>
    </replace>
  </target>

  <target name="createFile">
    <echo file="replace.txt">
Zeile 1 mit Buildnummer @build.number@
Zeile 2 mit Builddatum @build.date@
    </echo>
  </target>
</project>
```

Das Tag `<replacefilter>` verfügt wiederum über die Attribute `token` und `value`. Auf ein weiteres mögliches Attribut `property` wird weiter unten eingegangen.

Sollen mehrere Ersetzungen für ein und dasselbe Token erfolgen, kommt die letzte Definition zum Tragen.

Eine weitere Eigenheit des `<replace>`-Tags besteht in der »Vererbung« eines Default-Ersetzungswerts an die untergeordneten Filter. Im folgenden Beispiel verfügt das `<replace>`-Tag zwar über ein `value`-, aber nicht über ein zugehöriges `token`-Attribut. Eine Ersetzung kann so nicht stattfinden. Das zweite `<replacefilter>`-Tag hingegen definiert zwar ein zu ersetzendes Token, nicht aber einen Ersetzungswert. In diesem Fall wird das Attribut `value` des `<replace>`-Tags an das `<replacefilter>`-Tag »vererbt«. Auf der CD finden Sie den kompletten Quelltext als `bsp0814.xml`.

```
<target name="main" depends="createFile">
    <replace file="replace.txt"
            value="default">
        <replacefilter token="@build.number@" value="123"/>
        <replacefilter token="@build.date@" />
    </replace>
</target>
```

In speziellen Fällen sind Zeichenketten zu bearbeiten, in denen ein Zeilenvorschub oder andere Zeichen enthalten sind, die für den XML-Parser eine besondere Bedeutung haben. Die Notation derartiger Ersetzungen ist aber in einem Attributwert nicht möglich, sondern nur innerhalb eines eigenständigen Tags. Dort können bzw. müssen die Werte gegebenenfalls sogar in einen CDATA-Abschnitt verlagert werden, um die Interpretation durch den Parser mit Sicherheit auszuschließen. Daher existieren die beiden Tags `<replacetoken>` und `<replacevalue>`, die innerhalb eines `<replace>`-Kommandos notiert werden. Sie ersetzen die Attribute `token` bzw. `value`. Das folgende Beispiel zeigt beide Tags:

```
<project name="bsp0815" default="main" basedir=".">
  <target name="main" depends="createFile">
    <replace file="replace.txt">
      <replacetoken>@token@</replacetoken>
      <replacevalue><![CDATA[Ende der alten Zeile
Fortsetzung in neuer Zeile]]></replacevalue>
    </replace>
  </target>

  <target name="createFile">
    <echo file="replace.txt">
Zeile mit @token@
    </echo>
  </target>

</project>
```

Bei der Formatierung des Quelltextes ist zu beachten, dass der Parser alle Zeichen innerhalb der beiden zusammengehörenden Tags als Wert interpretiert. Der Quelltext kann somit nicht mehr freizügig formatiert werden: Auch Leerzeichen oder Zeilenvorschübe würden dann in das Suchmuster eingehen.

Da die beiden Tags für das `<replace>`-Kommando nur eine andere Notationsweise für das `token`- bzw. `value`-Attribut darstellen, ist es nicht notwendig, beide Tags zusammen zu benutzen. Es ist ebenso möglich, einen Wert über ein Attribut und den anderen mit dem separaten Tag zu definieren. Das folgende Beispiel (`bsp0816.xml`) ist daher äquivalent zum vorangegangenen:

```
<target name="main" depends="createFile">
    <replace file="replace.txt" token="@token@">
      <replacevalue><![CDATA[Ende der alten Zeile
Fortsetzung in neuer Zeile]]></replacevalue>
    </replace>
</target>
```

Die beiden Tags ermöglichen keine Mehrfachdefinition von Ersetzungsmustern. Sie können auch nicht innerhalb eines `<repacefilter>`-Tags stehen. Auch wenn die Tags innerhalb einer Replace-Anweisung mehrfach aufgeführt werden, existiert nur ein Token und ein Ersetzungswert. Wird ein Tag mehrmals benutzt, fügt Ant den neuen Wert einfach an den bereits vorhandenen Wert für `token` oder `value` an. Die `<replace>`-Anweisung wird dadurch sicher nicht wie erwartet funktionieren. Eine Fehlermeldung entsteht aber nicht. Derselbe Effekt tritt auf, wenn ein Tag zusammen mit dem entsprechenden Attribut (`value` und `<replacevalue>` oder `token` und `<replacetoken>`) benutzt wird.

Zur Verdeutlichung des Effekts folgt hier ein Beispiel:

```
<project name="bsp0817" default="main" basedir=".">
  <target name="main" depends="createFile">
    <replace file="replace.txt"
             token="@tok"
             value="Ersetzung ">
      <replacetoken>1@</replacetoken>
      <replacevalue>Token 1</replacevalue>
    </replace>
  </target>

  <target name="createFile">
    <echo file="replace.txt">@tok1@</echo>
  </target>

</project>
```

Die Parameter für das `<replace>`-Tag bzw. die eingebetteten Kommandos müssen nicht unbedingt direkt im Quelltext notiert werden. Das Kommando unterstützt zwei unterschiedliche Verfahrensweisen, um die zu ersetzenden Werte und gegebenenfalls auch die Token in einer externen Datei abzulegen.

Durch das Attribut `propertyfile` im `<replace>`-Tag definieren Sie eine Datei, aus der das `<replacefilter>`-Tag Ersetzungswerte lesen kann. Dazu wird im Replacefilter das `value`-Attribut durch das `property`-Attribut ersetzt. Der Wert dieses Attributs dient als Schlüssel für den Zugriff auf die Property-Datei. Der Ersetzungswert wird somit indirekt per Referenz bereitgestellt.

Das folgende Beispiel erstellt eine Property-Datei `replace.properties` mit zwei Einträgen. Die Namen dieser Einträge müssen keinen Bezug zum Token haben, das sie ersetzen sollen. Dieser Bezug wird erst durch das `<replacefilter>`-Tag hergestellt.

```xml
<project name="bsp0818" default="main" basedir=".">
  <target name="main" depends="createFile">
    <replace file="replace.txt"
             propertyfile="replace.properties">
      <replacefilter token="@build.number@" property="key.1"/>
      <replacefilter token="@build.date@" property="key.2"/>
    </replace>
  </target>

  <target name="createFile">
    <echo file="replace.txt">
Zeile 1 mit Buildnummer @build.number@
Zeile 2 mit Builddatum @build.date@
    </echo>
    <echo file="replace.properties">
key.1=333
key.2=11.6.2002
    </echo>
  </target>

</project>
```

Eine andere Variante zum Auslagern von Ersetzungsmustern ist die Filterdatei. In diese Datei werden die echten Filterkriterien eingetragen. In der Datei erfolgt dann eine direkte Zuordnung von Token zu Ersetzungswert. Diese Datei enthält eine oder mehrere Zeilen der Form:

`Token=Ersetzung`

Der Schreibaufwand verringert sich erheblich, da im `<replace>`-Tag lediglich das Attribut `replacefilterfile` notwendig ist, um alle Filterfunktionen einzubinden. Zu beachten ist hier aber, dass in der Filterdatei die Token mit den korrekten Trennzeichen stehen müssen.

```xml
<project name="bsp0819" default="main" basedir=".">
  <target name="main" depends="createFile">
    <replace file="replace.txt"
             replacefilterfile="replacefilter.txt"/>
  </target>

  <target name="createFile">
    <echo file="replace.txt">
Zeile 1 mit Buildnummer @build.number@
Zeile 2 mit Builddatum @build.date@
    </echo>
```

```
      <echo file="replacefilter.txt">
@build.number@=222
@build.date@=11.11.1999
      </echo>
   </target>

</project>
```

Im ersten Moment scheint die Verwendung der Kommandos `<propertyfile>` und `<replacefilterfile>` redundant. Es existieren aber einige Unterschiede:

- Die Einträge einer Replacefilter-Datei werden komplett verarbeitet; die Werte aus der Property-Datei sind explizit über ein `<replacefilter>`-Tag anzusprechen, damit sie wirksam werden.

- In der Replacefilter-Datei müssen die zu ersetzenden Token mit den eventuell notwendigen Trennzeichen stehen, während die Property-Datei beliebige Schlüssel enthalten kann, da die Zuordnung von Schlüssel zu Token erst im `<replacefilter>`-Tag erfolgt.

Bei der Definition von Ersetzungsfiltern können mehrere der beschriebenen Mechanismen gleichzeitig verwendet werden. Das folgende Beispiel bietet einen Einblick in die Möglichkeiten.

```
<project name="bsp0820" default="main" basedir=".">
   <target name="main" depends="createFile">
      <replace file="replace.txt"
               token="@tok1@"
               value="default"
               propertyfile="replace.properties"
               replacefilterfile="replacefilter.txt">
         <replacefilter token="@tok4@"
                        property="key.tok4"/>
         <replacefilter token="@tok3@"
                        value="Token 3, Direktwert"/>
         <replacefilter token="@tok2@" />
      </replace>
   </target>

   <target name="createFile">
      <echo file="replace.txt">
Zeile 1 @tok1@
Zeile 2 @tok2@
Zeile 3 @tok3@
Zeile 4 @tok4@
Zeile 5 @tok5@
      </echo>
      <echo file="replace.properties">
key.tok4=Token 4 aus Property-Datei
```

```
    </echo>
    <echo file="replacefilter.txt">
@tok5@=Token 5 aus Replacefilter-Datei
    </echo>
  </target>

</project>
```

Nach der Ausführung dieses Buildfiles hat die Datei `replace.txt` den folgenden Inhalt:

```
Zeile 1 default
Zeile 2 default
Zeile 3 Token 3, Direktwert
Zeile 4 Token 4 aus Property-Datei
Zeile 5 Token 5 aus Replacefilter-Datei
```

Für die Bearbeitung mehrerer Dateien existieren zwei verschiedene Möglichkeiten. Zunächst akzeptiert das <replace>-Kommando das eingebettete <fileset>-Tag und dessen Sub-Tags. Damit kann wie z.B. beim <copy>-Kommando eine Gruppe von Dateien, gegebenenfalls aus mehreren verschiedenen Verzeichnissen, spezifiziert werden. Diese Variante soll hier nicht näher beschrieben werden, da das <fileset>-Tag an anderer Stelle (siehe Abschnitt 6.1) ausgiebig erläutert wurde. Wichtiger sind an dieser Stelle einige zusätzliche Attribute des <replace>-Kommandos, über die ebenfalls eine Dateiauswahl möglich ist. Ähnliche Attribute können beispielsweise auch in anderen dateiorientierten Tags wie <javac> benutzt werden. Eine ausführliche Beschreibung finden Sie ebenfalls im Kapitel 6 über den Umgang mit Dateien. An dieser Stelle sollen aber einige Beispiele das Prinzip demonstrieren.

Anstelle des `file`-Attributs kann im <replace>-Tag durch das Attribut `dir` auch ein Verzeichnis definiert werden, das als Startverzeichnis für die Ersetzungsvorgänge dient. Ohne weitere Einstellungen behandelt das <replace>-Kommando dann rekursiv alle Unterverzeichnisse und alle Dateien in diesen Verzeichnissen. Die optionalen Attribute `includes` und `excludes` legen Muster von Dateien und Verzeichnissen fest, die zu behandeln oder aber auszuschließen sind. In diesen Beispielen sind auf jeden Fall alle XML-Dateien auszuschließen, da sonst auch der Quelltext der Ant-Dateien verändert werden würde:

```
<project name="bsp0821" default="main" basedir=".">
  <target name="main" depends="createFile">
    <replace dir="."
             includes="*.txt"
             excludes="*.xml"
             token="@tok1@"
             value="Das war ein Token">
    </replace>
  </target>
```

8.4 Das Kommando Replace

```
  <target name="createFile">
    <mkdir dir="subdir"/>
    <echo file="./subdir/replace.txt">
@tok1@
    </echo>
    <echo file="replace.txt">
@tok1@
    </echo>
    <echo file="./subdir/file.doc">
@tok1@
    </echo>
  </target>
</project>
```

Im oben abgebildeten Beispiel werden durch den Wert des `includes`-Attributs alle Dateien mit der Endung `.txt` in die Ersetzung aufgenommen. Da im Attribut keine Muster für Verzeichnisse stehen, findet die Ersetzung nur im Startverzeichnis und nicht im Unterverzeichnis statt.

Sollen Unterverzeichnisse einbezogen werden, so gelingt dies durch das Muster »**«. Die beiden Sterne stehen für beliebig viele Unterverzeichnisse:

```
<replace dir="."
         includes="**/*.txt"
         excludes="*.xml"
         token="@tok1@"
         value="Das war ein Token"/>
```

In den `includes`- und `excludes`-Attributen können auch mehrere, durch Komma getrennte Muster aufgeführt werden. Im obigen Beispiel werden alle txt-Dateien des aktuellen Verzeichnisses und alle doc-Dateien aus beliebigen Unterverzeichnissen behandelt.

```
<replace dir="."
         includes="*.txt, **/*.doc"
         excludes="*.xml"
         token="@tok1@"
         value="Das war ein Token"/>
```

Auch hier können die Muster für die ein- und auszuschließenden Dateien in jeweils einer externen Datei abgelegt werden. Diese Datei enthält je Zeile ein Muster. Sie werden über die Attribute `includesfile` und `excludesfile` in das `<replace>`-Kommando aufgenommen. Die kompletten Quelltexte der beiden vorangegangenen Beispiele finden Sie auf der CD in den Dateien `bsp0822.xml` und `bsp0823.xml`.

```
<project name="bsp0824" default="main" basedir=".">
  <target name="main" depends="createFile">
```

```
    <replace dir="."
             excludesfile="no_replace_for.txt"
             token="@tok1@"
             value="Das war ein Token">
    </replace>

  </target>

  <target name="createFile">
    <mkdir dir="subdir"/>
    <echo file="./subdir/replace.txt">
@tok1@
    </echo>
    <echo file="replace2.txt">
@tok1@
    </echo>
    <echo file="./subdir/file.doc">
@tok1@
    </echo>

    <echo file="no_replace_for.txt">
*.xml
**/*.doc
    </echo>
  </target>

</project>
```

> **Zusammenfassung**
>
> Mit dem Kommando `<replace>` können Sie Muster in beliebigen Textdateien ersetzen. Die Dateien werden nicht kopiert, Ersetzungen finden direkt in der Quelldatei statt.
>
> Das Muster und der Ersetzungswert können direkt im Buildfile sowie in externen Property-Dateien stehen. Sie können sich über mehrere Zeilen erstrecken und beliebige Zeichen enthalten.

8.5 Verwendung von Ressourcen-Dateien

Für die Verwaltung sprachabhängiger Daten (Lokalisierung) stellt Java so genannte *Ressourcen* zur Verfügung. Im Prinzip handelt es sich dabei um Property-Dateien. Sie enthalten ebenfalls Einträge der Form:

Key=value

Üblicherweise bilden mehrere Dateien ein Ressourcen-Bundle. Die Namen dieser Dateien werden nach einem speziellen Schema gebildet. Außer einem für alle

Dateien identischen Namensstamm werden Kürzel für die jeweilige Sprache und gegebenenfalls weitere Angaben für das Land und Unterversionen verwendet. Wenn einer Java-Anwendung der Namensstamm und das Wurzel-Verzeichnis bekannt ist, kann sie je nach gewünschter Sprache die passende Ressourcen-Datei benutzen, um Ressourcen wie Strings, Namen von Bildern und Symbolen etc. in der passenden Sprache anzuzeigen. Mitunter ist es aber – vor allem aus Performance-Gründen – sinnvoll, auf die Ressourcen-Dateien zu verzichten und stattdessen Anwendungen zu generieren, in denen die sprachabhängigen Elemente direkt im Programmcode enthalten sind. Für derartige Zwecke kann das <translate>-Kommando genutzt werden.

Die Funktionalität des <translate>-Kommandos entspricht in etwa dem <copy>-Kommando mit einer Filterdatei. Allerdings kann <translate> den Namen der Filterdatei aus mehreren Bestandteilen zusammensetzen. Des Weiteren können Sie mit <translate> die Änderungen direkt in existierenden Dateien ausführen (ähnlich wie <replace>) oder aber das Ergebnis in einem anderen Verzeichnis abspeichern.

Die Namensbestandteile für die Filterdatei werden im <translate>-Tag über die Attribute bundle, bundlelanguage, bundlecountry und bundlevariant festgelegt. Dabei sind alle Attribute außer bundle optional. Das Attribut bundle nimmt den zwingend erforderlichen Namensstamm auf. Die anderen Attribute legen die Sprache, die Landesbezeichnung und die Version fest. Aus diesen Bestandteilen bildet das <translate>-Kommando den endgültigen Namen gemäß folgendem Muster:

```
bundle +
  [ "_" + bundlelanguage +
    [ "_" + bundlecountry1 +
      [ "_" + variant1 ]
    ]
  ].properties
```

Zusätzliche Attribute definieren das Startverzeichnis für die zu bearbeitenden Dateien, die Trennzeichen der Token und die Kodierung der beteiligten Dateien. Außerdem kann durch das Attribut todir angegeben werden, in welchem Verzeichnis die bearbeiteten Dateien abgelegt werden sollen. Das Verzeichnis wird automatisch angelegt, falls es noch nicht existieren sollte. Sind das Quell- und das Zielverzeichnis identisch, so werden die Quelldateien überschrieben.

Die Auswahl der vom <translate>-Kommando zu bearbeitenden Dateien erfolgt über ein eingebettetes <fileset>-Tag.

Das folgende Beispiel ersetzt in der Datei translate.txt alle Tokens, die in den Property-Dateien resources_de.properties und resources_en.properties enthalten sind. Die Ergebnis-Dateien werden ebenfalls unter dem Namen translate.txt in zwei separaten Unterverzeichnissen abgelegt. Das Beispiel demonstriert zugleich den Einsatz des `<antcall>`-Tags. Dessen Einsatz bietet sich hier an, da ein Kommando mehrmals mit leicht veränderten Parametern ausgeführt werden muss.

```xml
<project name="bsp0825" default="main" basedir=".">

  <target name="main" depends="createFiles">
    <antcall target="translate">
      <param name="language" value="de"/>
    </antcall>
    <antcall target="translate">
      <param name="language" value="en"/>
    </antcall>
  </target>

  <target name="translate">
    <translate bundle="./ressources"
               bundlelanguage="${language}"
               todir="./output_${language}"
               starttoken="@"
               endtoken="@">
      <fileset dir=".">
         <include name="translate.txt"/>
      </fileset>
    </translate>
  </target>

  <target name="createFiles">
    <delete includeemptydirs="true">
      <fileset dir=".">
        <include name="output*"/>
        <include name="output*/**/*"/>
      </fileset>
    </delete>

    <echo file="./ressources_de.properties">
tok1=Das ist Token1
tok3=Token 3
    </echo>

    <echo file="./ressources_en.properties">
tok1=This is token 1
tok2=second token
tok3=token three
    </echo>

    <echo file="translate.txt">@tok1@
@tok2@
```

```
@tok3@
    </echo>
    <touch file="translate.txt"/>
  </target>
</project>
```

> **Zusammenfassung**
>
> Das `<translate>`-Kommando benutzt die Einträge einer Ressourcen-Datei, um Platzhalter in beliebig vielen Textdateien zu ersetzen. Dabei findet implizit ein Kopiervorgang statt. Da Ressourcen-Dateien benutzt werden, ist der Einsatz vor allem zur Generierung sprachabhängiger Dateien sinnvoll.

8.6 Buildnumber erzeugen

Das Tag `<buildnumber>` stellt eine Untermenge des `<propertyfile>`-Kommandos dar. Seine einzige Funktion besteht darin, in einer Property-Datei den Wert des Eintrags `build.number` um 1 zu erhöhen. Sein einziges, dazu noch optionales Attribut ist `file`. Mit diesem Attribut legen Sie den Dateinamen fest, in dem der erwähnte Eintrag gesucht wird. Falls Sie keinen Dateinamen definieren, verwendet das Kommando den String `build.number` als Dateinamen.

Das folgende Beispiel erstellt zwei Dateien mit Build-Nummern. Führen Sie das Beispiel mehrmals aus, und vergleichen Sie die Ergebnisse.

```
<project name="bsp0826" default="main" basedir=".">
  <target name="main">
    <buildnumber file="buildinfo.txt"/>
    <buildnumber/>
  </target>
</project>
```

> **Zusammenfassung**
>
> Verwenden Sie das Tag `<buildnumber>`, um das Attribut `build.number` in einer Property-Datei um den Wert 1 zu erhöhen.

8.7 Zeilenende-Zeichen bearbeiten

Java-Programme laufen plattformübergreifend. Oft werden Textdateien (Property- und Ressourcen-Dateien) benutzt, um Voreinstellungen für Anwendungen außerhalb des Quelltextes abzulegen. Die verschiedenen Betriebssysteme verwenden bedauerlicherweise unterschiedliche Zeilenende-Zeichen. Dies bereitet einigen Texteditoren Probleme. In Microsoft-Betriebssystemen werden am Ende jeder Zeile zwei Zeichen (CR und LF) angefügt. Viele Unix-Editoren werten aber nur das Linefeed-Zeichen aus und stellen das Carriage Return (CR) als Textzeichen (»^M«) dar. Windows-Editoren hingegen können oft einen einfachen Unix-Zeilenvorschub nicht korrekt auswerten. Um Textdateien mit dem jeweils korrekten Zeilenende-Zeichen versehen zu können, existiert das <fixcrlf>-Tag. Neben der Behandlung des Zeilenende-Zeichens kann dieses Kommando auch noch Tabulatoren innerhalb des Quelltextes durch Leerzeichen ersetzen.

Die Dateien, die vom <fixcrlf>-Tag behandelt werden sollen, können wiederum durch Attribute oder ein eingebettetes <fileset>-Tag vorgegeben werden. Auf die Beschreibung dieser Attribute und Tags soll hier verzichtet werden, da sie in Abschnitt 6.1 bereits ausführlich erläutert wurden.

Das Kommando kann die modifizierten Dateien in einem anderen als dem Quellverzeichnis ablegen. Dazu ist das Zielverzeichnis mit dem Attribut destdir anzugeben. Dieses Verzeichnis muss bereits existieren, sonst schlägt das Kommando fehl. Fehlt die Angabe eines Zielverzeichnisses, werden die Änderungen direkt in den angegebenen Dateien durchgeführt. Das Umbenennen der Dateien beim Modifizieren, z.B. durch Einsatz eines Mappers, ist nicht möglich.

Das folgende Beispiel zeigt einen Ausschnitt aus einem realen Buildfile. Es erstellt aus Property-Dateien plattformabhängige Versionen, die sich lediglich durch das Zeilenende-Zeichen unterscheiden:

```
<target name="createPlattformFiles">

    <fixcrlf eol="lf"
            srcdir="${templateDir}/properties"
            destdir="${installDir}/unix"
            includes="**/*. properties "/>

    <fixcrlf eol="crlf"
            srcdir="${templateDir}/properties"
            destdir="${installDir}/win"
            includes="**/*.properties"/>

</target>
```

Eine weitere Einsatzmöglichkeit des <fixcrlf>-Tags besteht im Ersetzen von Tabulator-Zeichen. Durch das Attribut tab legen Sie fest, wie Tabulatoren bzw. eine Folge von Leerzeichen zu behandeln sind. Der Wert asis (»as is«) unterbindet Manipulationen. Mit add hingegen erreichen Sie, dass eine ausreichend lange Folge von Leerzeichen durch einen Tabulator ersetzt wird. Wenn Sie hingegen den Wert remove benutzen, werden Tabulatoren durch entsprechend viele Leerzeichen ersetzt. Die Anzahl von Leerzeichen je Tabulator legen Sie durch das Attribut tablength fest.

An bestimmten Stellen ist eine Ersetzung allerdings prinzipiell unerwünscht, z.B. in Zeichenkettenkonstanten innerhalb eines Quelltextes. Das Attribut javafiles, dessen Verwendung nur in Verbindung mit dem Attribut tab Sinn macht, kann Veränderungen in Zeichenketten unterbinden. Sie müssen es dazu auf true setzen.

Im folgenden Beispiel wird zunächst durch das Target createFile das Fragment einer Java-Datei erstellt. Die Einrückungen am Anfang sowie der Freiraum innerhalb der Zeichenkette wurden durch Tabulatoren erzeugt!

Nach der Ausführung des Targets wurden die Tabulatoren außerhalb der Anführungsstriche durch Leerzeichen ersetzt. Innerhalb der Zeichenkette bleibt der Tabulator unverändert.

```
<project name="bsp0827" default="main" basedir=".">
  <target name="main" depends="createFile">
    <fixcrlf   srcdir="."
               includes="bsp.java"
               javafiles="true"
               tab="remove"
               tablength="8"/>
  </target>

  <target name="createFile">
    <echo file="bsp.java">
public static void main(String[] args) {
   Frame frame1 = new Frame("Fenster    1");
   frame1.setSize(200,100);
   frame1.show();
}
    </echo>
  </target>
</project>
```

> **Zusammenfassung**
>
> Das Tag `<fixcrlf>` modifiziert in Textdateien die Zeilenende-Zeichen und Tabulatoren, um eine Anpassung von Dateien an das Betriebssystem oder den Quelltext-Editor zu erreichen.

8.8   Reguläre Ausdrücke

Die bisher beschriebenen Tags können meist nur dann eingesetzt werden, wenn in den zu bearbeitenden Dateien die späteren Modifikationen bereits berücksichtigt werden. Die zu ersetzenden Tokens sollten eindeutig gekennzeichnet sein, um unerwünschte Nebenwirkungen zu vermeiden. Wesentlich mehr Flexibilität ermöglicht die Vorgabe von Suchmustern und Ersetzungswerten durch reguläre Ausdrücke.

Um Problemen vorzubeugen, zunächst eine Vorbemerkung: Die Auswertung regulärer Ausdrücke erfordert unter Umständen die Installation zusätzlicher Packages. Außerdem können reguläre Ausdrücke relativ komplex werden; entsprechende Kenntnisse werden hier vorausgesetzt. In Kapitel 17 finden Sie daher einige Informationen zur Installation sowie eine kurze Einführung in die Problematik der regulären Ausdrücke.

Zur Modifikation von Textdateien mittels regulärer Ausdrücke steht das Tag `<replaceregexp>` zur Verfügung. Das Kommando führt die Modifikationen direkt in der Ursprungsdatei durch. Tabelle 8.8 zeigt die Attribute dieses Kommandos.

Attribut	Beschreibung	Default	Erforderlich
`file`	Datei, deren Inhalt bearbeitet werden soll		Ja, falls kein `<fileset>`-Tag benutzt wird
`match`	Suchmuster		Ja, falls kein `<regexp>`-Tag benutzt wird
`replace`	Ersetzung		Ja, falls kein `<substitution>`-Tag benutzt wird
`flags`	Flags zur Auswertung der Ausdrücke		Nein
`byline`	Zeilenweises Verarbeiten der Eingabedatei erzwingen	`false`	Nein

Tabelle 8.8 Attribute des `<replaceregexp>`-Kommandos

Das Tag benötigt zur Arbeit mindestens drei Angaben: den Namen der zu bearbeitenden Datei, das Suchmuster und den Ersetzungsausdruck. Alle drei Angaben können über Attribute oder eingebettete Tags bereitgestellt werden.

Der Name der zu bearbeitenden Datei kann durch das Attribut `file` bestimmt werden. Dieses Attribut nimmt genau einen exakt spezifizierten Dateinamen auf. Musterangaben sind dabei nicht möglich. Falls mehrere Dateien bearbeitet werden sollen oder die Auswahl über Muster erfolgen soll, kann ein eingebettetes `<fileset>`-Tag benutzt werden.

Für das Suchmuster steht das Attribut `match` zur Verfügung. Alternativ kann es durch das eingebettete Tag `<regexp>` bereitgestellt werden. In diesem Tag wird das Suchmuster durch das Attribut `pattern` bestimmt. Das `<regexp>`-Tag bietet den Vorteil, dass es außerhalb von Targets definiert und später per Referenz eingebunden werden kann. Somit ist eine Mehrfach-Verwendung der mitunter sehr komplexen Ausdrücke möglich.

Im Suchmuster können mehrere, in runde Klammern eingeschlossene Teilmuster stehen, auf die im Ersetzungsstring mit den Platzhaltern \1 bis \9 zugegriffen werden kann.

Der Ersetzungsstring wird auf ähnliche Weise definiert. Entweder benutzen Sie das Attribut `replace` oder das eingebettete Tag `<substitution>` mit dem Attribut `expression`. Auch für dieses Tag besteht die Möglichkeit der Referenzierung.

Die bis hier beschriebenen Eigenschaften ermöglichen eine erste Demonstration:

```
<project name="bsp0828" default="main" basedir=".">
  <property name="file.name" value="regexp1.txt"/>

  <target name="main" depends="prepare">
    <replaceregexp file="${file.name}">
      <regexp pattern="Line"/>
      <substitution expression="Zeile"/>
    </replaceregexp>
    <fixcrlf includes="${file.name}"
             eol="crlf"
             srcdir="."/>
  </target>

  <target name="prepare">
<echo file="${file.name}">Line 1, immer noch Line 1
Line 2
Line 3
</echo>
    <touch file="${file.name}"/>
  </target>
</project>
```

Die Arbeitsdatei wird auf die bereits bekannte Weise mit dem `<echo>`-Tag erstellt. Das `<fixcrlf>`-Tag setzt unter Windows-Umgebungen korrekte Zeilenende-Zeichen und bewirkt dadurch eine bessere Lesbarkeit der Datei. Aus funktionalen Gründen ist es nicht notwendig. Die beiden regulären Ausdrücke sorgen dafür, dass das Wort »Line« durch »Zeile« ersetzt wird. Da bei der Auswertung von regulären Ausdrücken im Standardfall immer nur das erste Auftreten eines Musters bearbeitet wird, findet nur eine Ersetzung statt. Als Ergebnis entsteht folgende Datei:

```
Zeile 1, immer noch Line 1
Line 2
Line 3
```

Das Kommando liest die gesamte Datei ein und behandelt sie als Ganzes. Daher wird auch nur das erste Auftreten von »Line« ersetzt. Von dieser Einstellung kann durch das Attribut `byline` abgewichen werden. Wenn dieses Attribut auf den Wert `true` gesetzt wird, bearbeitet das `<replaceregexp>`-Kommando jede Zeile separat. Die Ergänzung des Tags durch das zusätzliche Attribut zeigt der folgende Ausschnitt aus dem Listing (kompletter Quelltext in `bsp0829.xml`):

```
<replaceregexp file="${file.name}"
               byline="true">
```

Diese Änderung bewirkt, dass nun in jeder Zeile eine Ersetzung stattfindet, da jede Zeile für sich untersucht wird. An der Tatsache, dass jeweils nur das erste Auftreten des Musters in jedem untersuchten Abschnitt behandelt wird, ändert sich jedoch nichts. Das folgende Listing zeigt den Inhalt der bearbeiteten Datei:

```
Zeile 1, immer noch Line 1
Zeile 2
Zeile 3
```

Weitere Modifikationen der Arbeitsweise dieses Kommandos sind durch den Inhalt des Attributs `flags` möglich. Dieses Attribut kann ein oder mehrere der in Tabelle 8.9 dargestellten Flags aufnehmen.

Flag	Beschreibung
g	Alle möglichen Ersetzungen ausführen
i	Groß-/Kleinschreibung ignorieren
m	Zeilenende-Zeichen berücksichtigen
s	Zeilenende-Zeichen ignorieren

Tabelle 8.9 Mögliche Flags

Interessant ist zunächst das Flag `g`. Durch dieses Flag erreichen Sie, dass die Ersetzungen in der gesamten Datei ausgeführt werden und dass nicht nur das erste Auftreten des Musters beachtet wird. Bei der Verwendung dieses Flags ist der Wert des `byline`-Attributs bedeutungslos. Nachfolgend sehen Sie wieder den geänderten Abschnitt der Build-Datei:

```
<replaceregexp file  = "${file.name}"
               flags = "g">
```

In der bearbeiteten Datei werden nun alle auf das Muster passenden Zeichenketten ersetzt:

```
Zeile 1, immer noch Zeile 1
Zeile 2
Zeile 3
```

8.8 Reguläre Ausdrücke

Eine weitere interessante Einstellung ist über die alternativ zu verwendenden Flags s und m möglich. Mit dem Wert m im Flag erreichen Sie die standardmäßige Behandlung des Zeilenende-Zeichens. Das bedeutet, dass die Auswertung regulärer Ausdrücke am Zeilenende endet. Sie können des Weiteren durch das Musterzeichen $ das Ende jeder Zeile selektieren, auch wenn das <replaceregexp>-Kommando die gesamte Datei auf einmal verarbeitet. Das Flag s bewirkt hingegen, dass die Zeilenende-Zeichen im Text ignoriert werden. Das Musterzeichen $ ist in diesem Fall wirkungslos bzw. findet nur das Dateiende. Reguläre Ausdrücke, deren Wirkung sich normalerweise immer nur auf eine Zeile erstreckt, arbeiten nun über Zeilengrenzen hinweg, wie das folgende Beispiel zeigt:

```
<project name="bsp0831" default="main" basedir=".">
  <property name="file.name" value="regexp1.txt"/>

  <target name="main" depends="prepare">
    <replaceregexp file="${file.name}"
                   flags="s">

      <regexp pattern="(.*)($)"/>
      <substitution expression="-:\1:-\2"/>
    </replaceregexp>

    <fixcrlf includes= "${file.name}"
             eol     = "crlf"
             srcdir  = "."/>
  </target>

  <target name="prepare">
<echo file="${file.name}">Line 1, immer noch Line 1
Line 2
Line 3</echo>
    <touch file="${file.name}"/>
  </target>
</project>
```

Die leicht veränderten regulären Ausdrücke sorgen dafür, dass der Wirkungsbereich des Musters durch einige zusätzliche Zeichen hervorgehoben wird. Mit der oben dargestellten Datei erhalten Sie folgendes Ergebnis:

```
-:Line 1, immer noch Line 1
Line 2
Line 3:-
```

Ändern Sie das Flag auf den Wert m, so wird der reguläre Ausdruck am Ende der ersten Zeile automatisch enden. In diesem Fall wird nur die erste Zeile markiert. Das ist korrekt, da nur das erste auf den regulären Ausdruck passende Muster verarbeitet wird.

```
-:Line 1, immer noch Line 1:-
Line 2
Line 3
```

Die Verwendung des Attributs `byline="true"` macht im Zusammenhang mit diesen beiden Flags keinen Sinn. Allerdings können Sie die Flags g und m kombinieren. Dadurch würden alle Ersetzungen ausgeführt, wodurch alle Zeilen separat gekennzeichnet werden.

> **Zusammenfassung**
>
> Mit regulären Ausdrücken können Sie vielfältige Modifikationen an Dateien vornehmen. Viele der zuvor beschriebenen Kommandos können durch das `<replaceregexp>`-Kommando ersetzt werden. Allerdings setzt die Verwendung dieses Tags möglicherweise die Installation zusätzlicher Bibliotheken voraus. Außerdem können reguläre Ausdrücke sehr komplex werden, was einige Erfahrung beim Einsatz erfordert.

8.9 FilterChains und FilterReader

Ein Filter Reader stellt eine weitere Möglichkeit dar, den Inhalt einer Textdatei zu modifizieren. Obwohl es gewisse funktionale Ähnlichkeiten zu den anderen Kommandos dieses Abschnitts gibt, beruhen Filter Reader auf einem etwas anderen Grundkonzept.

Filter, exakter *Filter Reader*, bieten verschiedene vordefinierte Such- und Bearbeitungsfunktionen. Mehrere dieser Reader können bzw. müssen in einer *Filter Chain* zusammengefasst werden. Ein `<filterchain>`-Tag wiederum kann nur in den vier Kommandos

- `<copy>`
- `<move>`
- `<loadfile>`
- `<loadproperties>`

enthalten sein.

Die Kommandos `<copy>` und `<move>` dienen zum Kopieren bzw. Verschieben von Dateien. Sollten in diesen Kommandos Filter definiert werden, so kommen diese beim Kopieren zum Einsatz. In diesem Fall sind die Änderungen nur in der Zieldatei zu finden. Berücksichtigen Sie dabei, dass die Filter nicht datei-, sondern zeilenweise arbeiten. Wenn Sie eine Datei kopieren oder verschieben, sind in der Zieldatei dann nur die Zeilen enthalten, die durch den Filter weitergereicht werden. Einige Beispiele am Ende des Abschnitts demonstrieren dieses Verhalten im Detail.

Die Kommandos `<loadfile>` und `<loadproperties>` lesen den Inhalt einer Datei ein und erstellen daraus ein oder mehrere Properties. Dabei wird der Inhalt der Datei beim Einlesen mit den angegebenen Filtern modifiziert. Erst nach dem Filtern werden die Properties erstellt.

Zunächst als Einstieg ein kleines Beispiel:

```
<loadfile property="list.developer" srcfile="developer.txt">
  <filterchain>
    <headfilter lines="3"/>
  </filterchain>
</loadfile>
```

Dieses Kommando würde die ersten drei Zeilen der Datei `developer.txt` einlesen und diese drei Zeilen in das Property `list.developer` eintragen.

Ant bietet eine Reihe vordefinierter Filter. Sie können aber auch eigene Filter schreiben und einbinden. Die in der aktuellen Version 1.5.1 enthaltenen Filter sowie deren Funktion finden Sie in Tabelle 8.10. Beachten Sie dabei, dass zwar jeder Filter in jeder der beiden erwähnten Kommando-Gruppen benutzt werden kann, dabei aber nicht unbedingt immer nützliche Ergebnisse liefert.

Name	Funktion
`filterreader`	Aufruf von Filtern über den vollständigen Klassennamen. Dient vorrangig zum Aufruf selbst programmierter Filter.
`expandproperties`	Ersetzt Properties-Platzhalter durch den aktuellen Wert.
`headfilter`	Liest die ersten n Zeilen einer Textdatei.
`linecontains`	Liest Zeilen, die einen Suchstring enthalten. Keine Mustersuche.
`linecontainsregexp`	Liest Zeilen, die den regulären Ausdruck enthalten.
`prefixlines`	Ergänzt jede Zeile durch ein Präfix.
`replacetokens`	Ersetzt Token, die in Begrenzungszeichen eingeschlossen sind.
`stripjavacomments`	Entfernt alle Kommentare aus Java-Quellen.
`striplinebreaks`	Entfernt beliebige Zeichen. Standardmäßig werden Zeilenumbrüche entfernt.
`striplinecomments`	Entfernt Zeilen, die mit einem bestimmten String beginnen.
`tabstospaces`	Wandelt Tabulatoren in Leerzeichen um.
`tailfilter`	Liest die letzten n Zeilen einer Datei.

Tabelle 8.10 Vordefinierte Filter Reader

Jeder der vordefinierten Filter kann über ein eigenes Tag aufgerufen werden. Außerdem ist es möglich, die von Ant vordefinierten Filter über den generischen Filter `<filterreader>` zu verwenden. Dieses Tag erwartet als Attribut den kompletten Klassennamen eines Filters. Es wird daher vorzugsweise zum Aufruf von selbst programmierten Filtern benutzt.

Einige der Filter benötigen zusätzliche Parameter. Leider ist die Syntax der diversen Filter diesbezüglich nicht einheitlich. Einige der Filter erwarten ihre Parameter ausschließlich in Form von Attributen, andere akzeptieren nur eingebettete Tags. Eine zusammenfassende Übersicht zum Einsatz ist daher nicht möglich. Die folgenden Abschnitte stellen daher jeden der vordefinierten Filter (außer <filterreader>) separat vor und demonstrieren seinen Einsatz an einem Beispiel. Dazu werden überwiegend die Property-bezogenen Kommandos benutzt, da das Ergebnis dann auf einfachste Weise auf der Konsole ausgegeben werden kann. Einige Tipps zu praktischen Einsatzmöglichkeiten schließen die Erläuterungen ab.

8.9.1 Headfilter und Tailfilter

Beide Filter lesen eine bestimmte Anzahl Zeilen am Beginn (<headfilter>) bzw. am Ende (<tailfilter>) eines Datenstroms. Die Zahl der zu lesenden Zeichen wird jeweils über das optionale Attribut lines bestimmt. Fehlt dieses Attribut, kommt ein Default-Wert von 10 Zeilen zur Anwendung.

Das Beispiel für diese beiden Tags demonstriert gleichzeitig die Verkettung mehrerer Filter:

```
<project name="bsp0832" default="main" basedir=".">
  <target name="main" depends="createFile">

    <loadfile srcfile="lines.txt" property="p1" >
      <filterchain>
        <headfilter lines="5"/>
      </filterchain>
    </loadfile>

    <echo>
Head 5 Zeilen
${p1}
    </echo>

    <loadfile srcfile="lines.txt" property="p2">
      <filterchain>
        <tailfilter lines="3"/>
      </filterchain>
    </loadfile>

    <echo>
Tail 3 Zeilen
${p2}
    </echo>
```

8.9 FilterChains und FilterReader

```
    <loadfile srcfile="lines.txt" property="p3">
      <filterchain>
        <headfilter lines="6"/>
        <tailfilter lines="3"/>
      </filterchain>
    </loadfile>

    <echo>
Head 6 Zeilen, danach Tail 3 Zeilen
${p3}
    </echo>
  </target>

  <target name="createFile">
    <echo file="lines.txt">Line 1
Line 2
Line 3
Line 4
Line 5
Line 6
Line 7
Line 8
Line 9
Line 10</echo>
  </target>
</project>
```

Zunächst erzeugt ein abhängiges Tag eine aus zehn Zeilen bestehende Datei. Die Ausgabe der ersten Zeile sollte dabei unmittelbar nach dem öffnenden <echo>-Tag notiert werden, da sonst eine Leerzeile am Anfang der Datei entsteht. Das main-Tag enthält drei <loadfile>-Kommandos, die jeweils ein eingebettetes <filterchain>-Tag besitzen. Die Filter sorgen dafür, dass jeweils nur ein Teil der Datei in das Property eingelesen wird.

Interessant ist das letzte Kommando. Dort finden Sie zwei Filter. Der erste liest die ersten sechs Zeilen der Datei, während der zweite dafür sorgt, dass aus der Menge der ersten sechs Zeilen die letzten drei ausgefiltert werden. Das Property p3 sollte somit die Zeilen vier bis sechs der Ausgangsdatei enthalten. Offensichtlich arbeitet die aktuelle Ant-Version 1.5.1 aber nicht ganz korrekt. Zeilenvorschub-Zeichen am Ende einer Datei (oder des relevanten Ausschnitts) werden anscheinend als neue Zeile gewertet (nur unter Windows getestet). Das letzte <filterchain>-Tag liefert somit nur zwei Zeilen statt der erwarteten drei. Aus eben diesem Grund folgt das Ende-Tag des <echo>-Kommandos direkt auf die letzte Zeichenkette. Würde auf »Line 10« noch ein Zeilenvorschub folgen, so würde auch das zweite <filterchain>-Tag nur zwei Ausgabezeilen liefern.

8.9.2 Filtern mit einfacher Zeichenkette

Der Filter `<linecontains>` berücksichtigt nur Zeilen, in denen ein bestimmter String enthalten ist, wobei keine Musterzeichen berücksichtigt werden. Dieser Filter kann sehr gut eingesetzt werden, um beim Einlesen einer Property-Datei nur die Einträge zu berücksichtigen, die mit einem vorgegebenen Präfix beginnen.

Das `<linecontains>`-Tag akzeptiert zur Parameterübergabe nur das eingebettete Tag `<contains>`, das den Suchstring im Attribut `value` enthält. Die Syntax des Kommandos erlaubt es, mehrere `<contains>`-Tags zu verwenden. In diesem Fall werden die Suchstrings UND-verknüpft. Das Kommando selektiert dann nur die Zeilen, in denen alle Suchstrings enthalten sind.

Das folgende Beispiel orientiert sich an der eingangs erwähnten Problematik beim Einlesen von Properties:

```
<project name="bsp0833" default="main" basedir=".">
  <target name="main" depends="prepare">
    <loadproperties srcfile="pathes.properties">
      <filterchain>
        <linecontains>
          <contains value="dir." />
        </linecontains>
      </filterchain>
    </loadproperties>
    <echoproperties prefix="dir"/>
    <echoproperties prefix="filename"/>
  </target>

  <target name="prepare">
    <echo file="pathes.properties">
dir.source=/src
dir.build=/build
filename.localization.de=/src/etc/local/de.ressource
filename.localization.en=/src/etc/local/en.ressource
dir.properties=/src/etc/properties
filename.buildinfo=buildinfo.txt
    </echo>
  </target>
</project>
```

Im Beispiel wird zunächst eine Property-Datei erzeugt, die sechs einzelne Properties enthält, wobei zwei unterschiedliche Präfixe zum Einsatz kommen. Das `<loadproperties>`-Kommando im `main`-Target liest diese Datei, wobei ein eingebauter Filter nur die Properties mit dem Präfix `dir` berücksichtigt. Die beiden abschließenden `<echoproperties>`-Kommandos listen alle Properties mit den beiden Präfixen auf, um eine Kontrolle der Arbeitsweise des Filters zu ermöglichen.

8.9.3 Filtern mit regulären Ausdrücken

Falls die Filterung durch ein Muster gesteuert werden muss, ist der Einsatz des `<linecontainsregexp>`-Filters erforderlich. Dieser Filter führt eine Suche mittels regulärer Ausdrücke durch. Dies erfordert allerdings, je nach verwendetem JDK, dass eine passende Bibliothek installiert ist. Informationen zur Installation von Zusatzbibliotheken und regulären Ausdrücken finden Sie im Anhang.

Das Tag muss mit einem regulären Ausdruck als Parameter versorgt werden. Dazu existiert das eingebettete Tag `<regexp>` mit dem Attribut `pattern`. In einem `<linecontainsregexp>`-Filter können mehrere dieser Tags stehen; die Muster werden UND-verknüpft.

Das folgende Beispiel stellt eine Modifikation des vorangegangenen Beispiels dar. Es ersetzt das `main`-Target mit dem Ziel, die Verwendung der regulären Ausdrücke zu demonstrieren:

```
<project name="bsp0834" default="main" basedir=".">
  <target name="main" depends="prepare">
    <loadfile srcfile="pathes.properties" property="prop">
      <filterchain>
        <linecontainsregexp>
          <regexp pattern="src/(.*)res(.*)"/>
        </linecontainsregexp>
      </filterchain>
    </loadfile>
    <echo>${prop}</echo>
  </target>

  <target name="prepare">
    <echo file="pathes.properties">
dir.source=/src
dir.build=/build
filename.localization.de=/src/etc/local/de.ressource
filename.localization.en=/src/etc/local/en.ressource
dir.properties=/src/etc/properties
filename.buildinfo=buildinfo.txt
    </echo>
  </target>
</project>
```

8.9.4 Präfixe einfügen

Das Kommando `<prefixlines>` ergänzt jede gelesene Zeile durch ein Präfix, das im Attribut `prefix` definiert wird. Da keinerlei Berechnung von Ausdrücken möglich ist, hält sich der Nutzen in Grenzen. Sinnvoll ist das Kommando vor allem beim Einlesen von Properties aus einer Datei. Das ebenfalls für diese Aufgabe vorgesehene Kommando <property> ermöglicht es über das Attribut prefix, die eingelesenen Properties mit einem Präfix zu versehen, um die Eindeutigkeit der Property-Namen zu gewährleisten. Das <loadproperties>-Kommando kennt ein solches Attribut nicht, Abhilfe ist aber durch den <prefixlines>-Filter möglich.

Der folgende Ausschnitt aus einer Build-Datei zeigt die Syntax des Kommandos:

```
<filterchain>
  <prefixlines prefix="extprop."/>
</filterchain>
```

8.9.5 Kommentare und Zeilenvorschübe entfernen

In vielen Java-Quelldateien sind Informationen enthalten, die während und nach der Kompilierung nicht mehr notwendig sind. Drei Filter ermöglichen es, überflüssige Zeichen aus einer Java-Datei zu entfernen. Mit <stripjavacomments> können Sie alle Kommentare aus einer Java-Datei entfernen. Dieses Kommando kennt keinerlei Attribute oder eingebettete Tags und kann somit in seiner Funktion nicht modifiziert werden.

Das Kommando <striplinebreaks> hingegen entfernt einzelne Zeichen. Standardmäßig handelt es sich um das Zeilenvorschub-Zeichen. Über das Attribut linebreaks können allerdings beliebige Zeichen vorgegeben werden. Das Attribut kann mehrere Zeichen aufnehmen. Allerdings wird jedes Zeichen separat behandelt und aus der Quelldatei gelöscht. Das Attribut wird als Wertemenge und nicht als zusammengehörender String interpretiert.

Ähnlich funktioniert das Kommando <striplinecomments>. Es entfernt alle Zeilen, die mit einem vorgegebenen String beginnen. Dieser wird mit dem eingebetteten Tag <comment> über das Attribut value definiert.

Das folgende Beispiel demonstriert die erwähnten Tags anhand des Kommandos <loadfile>, damit das Ergebnis auf einfache Weise auf der Konsole ausgegeben werden kann. In der Praxis würden diese Tags aber eher innerhalb des <copy>- oder <move>-Kommandos verwendet werden.

```
<project name="bsp0835" default="main" basedir=".">
  <target name="main" depends="createFile">

    <loadfile srcfile="beispiel.java" property="p0"/>
      <echo>
Original
${p0}
    </echo>

    <loadfile srcfile="beispiel.java" property="p1">
```

```
            <filterchain>
              <stripjavacomments/>
            </filterchain>
         </loadfile>
         <echo>
Kommentare entfernen
${p1}
         </echo>

         <loadfile srcfile="beispiel.java" property="p2">
            <filterchain>
              <striplinebreaks/>
            </filterchain>
         </loadfile>
         <echo>
Zeilenumbrueche loeschen
${p2}
         </echo>

         <loadfile srcfile="beispiel.java" property="p3">
            <filterchain>
              <striplinebreaks linebreaks="emarfF"/>
            </filterchain>
         </loadfile>
         <echo>
Beliebige Zeichen loeschen
${p3}
         </echo>

         <loadfile srcfile="beispiel.java" property="p4">
            <filterchain>
              <striplinecomments>
                 <comment value="//"/>
              </striplinecomments>
            </filterchain>
         </loadfile>
         <echo>
Einzelne Kommentarzeilen loeschen
${p4}
         </echo>
    </target>

    <target name="createFile">
       <echo file="beispiel.java">
/**
* java doc
*
**/
public static void main(String[] args) {
```

```
/* kommentar 1 */
    Frame frame1 = new Frame("Fenster    1");
//kommentar 2
    frame1.setSize(200,100);
    frame1.show();   //kommentar 3
}
    </echo>
  </target>
</project>
```

8.9.6 Tabulatoren ersetzen

Java-Quellcode wird durch Einrückungen strukturiert. Viele Editoren verwenden dazu Tabulatoren. Aus den verschiedensten Gründen sollen diese später durch Leerzeichen ersetzt werden. Diese Aufgabe erledigt das Kommando <tabstospaces>. Durch das Attribut tablength legen Sie fest, durch wie viele Leerzeichen ein Tabulator ersetzt werden soll. Auch dieser Filter macht vor allem im Zusammenhang mit dem <copy>- oder <move>-Kommando Sinn.

8.9.7 Properties expandieren

Das <expandproperties>-Tag sorgt dafür, dass im Datenstrom alle Property-Platzhalter durch den aktuellen Wert des jeweiligen Propertys ersetzt werden, sofern einer existiert. Dieses Tag weist keinerlei Attribute oder eingebettete Tags auf.

Das folgende Beispiel zeigt eine Verwendungsmöglichkeit. Wir gehen von einer Property-Datei aus, in der einige, für den aktuellen Build erforderliche Pfadangaben stehen. Diese Pfadangaben sollen relativ zu einem Wurzelverzeichnis sein, wobei das Wurzelverzeichnis selbst über ein Property dynamisch gesetzt werden soll. Damit wäre beispielsweise die einfache Anpassung der Build-Datei an unterschiedliche Rechner-Konfigurationen möglich.

Im Beispiel sorgt zunächst ein abhängiges Target dafür, dass eine kurze Property-Datei erstellt wird. In dieser Datei ist der Platzhalter ${root} enthalten. Im main-Target wird dieses Property erzeugt. Wenn das <loadproperties>-Kommando die Properties einliest, findet wegen des eingebetteten Filters eine Ersetzung der Platzhalter durch den Wert von root statt. Das <echoproperties>-Kommando zeigt die drei entstandenen Properties und deren aktuellen Wert:

```
<project name="bsp0836" default="main" basedir=".">
  <target name="main" depends="prepare">
    <property name="root" value="/projects/factory" />
    <loadproperties srcfile="pathes.properties">
      <filterchain>
        <expandproperties/>
      </filterchain>
```

```
      </loadproperties>
      <echoproperties prefix="dir"/>
  </target>

  <target name="prepare">
    <echo file="pathes.properties">
      dir.source=${root}/src
      dir.build=${root}/build
      dir.properties=${root}/src/etc/properties
    </echo>
  </target>
</project>
```

8.9.8 Tokens ersetzen

Mit dem `<replacetoken>`-Filter können Sie Tokens, die in vordefinierte Begrenzungszeichen eingeschlossen wurden, durch beliebige Zeichenketten ersetzen. Ersetzt wird das Token einschließlich der Begrenzungszeichen. Mit dieser Funktion können Sie beim Kopieren von Dateien gleichzeitig ein Massen-Update diverser Verwaltungsinformationen durchführen. Das Beispiel deutet diese Möglichkeit an. Dort werden einige Platzhalter durch eine Build-Nummer, das aktuelle Datum und den Namen des Ausführenden ersetzt.

Das `<replacetoken>`-Tag kennt zwei optionale Attribute `begintoken` und `endtoken`. Mit diesen Attributen können Sie die Begrenzungszeichen am Beginn und am Ende des zu ersetzenden Tokens vorgeben. Als Default dient das »@«-Zeichen. Das zu ersetzende Token und der Ersetzungsstring werden durch das eingebettete Tag `<token>` festgelegt, das wiederum die Attribute `key` für das zu ersetzende Token und `value` für die neue Zeichenkette kennt. In einem `<replacetoken>`-Tag können mehrere zu ersetzende Token definiert werden. Für diese gelten dann identische Begrenzungszeichen.

Das Beispiel ist recht einfach und bedarf keiner weiteren Erläuterung:

```
<project name="bsp0837" default="main" basedir=".">
  <target name="main" depends="createFile">
    <loadfile srcfile="reptokenfilter.txt" property="p1">
      <filterchain>
        <replacetokens>
          <token key="build.num" value="7"/>
        </replacetokens>
        <replacetokens endtoken="#">
          <token key="build.date" value="${TODAY}"/>
          <token key="build.name" value="${user.name}"/>
        </replacetokens>
      </filterchain>
    </loadfile>
```

```
    <echo>${p1}</echo>
  </target>

  <target name="createFile">
    <echo file="reptokenfilter.txt">
Build @build.num@ vom @build.date#; Owner @build.name#
    </echo>
    <tstamp/>
  </target>
</project>
```

Beachten Sie an dieser Stelle, dass das `<copy>`- und das `<move>`-Kommando neben den Filter Chains bzw. Filter Readern auch noch so genannte *Filtersets* unterstützen, die ähnliche Möglichkeiten zur Ersetzung von Tokens bieten. Die Filter Chains sind etwas universeller einsetzbar, da sie auch im Zusammenhang mit dem `<loadfile>`- und `<loadproperties>`-Kommando benutzt werden können. Außerdem können mehrere unterschiedliche Filter hintereinander geschaltet werden. Die Filtersets hingegen bieten einen etwas größeren Funktionsumfang. Beispielsweise können dort die Tokens samt Ersetzungsmuster auch aus einer externen Datei gelesen werden.

8.9.9 Generischer Filter

Neben den vordefinierten Filtern können Sie eigene Filter in Form einer Java-Klasse verwenden. Diese Klasse muss durch das Tag `<filterreader>` aufgerufen werden. Dieses Tag kennt lediglich das Attribut `classname`, das den vollständigen Namen der zu verwendenden Klasse aufnimmt. Eine nähere Beschreibung kann hier nicht erfolgen. Die Erweiterung von Ant durch eigene Programmierung ist nicht Thema dieses Buches.

9 Bedingungen auswerten

Die `if`- und `unless`-Attribute im `<target>`-Tag sind in Ant-Dateien die einzige Möglichkeit, eine bedingte Abarbeitung von Targets und damit eine Ablaufsteuerung zu implementieren. Damit, zumindest in bescheidenem Umfang, die Ausführung einer Build-Datei vom aktuellen Zustand der Anwendung und der Umgebung beeinflusst werden kann, gestatten einige Tags das Setzen von Properties in Abhängigkeit von diversen Bedingungen.

Neben einigen speziellen Tags, die stets nur eine einzige elementare Bedingung prüfen, existiert inzwischen auch ein allgemein gehaltenes Tag `<condition>`, mit dem mehrere Bedingungen ausgewertet und deren Ergebnis logisch verknüpft werden kann. Da die eigenständigen Tags zur Bedingungsprüfung auch innerhalb des `<condition>`-Tags benutzt werden können, sollen hier alle Kommandos im Zusammenhang beschrieben werden.

Das `<condition>`-Tag stellt lediglich die äußere Hülle für weitere Tags dar, die für die eigentliche Definition der Bedingungen zuständig sind. Innerhalb des `<condition>`-Tags existiert genau ein eingebettetes Tag, das eine Prüfung durchführt. Dieses Tag kann aber weitere Sub-Tags enthalten, was den Aufbau komplexer Prüfungen ermöglicht.

Im `<condition>`-Tag wird mit dem Attribut `property` festgelegt, welches Property zu erzeugen ist, wenn die Auswertung der eingebetteten Bedingungen den Wert `true` ergibt. Das zweite, allerdings optionale Attribut `value` ermöglicht es, den Default-Wert für das anzulegende Property zu überschreiben. Es ist allerdings nicht möglich, das Property zu erzeugen und auf einen alternativen Wert zu setzen (z.B. auf `false`), wenn die Bedingung nicht erfüllt ist. Tabelle 9.1 zeigt die Übersicht über die Syntax des `<condition>`-Tags.

Attribut	Beschreibung	Default	Erforderlich
`property`	Der Name des zu erstellenden Propertys		Ja
`value`	Der Wert, auf den das Property gesetzt werden soll	`true`	Nein

Tabelle 9.1 Attribute des `<condition>`-Tags

Innerhalb des `<codition>`-Tags werden die einzelnen Prüfungen durch eingebettete Tags ausgeführt. Jedes dieser Tags weist eine andere Syntax auf, sodass für jedes Tag eine separate Beschreibung erforderlich wird. Zunächst zeigt Tabelle 9.2 eine Übersicht über die verfügbaren Prüfungen.

Einige der aufgeführten Prüfungen können auch durch eigenständige Tags ausgeführt werden.

Tag	Beschreibung
available	Prüft die Verfügbarkeit einer Ressource (Datei, Verzeichnis, Klasse, ...).
checksum	Prüft die Korrektheit einer Datei anhand einer Prüfsumme.
contains	Stellt fest, ob eine Zeichenkette in einer anderen enthalten ist.
equals	Prüft, ob zwei Zeichenketten identisch sind.
filesmatch	Führt einen byteweisen Vergleich zweier Dateien durch.
http	Ermittelt die Verfügbarkeit einer Ressource, auf die mit einer HTTP-Verbindung zugegriffen werden muss.
isfalse	Ermittelt, ob eine Zeichenkette dem Wert für false entspricht.
isset	Stellt fest, ob ein Property existiert oder nicht.
istrue	Ermittelt, ob eine Zeichenkette dem Wert für true entspricht.
os	Überprüft, ob das aktuelle Betriebssystem einem vorgegebenen Typ entspricht.
socket	Überprüft, ob einem vorgegebenen Port eines Servers ein TCP/IP-Listener existiert.
uptodate	Stellt fest, ob eine oder mehrere Dateien veraltet sind.

Tabelle 9.2 Verfügbare Prüf-Tags für <condition>

9.1 Verfügbarkeit von Ressourcen prüfen

Das <available>-Tag prüft, ob ausgewählte Ressourcen (Dateien, Klassen oder Ressourcen) verfügbar sind. Dieses Tag existiert in zwei Varianten, einmal als eigenständiges Tag, zum anderen als eingebettetes Tag innerhalb des <condition>-Tags. Die syntaktischen und funktionalen Unterschiede zwischen beiden Varianten bestehen lediglich darin, dass im eigenständigen Tag die zwei Attribute property und value existieren, mit denen bei erfolgreicher Prüfung ein Property gesetzt werden kann. Die eingebettete Variante kennt diese beiden Attribute nicht, da diese bereits im <condition>-Tag verwendet werden.

Je nachdem, ob Dateien, Klassen oder Ressourcen gesucht werden, müssen unterschiedliche Attribute in speziellen Kombinationen verwendet werden. Zur Suche nach einer Klasse benötigt das Tag als Erstes natürlich den Namen der zu suchenden Klasse. Diese wird im Attribut classname übergeben. Sie müssen den vollständigen Klassennamen, also einschließlich der Package-Namen verwenden. Standardmäßig wird im aktuellen Classpath gesucht. Gefunden werden sowohl Class-Dateien, die als eigenständige Dateien im Dateisystem liegen als auch solche in Archiven (z. B. Zip- oder Jar-Dateien). Soll in zusätzlichen Pfaden gesucht werden, so kann der zu verwendende Classpath mit dem Attribut classpath oder classpathref gesetzt werden. Außerdem ist der Einsatz eines eingebetteten `<classpath>`-Tags innerhalb des `<available>`-Tags möglich. Die Berücksichtigung des aktuellen Classpath, der bereits beim Aufruf von Ant gesetzt war, erreichen Sie durch:

```
ignoresystemclasses="true"
```

Eine Java-Anwendung besteht nicht nur aus Klassen, sondern auch aus zusätzlichen Ressourcen. Als Ressourcen im Sinne des `<available>`-Tags können alle Dateien angesehen werden, deren Name nicht auf ».class« endet. Dazu gehören Property-Dateien, Grafiken und Ähnliches. Da auch diese Dateien in einem Archiv liegen können, führt eine einfache Dateisuche nicht immer zum Ziel. Mit einem ähnlichen Mechanismus wie Klassen können daher auch Ressourcen gesucht werden. Im Unterschied zur Klassen-Suche wird der Name der zu suchenden Ressource im Attribut `resource` übergeben. Falls sich die Ressource in einem Unterverzeichnis befindet, muss der komplette Pfad angegeben werden. Dazu wird die übliche Pfad-Schreibweise benutzt. Untersucht werden – wie bei der Klassen-Suche – die Verzeichnisse und Archive, die mit dem Classpath festgelegt wurden.

Zu guter Letzt ist auch die Suche nach einfachen Dateien oder Verzeichnissen möglich. Hier kommen die Attribute `file` und `filepath` zum Einsatz. Mit `file` legen Sie den Namen der zu suchenden Datei oder des Verzeichnisses fest, `filepath` hingegen bestimmt die Verzeichnisse, in denen gesucht wird. Anstelle des Attributs `filepath` kann auch das eingebettete Tag `<filepath>` benutzt werden. Dieses Tag ermöglicht die freizügigere Definition des Pfades einschließlich der Angabe von Suchmustern. Eine nähere Beschreibung des `<filepath>`-Tags finden Sie in Abschnitt 6.3 über Datei- und Pfadlisten.

Bei der Suche nach Dateien können Sie mit dem optionalen Attribut `type` festlegen, ob entweder nur Dateien oder nur Verzeichnisse gesucht werden sollen. Ohne dieses Attribut akzeptiert `<available>` beide.

Tabelle 9.3 zeigt eine Übersicht über die Attribute des `<available>`-Tags. Als eingebettete Tags akzeptiert es, wie oben erwähnt, das `<classpath>`- und das `<filepath>`-Tag.

Das folgende Beispiel demonstriert den Einsatz des `<available>`-Tags innerhalb des `<condition>`-Tags. Sie können dieses Beispiel an Ihrem Rechner nachvollziehen, wenn Sie innerhalb Ihres Beispiel-Verzeichnisses ein Unterverzeichnis `ExtClasses` anlegen und die Datei `xercesImpl.jar` in dieses Verzeichnis kopieren. Sie können auch eine andere Datei benutzen, müssen dann aber die Suchbegriffe anpassen. Die erwähnte Datei ist im Lib-Verzeichnis der Ant-Installation zu finden. Im Beispiel-Verzeichnis der CD existiert das Unterverzeichnis mit der entsprechenden Datei ebenfalls.

Attribut	Beschreibung	Default	Erforderlich
classname	Die Klasse, deren Existenz geprüft werden soll		classname, file oder ressource
file	Die Datei, deren Existenz geprüft werden soll		
resource	Die JVM-Ressource, deren Verfügbarkeit geprüft werden soll		
classpath	Der Classpath, in dem classname oder resource gesucht werden		Nein
classpathref	Referenz auf einen Classpath		Nein
filepath	Der Pfad, in dem nach einer Datei gesucht werden soll		Nein
type	Typ für Dateisuche (dir oder file). Wenn nicht angegeben, wird nach beidem gesucht.		Nein
ignoresystemclasses	Ant-Runtime-Klassen ignorieren. Nur wirksam in Verbindung mit classname.	false	Nein

Tabelle 9.3 Attribute des <available>-Sub-Tags

```
<project name="bsp0901" default="main" basedir=".">
  <path id="cp">
    <pathelement location="./ExtClasses/xercesImpl.jar"/>
  </path>

  <target name="main">
    <condition property="a">
      <available file="xercesImpl.jar"
                 filepath="./ExtClasses"/>
    </condition>
    <echo message="Datei: ${a}"/>

    <condition property="b">
      <available file="xercesImpl.jar">
        <filepath>
          <fileset dir="."
                   includes="**"/>
        </filepath>
      </available>
    </condition>
    <echo message="Datei mit Pfad-Muster: ${b}"/>

    <condition property="c">
      <available classname="org.w3c.dom.ls.ParseErrorEvent"
                 ignoresystemclasses="true"
                 classpathref="cp" />
```

```
    </condition>
    <echo message="Klasse: ${c}"/>

    <condition property="d">
       <available ignoresystemclasses="true"
 resource="org/apache/html/dom/CollectionIndex.class" >
         <classpath>
           <pathelement
              location="./ExtClasses/xercesImpl.jar"/>
         </classpath>
       </available>
    </condition>
    <echo message="Ressource: ${d}"/>
  </target>
</project>
```

Die Beispiel-Datei enthält vier <condition>-Tags, die jeweils ein <available>-Tag enthalten. Die vom <condition>-Tag erzeugten Properties werden, ergänzt durch eine kurze Information, auf der Konsole ausgegeben.

Das erste Tag prüft die Existenz einer Datei. Dabei kommt die einfachste Form des <available>-Tags zum Einsatz. Der Name der zu suchenden Datei steht im Attribut file, das Attribut filepath nimmt die Pfadangabe auf.

Das folgende Tag sucht nach derselben Datei, benutzt aber ein eingebettetes <filepath>-Tag. Dieses ermöglicht es, mit einem weiteren Sub-Tag (<fileset>) ein Suchmuster für den Pfadnamen anzugeben. Durchsucht werden nun alle Unterverzeichnisse des aktuellen Verzeichnisses.

Die beiden anderen Tags suchen nach einer Klasse bzw. einer Ressource in der bisher benutzten Datei. Diese wird daher in den Classpath aufgenommen. Zur Demonstration wird dieser einmal per Referenz und beim anderen Tag per eingebettetem <classpath>-Tag festgelegt. Beachten Sie bei den beiden letzten <condition>-Tags die unterschiedliche Schreibweise der zu suchenden Objekte. Die Bestandteile des Klassennamens werden durch Punkte, die der Ressource allerdings durch den üblichen Verzeichnis-Separator voneinander getrennt.

9.2 Checksumme prüfen

Auch das <checksum>-Tag kann sowohl als eigenständiges Tag als auch als Sub-Tag innerhalb der Bedingungsprüfung benutzt werden. Sein Einsatz als separates Tag wurde bereits in Abschnitt 7.6 beschrieben. Wenn dieses Tag als Sub-Tag benutzt wird, führt es nur noch die Prüfung einer Datei aus, generiert aber keine neuen Prüfsummendateien. Auch beim Einsatz als Sub-Tag können alle Attribute benutzt werden, ohne dass ein Syntax-Fehler entsteht. Allerdings werden sie stillschweigend ignoriert. Insbesondere betrifft dies natürlich das Attribut verifyproperty.

9.3 Zeichenketten finden

Mit dem Tag <contains> können Sie prüfen, ob eine Zeichenkette in einer anderen enthalten ist. Dazu verfügt dieses Tag über zwei Pflicht-Attribute string und substring, in denen die zu untersuchende Zeichenkette und der zu suchende Teil abgelegt werden. Das optionale Attribut casesensitive steuert die Vergleichsergebnisse bezüglich Groß-/Kleinschreibung. Ein Beispiel finden Sie im nächsten Abschnitt. Die Übersicht über die Attribute zeigt Tabelle 9.4.

Attribut	Beschreibung	Default	Erforderlich
string	Die zu untersuchende Zeichenkette		Ja
substring	Die zu suchende Zeichenkette		Ja
casesensitive	Groß-/Kleinschreibung berücksichtigen	true	Nein

Tabelle 9.4 Attribute des <contains>-Tags

9.4 Zeichenketten vergleichen

Das <equals>-Tag vergleicht zwei Zeichenketten miteinander. Es liefert als Ergebnis nur dann true zurück, wenn beide Zeichenketten identisch sind. Dabei kann dieses Tag wahlweise die Groß-/Kleinschreibung berücksichtigen oder ignorieren sowie Leerzeichen am Beginn und Ende der zu vergleichenden Zeichenketten entfernen. Tabelle 9.5 zeigt die verfügbaren Attribute.

Attribut	Beschreibung	Default	Erforderlich
arg1	Der erste Zeichenkette		Ja
arg2	Die zweite Zeichenkette		Ja
casesensitive	Groß-/Kleinschreibung berücksichtigen?	true	Nein
trim	Leerzeichen am Beginn und Ende ignorieren?	false	Nein

Tabelle 9.5 Attribute des <equals>-Tags

Die folgende, nicht näher beschriebene Build-Datei stellt einige Beispiele für das <contains>- und das <equals>-Tag vor. Gleichzeitig wird eine Möglichkeit vorgestellt, die Properties unabhängig vom konkreten Ausgang der Bedingungsprüfung mit einem konkreten Wert zu füllen. Das Verfahren funktioniert allerdings nur, wenn die beteiligten Tags über die depends-Attribute verknüpft sind und nicht mit <ant> oder <antcall> aufgerufen werden.

9.4 Zeichenketten vergleichen

```xml
<project name="bsp0902" default="main" basedir=".">
  <target name="main" depends="check">
    <echo message="Datei: ${a}"/>
    <echo message="Datei: ${b}"/>
    <echo message="Datei: ${c}"/>
    <echo message="Datei: ${d}"/>
    <echo message="Datei: ${e}"/>
    <echo message="Datei: ${f}"/>
  </target>

  <target name="check">
    <condition property="a"
               value="'abc123' enthaelt 'c1'">
      <contains string="abc123" substring="c1"/>
    </condition>

    <condition property="b"
               value="'abc123' enthaelt 'BC'">
      <contains string="abc123" substring="BC"/>
    </condition>

    <condition property="c"
      value="'abc123' enthaelt 'BC', wenn casesensitive = false">
      <contains string="abc123" substring="BC"
                casesensitive="false"/>
    </condition>

    <condition property="d"
      value="'abc123' = 'ABC123', wenn casesensitive = false">
      <equals arg1="abc123" arg2="ABC123"
              casesensitive="false" />
    </condition>

    <condition property="e"
      value="'abc123' = ' abc123 '">
      <equals arg1="abc123" arg2=" abc123 "/>
    </condition>

    <condition property="f"
      value="'abc123' = ' abc123 ' bei trim = true">
      <equals arg1="abc123" arg2="  abc123  "
              trim="true"/>
    </condition>

    <property name="a" value="'abc123' enthaelt 'c1' nicht"/>
    <property name="b" value="'abc123' enthaelt 'BC' nicht"/>
    <property name="c" value="'abc123' enthaelt 'BC' nicht"/>
    <property name="d" value="'abc123' ungleich 'ABC123'"/>
    <property name="e" value="'abc123' ungleich ' abc123 '"/>
```

```
    <property name="f" value="'abc123' ungleich ' abc123 '"/>
  </target>
</project>
```

9.5 Vergleich von Dateiinhalten

Das Tag `<filesmatch>` dient zum Vergleich zweier Dateien. Diese werden byteweise verglichen, sodass der Test bei großen Dateien unter Umständen länger dauert. Das Kommando kennt lediglich die beiden Pflicht-Attribute `file1` und `file2`, in denen die Namen der beiden zu vergleichenden Dateien notiert werden.

9.6 Verfügbarkeit von HTTP-Ressourcen überprüfen

Mit dim Prüf-Kommando `<http>` können Sie die Verfügbarkeit einer HTTP-Ressource testen. Das Get-Kommando ermöglicht Ihnen, eine Datei per HTTP-Verbindung zu lesen. Treten dabei Fehler auf, führt das möglicherweise zu einem Build-Fehler. Mit dem `<http>`-Tag können Sie nun erst prüfen, ob die zu benutzende URL einen korrekten Zugriff ermöglicht, und im Fehlerfall gegebenenfalls zu Alternativen verzweigen.

Das `<http>`-Tag kennt nur die beiden in Tabelle 9.6 aufgeführten Attribute.

Attribut	Beschreibung	Default	Erforderlich
url	Die zu prüfende URL		Ja
errorsbeginat	Der niedrigste Status-Code des Web-Servers, der als Fehler erkannt werden soll	400	Nein

Tabelle 9.6 Attribute für das `<http>`-Tag

Ein Webserver liefert auf jeden Request einen Status-Code zurück, der Auskunft über das Ergebnis liefert. Das `<http>`-Tag vergleicht diesen Wert mit dem Inhalt des Attributs `errorsbeginat` oder dem Default-Wert 400. Liegt der vom Webserver gelieferte Status-Code unter dem Vergleichswert, gilt der Zugriff als erfolgreich.

9.7 Existenz von Properties prüfen

Das Tag `<isset>` überprüft, ob ein Property gesetzt ist oder nicht. Es kennt nur ein einziges Attribut `property`, über das der Name des zu prüfenden Propertys übergeben werden muss.

9.8 Flags prüfen

Die beiden Tags <istrue> und <isfalse> ermöglichen die Prüfung, ob eine Zeichenkette dem Wert für true oder false entspricht. Bei der Zeichenkette wird es sich immer um den Inhalt eines Propertys handeln, da Ant keine andere Möglichkeit bietet, Werte dynamisch einzufügen.

Ant wertet mehrere unterschiedliche Zeichenketten als Äquivalent für wahr und falsch. So werden die Strings »true«, »yes« und »on« als Synonym für wahr und »false«, »no« und »off« als Symbol für falsch ausgewertet. Diese Zeichenketten sind synonym. Sie können übrigens auch bei der Wertezuweisung zu Attributen verwendet werden.

9.9 Aktuelles Betriebssystem auswerten

Das <os>-Tag ermöglicht es Ihnen festzustellen, unter welchem Betriebssystem Ant gerade arbeitet. Ant selbst kann zwar völlig unabhängig vom Betriebssystem laufen, mitunter müssen aber Systemkommandos aufgerufen werden, um andere Programme zu starten. Auch die Anpassung einiger zu kopierender Dateien in Abhängigkeit vom Betriebssystem ist denkbar.

Ant erwartet im <os>-Tag bis zu vier Attribute. Deren Namen sowie die möglichen Wertevorräte entnehmen Sie bitte Tabelle 9.7. Für jedes verwendete Attribut testet Ant, ob dessen Wert zum aktuellen Betriebssystem passt. Es wird nur true zurückgegeben, wenn die Auswertung aller Attribute erfolgreich verläuft. Durch Variation der Zahl der benutzten Attribute können Sie die Prüfung somit unterschiedlich fein gestalten.

Attribute	Beschreibung	Erforderlich
family	Name der OS-Familie (windows, dos, mac, unix, netware, os/2, win9x, z/os)	Nein
name	Name des konkreten OS	Nein
arch	Architektur	Nein
version	Version	Nein

Tabelle 9.7 Attribute des <os>-Tags

Eine vorgegebene Wertemenge existiert nur für das Attribut family. Alle anderen Werte müssen bekannt sein. Allerdings dürfte in praktischen Anwendungen nur selten Bedarf bestehen, exakter als nur nach der Betriebssystemfamilie zu unterscheiden. Einige Umgebungsvariablen des Systems liefern dabei einen Anhaltspunkt. Das folgende Beispiel stellt einen Satz gültiger Werte vor:

```
<condition property="o">
  <os family="Windows"
      name="Windows NT"
      version="4.0"
      arch="x86" />
</condition>
```

9.10 Socket-Verbindung prüfen

Mit dem `<socket>`-Tag können Sie die Existenz eines TCP/IP-Listeners an einem bestimmten Port eines ausgewählten Servers prüfen. Dazu müssen Sie das Attribut `server` mit dem Namen oder der IP-Adresse des Servers sowie das Attribut `port` mit der Nummer des zu prüfenden Ports belegen.

9.11 Aktualität von Dateien prüfen

Das `<uptodate>`-Tag gehört zu den Kommandos, die sowohl innerhalb von `<condition>` als eingebettetes Tag als auch als völlig eigenständiges Kommando existieren können. Das Tag prüft, ob eine oder mehrere Zieldateien aktuell sind. Eine Datei gilt dann als aktuell (und somit als uptodate), wenn sie jünger als die Quelldatei ist.

Je nach Verwendung als eigenständiges Kommando oder als Sub-Tag können einige der in Tabelle 9.8 aufgeführten Attribute nicht sinnvoll eingesetzt werden. So werden die Attribute `property` und `value` nur wirksam, wenn `<uptodate>` nicht als Sub-Tag verwendet wird. Diese Attribute definieren das Property, das im Erfolgsfall angelegt wird, sowie den gegebenenfalls im Property abzulegenden Wert.

Die Definition der beiden beteiligten Dateien ist von der Form des Einsatzes unabhängig. Dabei existieren zwei Möglichkeiten: Sie können Quell- und Zieldatei zunächst mit den Attributen `srcfile` und `targetfile` benennen. Sie können aber für die Angabe der Quelldateien auch ein eingebettetes Tag benutzen. Dieses hat hier den Namen `<srcfiles>`, entspricht aber vollständig dem `<fileset>`-Tag. Die Namen der Zieldateien können Sie auch mit Hilfe eines Mappers (siehe Abschnitt 6.4) bilden. Sie können sogar beide Varianten mischen. Es ist durchaus möglich, die Menge der Quelldateien über ein eingebettetes `<srcfiles>`-Tag zu bestimmen, diese aber gegen eine einzige Zieldatei zu testen, die mit dem `targetfile`-Attribut festgelegt wird. Das kann dann Sinn machen, wenn es sich bei der Zieldatei um ein Archiv handelt, in das mehrere Quelldateien verpackt werden. Das Archiv muss immer dann aktualisiert werden, wenn mindestens eine der Quelldateien jünger als das Archiv ist.

9.11 Aktualität von Dateien prüfen

Attribut	Beschreibung	Erforderlich
property	Der Name des zu erzeugenden Propertys	Beim Einsatz als eigenständiges Tag: Ja
value	Der Wert, der dem Property zugewiesen werden soll	Nein
srcfile	Die Quelldatei	Ja, falls kein eingebettetes `<srcfiles>`-Tag benutzt wird
targetfile	Die Zieldatei, deren Aktualität geprüft werden soll	Ja, falls kein Mapper benutzt wird

Tabelle 9.8 Attribute des `<uptodate>`-Tags

Einige Beispiele sollen die Verwendung des `<uptodate>`-Tags näher erläutern. Das erste Beispiel wertet lediglich zwei exakt benannte Dateien aus. Diese werden über die dafür vorgesehenen Attribute des `<uptodate>`-Tags bestimmt:

```
<condition property="a">
  <uptodate srcfile    = "beispiel.java"
            targetfile = "beispiel.class"/>
</condition>
```

Im zweiten Beispiel findet der Vergleich mehrerer Quelldateien gegen eine Zieldatei statt. Die Menge aller XML-Dateien eines Verzeichnisbaums bildet das Vergleichskriterium für eine Zip-Datei. Die Zip-Datei kann im `targetfile`-Attribut des Tags definiert werden, während für die Auswahl der Quelldateien das eingebettete `<srcfiles>`-Tag benutzt werden muss:

```
<condition property="b">
  <uptodate targetfile="examples.zip">
    <srcfiles dir=".">
      <include name="**/*.xml"/>
    </srcfiles>
  </uptodate>
</condition>
```

Den Einsatz eines Mappers illustriert das letzte Beispiel. Hier soll geprüft werden, ob alle Klassen im Unterverzeichnis `classes` aktuell sind oder ob mindestens eine der Java-Dateien seit Erstellung der zugehörigen Klasse modifiziert wurde:

```
<condition property="c">
  <uptodate>

    <srcfiles dir=".">
      <include name="src/**/*.java"/>
    </srcfiles>
```

```
    <mapper type="glob"
            from="src*.java"
            to="classes*.class"/>
  </uptodate>
</condition>
```

Um einen möglichst einfachen Mapper einsetzen zu können, muss das `dir`-Attribut im `<srcfiles>`-Tag auf ein Verzeichnis zeigen, in dem sowohl das Quellverzeichnis für die Java-Dateien als auch das `classes`-Verzeichnis liegt.

9.12 Logische Operatoren

Die bisher beschriebenen Sub-Tags werten elementare Bedingungen aus. Innerhalb des `<condition>`-Tags darf genau ein Tag dieser Art existieren. Weitere Tags erlauben es aber, diese Bedingungen in logischen Ausdrücken zu kombinieren und so komplexe Anweisungen zu schaffen. Die Tags `<and>` und `<or>` akzeptieren eine beliebige Anzahl aller verfügbaren Prüf-Tags, deren Ergebnis dann UND- bzw. ODER-verknüpft wird. Außerdem kann mit dem Tag `<not>` das Ergebnis genau eines Prüf-Tags invertiert werden. Der folgende Ausschnitt aus einem Listing demonstriert die Verwendung der logischen Operatoren:

```
<condition property="a">
  <and>
    <isset property="p1"/>
    <contains string="${p2}" substring="23"/>
    <not>
      <isset property="p3"/>
    </not>
  </and>
</condition>
```

10 Kommunikation

Ant kommuniziert zur Laufzeit mit dem Anwender. Das geschieht einmal dadurch, dass Ant eine Reihe von Statusinformationen auf der Konsole ausgibt. Andererseits kann Ant während der Laufzeit Eingaben vom Anwender anfordern. Die diversen Verfahren sind sehr pragmatisch, was einen verallgemeinernden Überblick leider etwas erschwert.

Die von Ant initiierte Kommunikation kann in mehrere Bereiche aufgeteilt werden. Zunächst erzeugt Ant automatisch Log-Ausgaben auf der Konsole. Diese Log-Ausgaben können durch Kommandos innerhalb der Build-Dateien nicht beeinflusst werden. Allerdings existiert die Möglichkeit, so genannte *Listener* und *Logger* zu aktivieren, die für eine zusätzliche Behandlung der Log-Informationen sorgen, z.B. für das Ablegen in einer Datei oder das Versenden per Mail. Der standardmäßig benutzte Listener schreibt die Ausgaben auf die Konsole.

Die zweite Kommunikationsmethode benutzt ausgewählte Kommandos, um innerhalb einer Build-Datei gezielt zusätzliche Ausgaben zu erzeugen. Die so erzeugten Ausgaben erscheinen im Log-Datenstrom, werden also auch von den Listenern und Loggern verarbeitet.

Eine dritte Möglichkeit besteht darin, innerhalb einer Build-Datei die erzeugten Log-Ausgabe mitzuschneiden und in eine innerhalb des Scriptes festgelegte Datei zu schreiben. Diese Möglichkeit besteht parallel zum Einsatz von Loggern und Listenern und ist unabhängig von diesen. Allerdings wird derselbe Datenstrom benutzt.

Zu guter Letzt kann Ant auch Eingaben vom Benutzer anfordern. Auch hier ist es möglich, durch unterschiedliche Input-Handler wahlweise von der Konsole oder aus einer Datei zu lesen. Dies bietet Ihnen die Möglichkeit, eine Build-Datei entweder interaktiv abzuarbeiten oder aber, ohne die Build-Datei ändern zu müssen, Eingabewerte über eine Datei bereitzustellen.

Dieser Abschnitt weicht in seiner Struktur etwas von den eben erwähnten Punkten ab. Zunächst werden die Kommandos beschrieben, die zur Generierung von Ausgaben benutzt werden können. Es schließt sich die Beschreibung des Eingabe-Kommandos an. Den Abschluss bilden Hinweise zur Verwendung alternativer Logger und Input-Handler.

10.1 Ausgaben auf die Konsole

Das `<echo>`-Kommando ermöglicht die Ausgabe von Text auf der Konsole bzw. in eine Datei. Dabei ist die explizite Dateiausgabe unabhängig von eventuellen Output-Handlern, kann also nicht ohne weiteres umgeleitet werden.

Die auszugebende Nachricht wird entweder im Attribut message oder zwischen den beiden <echo>-Tags notiert. Die letzte Variante gestattet die Ausgabe beliebig langer Texte, die auch Zeilenvorschübe enthalten können. Die Syntax des Kommandos erlaubt auch die gleichzeitige Verwendung beider Varianten.

Bei der Notation des Textes innerhalb des Textkörpers des Kommandos müssen Sie berücksichtigen, dass ein eventueller Zeilenvorschub nach dem öffnenden <echo>-Tag ausgegeben wird, obwohl das den XML-Konventionen widerspricht:

```
<project name="bsp1001" default="main" basedir=".">
  <target name="main">
    <echo message="Echo-Beispiele"/>
    <echo>Mehrzeiliger Text,
keine Leerzeile am Beginn.</echo>
    <echo>
Eigentlich nur eine Zeile, aber mit Zeilenvorschub am
Beginn</echo>
  </target>
</project>
```

Die drei Kommandos erzeugen folgende Ausgabe:

```
[echo] Echo-Beispiele
[echo] Mehrzeiliger Text,
[echo] keine Leerzeile am Beginn.
[echo]
[echo] Eigentlich nur eine Zeile, aber mit Zeilenvorschub am
Beginn
```

Selbstverständlich findet eine Property-Ersetzung statt, sodass Sie mit dem <echo>-Tag auch den Inhalt von Properties ausgeben können.

Zur Umleitung der Ausgabe in eine Datei müssen Sie den Dateinamen (bei Bedarf mit Pfadangabe) im Attribut file eintragen. Der Wert des optionalen Attributs append bestimmt dann, ob eine bereits existierende Datei überschrieben wird oder ob der Text in diesem Fall an das Ende der Datei angefügt wird. Tabelle 10.1 zeigt die Übersicht über alle Attribute des Kommandos.

Attribut	Beschreibung	Default	Erforderlich
message	Der auszugebende Text		Nein
file	Datei, in die die Ausgabe erfolgen soll.		Nein
append	Text an Datei anfügen?	false	Nein
level	Text wird nur ausgegeben, wenn Ant mindestens im angegebenen Modus läuft. Mögliche Werte sind error, warning, info, verbose und debug	warning	Nein

Tabelle 10.1 Attribute des <echo>-Kommandos

Interessant für das Debugging und die Entwicklungsunterstützung ist die Wirkung des Attributs `level`. Ant kann, gesteuert durch einige Optionen in der Kommandozeile, unterschiedlich umfangreiche Ausgaben erzeugen. Mit dem Wert von `level` legen Sie fest, welche `<echo>`-Ausgaben bei welcher Ausgabevariante erscheinen. Erzeugen Sie zum Test dieses Attributs eine Build-Datei mit folgenden Kommandos:

```
<project name="bsp1002" default="main" basedir=".">
  <target name="main">
    <echo message="error" level="error"/>
    <echo message="debug" level="debug"/>
    <echo message="info" level="info"/>
    <echo message="verbose" level="verbose"/>
    <echo message="warning" level="warning"/>
  </target>
</project>
```

Führen Sie diese Datei nacheinander mit unterschiedlichen Optionen aus:

```
Ant -f bsp1002.xml -quiet
Ant -f bsp1002.xml
Ant -f bsp1002.xml -verbose
Ant -f bsp1002.xml -debug
```

Bei jedem Aufruf erscheinen mehr Ausgaben. Tabelle 10.2 zeigt nochmals den Zusammenhang zwischen Kommandozeilenoptionen und dem Wert von `level`.

Kommandozeile	error	warning	info	verbose	debug
-quiet	X	X			
Keine Angabe	X	X	X		
-verbose	X	X	X	X	
-debug	X	X	X	X	X

Tabelle 10.2 Wirkung der unterschiedlichen level-Angaben

10.2 Ausgeben von Datei-Inhalten auf der Konsole

Für die Ausgabe von Hilfe-Texten oder zur Überprüfung der Arbeitsweise von Build-Dateien kann es wünschenswert sein, den Inhalt von Dateien auf der Konsole auszugeben. Dies ist mit Hilfe des `<concat>`-Kommandos möglich. Dieses Kommando kann aber auch dazu benutzt werden, mehrere Dateien miteinander zu verknüpfen. Sie finden daher im Abschnitt über die Modifikation von Textdateien eine etwas ausführlichere Beschreibung. An dieser Stelle soll nur die Ausgabe auf der Konsole beschrieben werden.

Sie benutzen dazu das Kommando `<concat>` ohne Attribute. Die auszugebende(n) Datei(en) müssen mit eingebetteten `<fileset>`- oder `<filelist>`-Tags spezifiziert werden. Da diese Kommandos relativ zu einem immer anzugebenden Wurzelverzeichnis arbeiten, müssen vorher gegebenenfalls vollständige Dateinamen in eine Pfadangabe und den Dateinamen aufgespaltet werden.

Das folgende einfache Beispiel gibt den Text der aktuellen Build-Datei auf der Konsole aus. Dabei wird der Einsatz des `<basename>`-Tags notwendig, um den Dateinamen der aktuellen Build-Datei zu erhalten. Das System-Property `build.name` enthält den kompletten Pfad und nicht nur den eigentlichen Dateinamen.

```xml
<project name="bsp1003" default="main" basedir=".">
  <target name="main">
    <basename file="${ant.file}" property="this.name"/>
    <concat>
      <fileset dir="." includes="${this.name}"/>
    </concat>
  </target>
</project>
```

Auf ähnliche Weise ist es möglich, den Inhalt aller XML-Dateien eines Verzeichnisses aufzulisten:

```xml
<project name="bsp1004" default="main" basedir=".">
  <target name="main">
    <concat>
      <fileset dir="."
               includes="*.xml"
               casesensitive="false"/>
    </concat>
  </target>
</project>
```

10.3 Ausgabe in Log-Dateien

Das Kommando `<record>` ermöglicht es, die Log-Ausgaben für ausgewählte Kommandos gezielt in einer Datei aufzuzeichnen. Der Name der Datei wird dem Kommando über das Attribut `name` mitgeteilt. Dieser Name ist zugleich der Identifikator für den Recorder. Der Aufruf des Kommandos `<record>` mit dem Attribut

```
action="start"
```

startet die Umleitung aller nun folgenden Log-Ausgaben in eine Datei. Durch den Aufruf von `<record>` mit

```
action="stop"
```

10.3 Ausgabe in Log-Dateien

wird die Aufzeichnung wieder beendet. Parallel zur Aufzeichnung in einer Datei erfolgen weiterhin die Ausgaben auf der Konsole. Wie Tabelle 10.3 zeigt, verfügt das Kommando über einige weitere Attribute.

Attribut	Beschreibung	Default	Erforderlich
name	Name der Datei zur Ablage der Log-Informationen		Ja
action	Aufzeichnung starten oder stoppen? Die möglichen Werte sind start und stop.		Nein
append	Anfügen, wenn Log-Datei schon existiert?	yes	Nein
emacsmode	Task-Namen aus Log-Ausgaben entfernen?	false	Nein
loglevel	Ab welchem Log-Level aufzeichnen? Mögliche Werte sind error, warn, info, verbose, debug.	warn	Nein

Tabelle 10.3 Attribute des Record-Kommandos

Falls der Recorder mehrmals gestartet und wieder gestoppt wird, steuert das Attribut append, ob die Ausgabedatei beim erneuten Start überschrieben wird oder der Recorder neue Ausgaben an das Ende der Datei anfügt.

Durch das Attribut

```
emacsmode="true"
```

können Sie die Task-Namen aus den Log-Ausgaben entfernen. Durch Zuweisen eines Wertes zum Attribut loglevel ist es möglich, die Ausgabe auf Log-Ausgaben zu begrenzen, die mindestens dem angegebenen Loglevel entsprechen.

Einige der Attribute, z. B. emacsmode und loglevel, können auch nach dem Start des Recorders nachträglich geändert werden. Dazu wird das <record>-Kommando erneut ausgeführt. Allerdings werden neben dem obligatorischen Attribut name nur die Attribute angegeben, deren Wert geändert werden soll. Nachfolgend ein Beispiel:

```
<project name="bsp1005" default="main" basedir=".">
   <target name="main">
   <record name="log.txt" action="start"/>
   <copy todir="backup" overwrite="true">
     <fileset dir="." includes="*.xml"/>
   </copy>

   <record name     ="log.txt"
           emacsmode="true"
           loglevel ="debug"/>
   <copy todir="backup" overwrite="true">
     <fileset dir="../Kapitel09" includes="*.xml"/>
```

```
    </copy>
    <record name="log.txt" action="stop"/>
  </target>
</project>
```

Innerhalb der Ant-Datei existieren zwei `<copy>`-Kommandos. Die `overwrite`-Attribute in den beiden `<copy>`-Tags stellen sicher, dass auf jeden Fall etwas kopiert wird. Diese Tags werden hier der Einfachheit halber benutzt, um einige Log-Ausgaben zu erzeugen. Diese Ausgaben werden durch einen Recorder in der Datei `log.txt` aufgezeichnet. Der Recorder wird zunächst durch das Kommando

```
<record name="log.txt" action="start"/>
```

erzeugt und gestartet. Nach dem ersten `<copy>`-Kommando soll die Einstellung der beiden Attribute `emacsmode` und `loglevel` geändert werden. Dies erfolgt mit dem Kommando:

```
<record name="log.txt" emacsmode="true" loglevel="debug"/>
```

Der Name des Recorders (identisch mit dem Namen der Log-Datei) muss auf jeden Fall angegeben werden. Danach werden die zu ändernden Attribute aufgeführt. Die Werte aller anderen Attribute bleiben unverändert. Der Recorder läuft also mit den neu gesetzten Eigenschaften weiter, bis er durch das Kommando

```
<record name="log.txt" action="stop"/>
```

gestoppt wird.

Das Setzen neuer Eigenschaften kann beliebig oft erfolgen. So könnte auch mit

```
<record name="log.txt" loglevel="info"/>
```

ein neuer Log-Level gesetzt werden, ohne dass dabei die Einstellung des `emacsmode` betroffen ist.

10.4 Build-Fehler erzeugen

Das Kommando `<fail>` löst einen Build-Fehler aus und bricht die Abarbeitung der Build-Dateien ab. Es kennt lediglich drei optionale Attribute (siehe Tabelle 10.4). Über das Attribut `message` kann ein informativer Text angegeben werden, der auf der Konsole erscheint. Als eines der wenigen Kommandos verarbeitet `<fail>` auch die beiden Attribute `if` und `unless`. Falls für das Attribut `if` ein Wert gesetzt ist, wird dieser als Name eines Propertys angesehen. Der Abbruch des Builds erfolgt nur, wenn ein solches Property existiert. Bei Benutzung des Attributs `unless` hingegen erfolgt der Abbruch nur dann, wenn das Property nicht existiert.

Beide Attribute können gemeinsam benutzt werden. In diesem Fall werden sie UND-verknüpft. Das bedeutet, dass der Build nur abgebrochen wird, wenn das bei if angegebene Property existiert und das unless-Property nicht existiert.

Attribut	Beschreibung	Erforderlich
message	Text zur Information des Anwenders	Nein
if	Abbruch nur, wenn das Property existiert	Nein
unless	Abbruch nur dann, wenn das Property nicht existiert	Nein

Tabelle 10.4 Attribute des <fail>-Tags

10.5 Lesen von der Konsole

Mit dem <input>-Tag kann eine Ant-Datei zur Laufzeit Werte von der Eingabe lesen. Denkbar ist beispielsweise die Verzweigung in unterschiedliche Abarbeitungszweige gemäß einer Benutzereingabe.

Das Kommando <input> kennt drei Attribute. Alle drei sind optional. In der Praxis ist es aber selten möglich, auf alle drei Attribute zu verzichten.

In der einfachsten denkbaren Form, also ohne Attribute, wartet das <input>-Tag nur auf die Betätigung der ⎡Enter⎤-Taste. Eine Information des Anwenders erfolgt dabei nicht. Das folgende Beispiel funktioniert zwar, ist aber in der Praxis nicht allzu hilfreich:

```
<project name="bsp1006" default="main" basedir=".">
  <target name="main">
    <input/>
  </target>
</project>
```

Nachteilig an dieser ersten Variante ist, dass der Anwender von Ant nicht darüber informiert wird, dass er reagieren soll und was er einzugeben hat. Mit dem Attribut message können Sie einen erläuternden Text ausgeben lassen. Sie können aber auch auf dieses Attribut verzichten und den Text zwischen dem öffnenden und dem schließenden <input>-Tag platzieren. Auf diese Weise könnten Sie sogar mehrzeilige Texte ausgeben. Auch dazu zwei einfache Beispiele:

```
<project name="bsp1007" default="main" basedir=".">
  <target name="main">
    <input message="Weiter mit &lt;ET&gt;"/>
    <input>Nochmal &lt;ET&gt; zum Fortsetzen</input>
  </target>
</project>
```

Wenn Ant einen Wert einlesen und weiterverarbeiten soll, so muss dieser in einem Property abgelegt werden. Dazu geben Sie mit dem Attribut addproperty den Namen des zu erzeugenden Propertys an. Das jeweilige Property darf bei Aufruf des <input>-Tags noch nicht existieren, da der Inhalt von Properties nachträglich nicht geändert werden kann. Auch hier ist es natürlich sinnvoll, einen erläuternden Text auszugeben.

```
<project name="bsp1008" default="main" basedir=".">
  <target name="main">
    <input addproperty="input.1"
           message="Beliebigen Text eingeben:"/>
    <echo message="${input.1}"/>
  </target>
</project>
```

Falls Sie die Eingaben später aus einer Property-Datei lesen möchten, dient der Wert des Attributs message als Key, nach dem in der Property-Datei gesucht wird.

Falls der einzutragende Wert einem vorgegebenen Wertevorrat entsprechen muss, kann dies vom <input>-Tag geprüft werden. Dazu müssen Sie im Attribut validargs die kommaseparierte Liste der zulässigen Werte eintragen. Ant zeigt zur Laufzeit diese Liste auf der Konsole an, um den Anwender über die zulässigen Werte zu informieren:

```
<project name="bsp1009" default="main" basedir=".">
  <target name="main">
    <input addproperty="input.2"
           message="Alte Klassen vorher löschen?"
           validargs="J,j,N,n"/>
    <echo message="${input.2}"/>
  </target>
</project>
```

Zum Abschluss zeigt Ihnen Tabelle 10.5 die verwendbaren Attribute des <input>-Tags.

Attribut	Beschreibung	Erforderlich
addproperty	Name des zu erstellenden Propertys	Nein
message	Hinweistext; wird auf der Konsole ausgegeben	Nein
validargs	Liste mit Werten, die als gültige Eingabe akzeptiert werden. Trennung der Werte durch Komma. Groß-/Kleinschreibung wird berücksichtigt.	Nein

Tabelle 10.5 Attribute des <input>-Tags

10.6 Mails verschicken

Es ist möglich, aus einer Build-Datei heraus Mails mit beliebigem Inhalt zu verschicken. Diese Möglichkeit darf nicht mit dem Verschicken der Log-Ausgaben per Mail (mit Hilfe des Mail Loggers) verwechselt werden. Das hier beschriebene `<mail>`-Tag ist ein Ant-Task wie alle anderen auch und funktioniert unabhängig von Umlenkungen der Ein- und Ausgabe.

Das `<mail>`-Tag verfügt über eine Reihe von Attributen, die in Tabelle 10.6 aufgelistet sind. Die Anwendung des Tags ist allerdings, trotz der Vielzahl der Attribute, komplikationslos.

Das `<mail>`-Kommando erwartet viele der bereitzustellenden Werte entweder in Attributen oder eingebetteten Tags. Es ist deshalb etwas schwierig zu überschauen, welche Attribute bzw. Tags benutzt werden müssen.

Unabdingbare technische Voraussetzung für das Versenden von Mails ist ein Mail-Server. Damit Ant diesen findet, müssen die Attribute `mailhost` und `mailport` mit korrekten Werten belegt werden. Die Default-Vorgaben sind meist nicht korrekt, sodass zumindest der Mail-Server immer angegeben werden muss.

Ein wesentlicher Bestandteil einer Mail ist die Absenderangabe. Diese kann durch das Attribut `from` oder das eingebettete `<from>`-Tag erfolgen. Das `<from>`-Tag nimmt den Absender im Attribut `name` auf. Da nur eine Absenderangabe benutzt werden kann, ist es meist übersichtlicher, diese im Attribut `from` zu notieren als das eingebettete Tag zu benutzen. Ganz egal wie – eine Mail muss eine Absenderangabe erhalten. Es ist empfehlenswert, eine gültige Mail-Adresse zu verwenden, damit eventuelle Fehler-Informationen des Mail-Servers nicht verloren gehen.

Ein weiteres unabdingbares Element einer Mail ist die Definition mindestens eines Empfängers. Das `<mail>`-Kommando kennt viele verschiedene Möglichkeiten, einen Empfänger zu definieren. Von diesen Varianten muss mindestens eine genutzt werden. Das Mail-Protokoll unterscheidet bekanntermaßen zwischen dem eigentlichen Empfänger, dem öffentlichen Mit-Empfänger einer Mail (cc) und dem verdeckten Mit-Empfänger einer Mail (bcc). Für alle drei Gruppen von Empfängern stehen Attribute bzw. Sub-Tags zur Verfügung. Die Sub-Tags (`<to>`, `<cc>` und `<bcc>`) verfügen über das Pflicht-Attribut `address`, um eine Empfängerangabe aufzunehmen. Innerhalb des `<mail>`-Tags können jeweils mehrere dieser Tags stehen. Dies ermöglicht die übersichtliche Notation mehrerer Empfänger.

Attribut	Beschreibung	Default	Erforderlich
`mailhost`	Host-Name des SMTP-Servers	`localhost`	Nein
`mailport`	TCP-Port des SMTP-Servers	`25`	Nein
`from`	E-Mail-Addresse des Absenders		Entweder Attribut oder eingebettetes `<from>`-Tag.
`tolist`	Liste der Empfänger, kommasepariert		Mindestens eines der drei Empfänger-Attribute oder eingebettete Tags
`cclist`	Liste der Kopien-Empfänger		
`bcclist`	Liste der BCC-Empfänger		
`subject`	Subject (Überschrift) der E-Mail.		Nein
`message`	Die zu sendende Nachricht		Attribut `message` oder `messagefile` oder eingebettetes `<message>`-Tag
`messagefile`	Datei, in der die zu verschickende Nachricht steht		
`messagemimetype`	Mime-Type	`text/plain`	Nein
`files`	Name der Dateien, die als Attachment verschickt werden sollen. Kommasepariert.		Nein
`failonerror`	Build-Fehler auslösen, wenn Probleme beim Verschicken der Mail auftreten.	`true`	Nein
`includefilenames`	Dateinamen in die Mail aufnehmen	`false`	Nein
`encoding`	Welches Encoding soll benutzt werden? Mögliche Werte: `mime`, `uu`, `plain` und `auto`.	`auto`	Nein

Tabelle 10.6 Attribute des <mail>-Tags

Die Attribute `tolist`, `cclist` und `bcclist` können ebenfalls zur Notation der Empfänger benutzt werden. Diese Attribute akzeptieren eine durch Kommas getrennte Liste mit Adressen. Allerdings ist es nicht wirklich empfehlenswert, von dieser Möglichkeit Gebrauch zu machen, da sich sehr unübersichtliche Quelltexte ergeben.

Nun zum eigentlichen Inhalt der Mail: Das Attribut `subject` nimmt den Titel der Mail auf. Dieses Attribut kann nicht durch ein Sub-Tag ersetzt werden. Es ist optional, somit können Sie auch Mails ohne Titel verschicken, wovon im praktischen Einsatz aber abzuraten ist.

Für die Definition der eigentlichen Nachricht stehen unterschiedliche Varianten zur Verfügung. Das Attribut `message` ist nur bei sehr kurzen Nachrichten sinnvoll verwendbar. Besser geeignet ist das Sub-Tag `<message>`, da mit ihm auch mehrzeilige Texte notiert werden können. Die Nachricht wird normalerweise als Textkörper des Tags notiert. Sie können im `<message>`-Tag allerdings über das Attribut `src` auch den Namen einer Datei angeben, die den Mail-Text enthält. Um den Text der Mail aus einer Datei zu lesen, können Sie auch das Attribut `messagefile` im `<mail>`-Tag verwenden. Beiden Varianten der Dateibenutzung ist gemein, dass Property-Platzhalter im Text durch den aktuellen Wert der Properties ersetzt werden.

Zu guter Letzt kann eine Mail über Attachments verfügen. Die Namen der jeweiligen Dateien notieren Sie im Attribut `files`. Falls mehrere Namen notiert werden, sind sie durch Komma zu trennen. Übersichtlicher und zum Teil auch deutlich praktischer ist bzw. sind allerdings ein oder mehrere eingebettete `<fileset>`-Tags. Auf diese Weise könnte sogar das Ergebnis eines Build-Vorgangs per Mail verschickt werden.

Die folgenden Beispiel-Fragmente müssen von Ihnen natürlich an die reale Systemumgebung angepasst werden. Sie sollen lediglich einige Beispiele für die Syntax des Mail-Kommandos bieten.

Das erste Beispiel verschickt eine Mail an die Empfänger mit der Mail-Adresse *developer@ourcompany.de* und als Kopie an *boss@ourcompany.de*. An die Mail wird die Datei `ourproject.jar` angefügt:

```
<mail from="build@ourcompany.de"
      subject="Build successfull"
      mailhost="hermes"
      files="ourproject.jar" >
  <message>Build erfolgreich</message>
  <to address="developers@ourcompany.de"/>
  <cc address="boss@ourcompany.de"/>
</mail>
```

Das zweite Beispiel wendet sich an all die Empfänger, deren Namen im Property `developers` eingetragen wurden. Die Adressen müssen jeweils mit einem Komma voneinander getrennt werden. An die Mail werden alle Log-Dateien des Builds angefügt.

```
<mail from="build@ourcompany.de"
      subject="Build failed"
      mailhost="hermes.ourcompany.de"
      message="Build fehlgeschlagen"
      tolist="${developers}">
  <fileset dir="../logs">
    <include name="*.log">
  </fileset>
</mail>
```

10.7 Umlenken der Standard-Ein- und -Ausgabe

Der Begriff *Umlenkung* beschreibt den wahren Sachverhalt nicht korrekt. Ant kommuniziert nicht direkt mit der Umgebung, sondern greift über einige Klassen auf die Umwelt zu. Das betrifft sowohl die Ausgabe von Log-Informationen als auch die interaktive Eingabe von Daten zur Laufzeit.

Welche Klassen konkret benutzt werden, kann konfiguriert werden. Es gibt Default-Einstellungen mit Standard-Klassen; Ant bietet aber auch einige optionale Klassen an. Diese Klassen können zusätzliche Funktionalität bezüglich der Ein- und Ausgabe implementieren. Außerdem können Sie bei Bedarf eigene Klassen schreiben und in Ant einbinden.

10.7.1 Begriffe

Im Zusammenhang mit der Ein- und Ausgabe von Daten sind einige grundlegende Objekte von Bedeutung. Ein *Listener* kann folgende Ereignisse erkennen und verarbeiten:

- Beginn und Ende des Builds
- Beginn und Ende der Ausführung eines Targets
- Beginn und Ende der Abarbeitung eines Tasks (Kommandos)
- Explizit erzeugte Nachrichten

Ein *Logger* erweitert die Möglichkeiten eines Listeners. Er verfügt zusätzlich noch über folgende Eigenschaften:

- Log-Level auswerten
- Umlenkung der Ausgabe auf die Konsole oder eine Datei
- Task-Bezeichnungen entfernen

Logger und Listener werden beim Aufruf von Ant in der Kommandozeile angegeben. Dazu existieren die Optionen -logger und -listener. Als Parameter erwarten diese Optionen den Namen einer Java-Klasse. Einige dieser Klassen sind im Ant-Installationspaket bereits vorhanden. Bei Bedarf können weitere selbst programmiert werden.

Die Logger erweitern die Listener nicht nur funktional, sondern auch ganz konkret auf Ebene der Java-Programmierung. Logger erben von der Listener-Klasse und implementieren deren Interface. Ein Logger kann daher auch als Listener eingebunden werden, wobei die zusätzlichen Eigenschaften allerdings verloren gehen.

Ant kennt einige Kommandozeilenoptionen, die Einfluss auf die Ausgabe von Log-Informationen haben. Diese Optionen werden von den diversen Loggern ausgewertet. Wenn also per Kommandozeilenoption ein Log-Level gesetzt wird, dann werden innerhalb der Build-Datei weiterhin alle Log-Informationen erzeugt. Erst durch den Logger werden sie gefiltert. Das bedeutet auch, dass Listener stets alle Log-Informationen erhalten und weiterleiten.

Ein weiteres Element ist der *Input Handler*. Über einen solchen Handler liest Ant Daten ein. Der Standard-Handler für die Eingabe liest von der Konsole. Andere Handler können über die Kommandozeilenoption -inputhandler gesetzt werden.

10.7.2 Listener

Listener erhalten stets alle Log-Ausgaben, da Kommandozeilenoptionen bezüglich Log-Level oder Formatierung erst später ausgewertet werden. Unter den von Ant bereitgestellten optionalen Klassen gibt es nur einen echten Listener. Es handelt sich um den Log4j-Listener. Dieser Listener leitet alle Log-Ausgaben an das Log4j-Paket weiter. Bei diesem Paket handelt es sich um ein Open-Source-Projekt, das umfangreiche Mechanismen zum Logging und zur Auswertung von Log-Nachrichen bereitstellt.

Um diesen Listener nutzen zu können, müssen einige Voraussetzungen erfüllt sein:

- Log4j muss korrekt installiert und administriert worden sein.
- Zur Laufzeit muss ein Verweis auf das Log4j-Jar-File im Classpath enthalten sein.
- Eine Java-Systemvariable muss auf eine Log4j-Konfigurationsdatei zeigen.

Die korrekte Anwendung des Listeners erfordert somit Kenntnisse zu einem weiteren Open-Source-Produkt, die hier aus Platzgründen nicht vermittelt werden können.

Benutzt wird der Listener durch folgenden Eintrag in der Kommandozeile:

```
ant -listener org.apache.tools.ant.listener.Log4jListener ...
```

10.7.3 Logger

Logger können einige weitere Funktionen übernehmen. Insbesondere werten sie diverse Kommandozeilenoptionen aus (siehe Tabelle 10.7).

Option	Beschreibung
`-quiet, -q`	Minimale Log-Informationen (Log-Level `warn`)
`-verbose, -v`	Ausführliche Log-Informationen (Log-Level `verbose`)
`-debug`	Ausführliche Log-Informationen (Log-Level `debug`)
`Keine Angabe`	Normale Log-Informationen (Log-Level `info`)
`-emacs`	Task-Namen entfernen
`-logfile <file>, -l <file>`	Ausgabe in Log-Datei

Tabelle 10.7 Kommandozeilen-Optionen für Log-Informationen

Es existieren momentan neben dem Default-Logger vier optionale Logger. Ihre Namen und Funktion können Sie der Tabelle 10.8 entnehmen.

Name	Beschreibung	Klasse
Default Logger	Standard-Logger zur Ausgabe auf der Konsole	`org.apache.tools.ant.DefaultLogger`
NoBanner Logger	Unterdrückt die Ausgabe leerer Target-Log-Informationen	`org.apache.tools.ant.NoBannerLogger`
Mail Logger	Versendet die Ausgabe des Default Loggers als Mail	`org.apache.tools.ant.listener.MailLogger`
AnsiColor Logger	Ausgabe auf der Konsole, aber Einfärben des Textes	`org.apache.tools.ant.listener.AnsiColorLogger`
XML Logger	Log-Informationen in XML-Form ausgeben	`org.apache.tools.ant.XmlLogger`

Tabelle 10.8 Logger für Ant

Eingebunden wird ein Logger durch die Kommandozeilenoption `-logger`, gefolgt vom vollständigen Klassennamen des Loggers. Es darf immer nur ein Logger aktiviert werden.

Logger können auch als Listener eingesetzt werden, da sie von dieser Klasse erben. Wirklich Sinn macht das allerdings nur selten.

Die Logger benötigen zur korrekten Funktion gegebenenfalls zusätzliche Informationen, die von Logger zu Logger verschieden sind. Die Logger werden daher separat beschrieben. Als Testobjekt kann folgende Build-Datei dienen:

```
<project name="bsp1010" default="main" basedir=".">
  <target name="main" depends="dummy">
    <echo message="error"   level="error"/>
    <echo message="warning" level="warning"/>
    <echo message="info"    level="info"/>
    <echo message="verbose" level="verbose"/>
    <echo message="debug"   level="debug"/>
  </target>
  <target name="dummy"/>
</project>
```

Diese Datei enthält einige `<echo>`-Kommandos, mit denen Log-Nachrichten mit unterschiedlichen Log-Levels erzeugt werden. Außerdem ist ein Target dummy enthalten, das keinerlei Kommandos enthält und somit auch keine Log-Nachrichten erzeugt.

Der Default Logger

Der Default Logger leitet die Log-Ausgabe direkt auf die Konsole weiter. Da dieser Logger standardmäßig benutzt wird, erübrigt sich die Aktivierung per Kommandozeile. Der Logger gibt die Log-Informationen normalerweise auf der Konsole aus. Durch die Kommandozeilenoption `-logfile` kann eine Umleitung in eine beliebige Datei erzwungen werden. In diesem Fall erfolgt keinerlei Ausgabe auf der Konsole. Auch Nachrichten, die durch das `<input>`-Tag erzeugt werden, sind dann nicht mehr sichtbar, was zu einer unerklärlichen Unterbrechung der Abarbeitung führen kann.

Dieser Logger eignet sich sehr gut, um die diversen Kommandozeilenoptionen aus Tabelle 10.8 zu testen. So würde der Aufruf von

```
ant -f bsp1010.xml bzw.
ant -logger org.apache.tools.ant.DefaultLogger -f bsp1010.xml
```

folgende Ausgabe auf der Konsole bewirken:

```
dummy:
main:
     [echo] error
     [echo] warning
     [echo] info
```

NoBanner Logger

Dieser Logger ähnelt dem Default Logger. Der einzige Unterschied besteht darin, dass Log-Ausgaben, die den Start eines Targets melden, unterdrückt werden, wenn dieses Target keine weiteren Log-Ausgaben erzeugt. Der Aufruf von

```
ant -logger org.apache.tools.ant.NoBannerLogger -f bsp1010.xml
```

erzeugt somit eine Ausgabe, in der die Ausgabe des Target-Namens dummy fehlt:

```
main:
     [echo] error
     [echo] warning
     [echo] info
```

XML Logger

Der XML Logger erstellt aus den Log-Informationen eine XML-Datei. Diese ist etwas umfangreicher, da gegenüber dem Default Logger weitere Informationen eingefügt werden. Die Ausgabe dieses Loggers erscheint auf der Konsole, sofern nicht durch das Kommandozeilenattribut -logfile eine Log-Datei vorgegeben wird.

Der Logger bindet die Referenz auf eine XSL-Datei in die erzeugte Ausgabe ein. Standardmäßig wird log.xsl benutzt. Diese Vorgabe kann durch das Setzen des Java-Propertys ant.XmlLogger.stylesheet.uri überschrieben werden. Sofern dieses Property ohne Wert erzeugt wird, unterbleibt die Referenzierung eines Stylesheets in der XML-Datei. Ein Ant-Aufruf mit XML Logger könnte somit lauten:

```
ant -logger org.apache.tools.ant.XmlLogger \
-Dant.XmlLogger.stylesheet.uri=mystyle.xsl \
-logfile log.xml \
-f bsp1010.xml
```

Der XML Logger kann auch als Listener eingesetzt werden. In diesem Fall schreibt er die Ausgabe in die standardmäßig vorgegebene Datei log.xml. Dieser Name kann durch Setzen des System-Propertys XmlLogger.file überschrieben werden.

Um den XML Logger als Listener zu verwenden, ist ein Aufruf der folgenden Form notwendig:

```
ant -listener org.apache.tools.ant.XmlLogger \
-f bsp1010.xml
```

Wenn ein Listener aktiviert wird, ändert sich dabei nichts an der Einstellung eines Loggers. Daher ist parallel zum Listener der Default Logger wirksam, was die Ausgabe der Log-Informationen auf der Konsole zur Folge hat.

Ansi Color Logger

Der Color Logger arbeitet wiederum wie der Default Logger, schreibt also auf die Konsole. Allerdings werden die einzelnen Zeilen gemäß des Log-Levels farblich gekennzeichnet. Grundlage für die Farbumschaltung sind Escape-Sequenzen im Ausgabedatenstrom. Dieser Logger funktioniert auf Windows-NT-Systemen und davon abgeleiteten Betriebssystemen (Windows 2000) nicht. Auf anderen Windows-Systemen ist ein geladener ANSI.SYS-Treiber Voraussetzung für die korrekte Darstellung.

Bei Bedarf können die Farbzuordnungen geändert werden. Dazu ist zunächst eine Datei mit den neuen Farbzuweisungen zu erstellen. Die Einträge in dieser Datei haben die Form

`AnsiColorLogger.<Level>_COLOR=Modus;Vordergrund;Hintergrund`

Für Level kommt einer der fünf Werte ERROR, WARNING, INFO, VERBOSE oder DEBUG (unbedingt in Großbuchstaben) in Frage. Modus und Farben werden durch Ziffern kodiert. Auf die Angabe der Hintergrundfarbe kann verzichtet werden. Die Zuordnung entnehmen Sie bitte den Tabellen 10.9 und 10.10.

Modus	Beschreibung
0	Rücksetzen auf Standardwerte
1	Hell bzw. fett
2	Abgedunkelt
3	Unterstrichen
5	Link
7	Invertiert
8	Verborgen

Tabelle 10.9 Werte für den Darstellungsmodus

Farbe	Code für Vordergrund	Code für Hintergrund
Schwarz	30	40
Rot	31	41
Grün	32	42
Gelb	33	43
Blau	34	44
Magenta	35	45
Cyan	36	46
Weiß	37	47

Tabelle 10.10 Codes für Farben

Eine Datei könnte somit folgendermaßen aussehen:

```
AnsiColorLogger.ERROR_COLOR=2;31
AnsiColorLogger.WARNING_COLOR=2;33
AnsiColorLogger.INFO_COLOR=0;37
AnsiColorLogger.VERBOSE_COLOR=0;34
AnsiColorLogger.DEBUG_COLOR=0;36
```

Zu guter Letzt müssen Sie Ant den Namen der Datei mit den geänderten Farbzuordnungen mitteilen. Dies geschieht durch das Java-System-Property `ant.logger.defaults`. Dieses Property ist der JVM zu übergeben. Die Notation in der Ant-Kommandozeile macht daher keinen Sinn. Vielmehr muss die Zuweisung des Propertys in der Systemvariablen `ANT_OPTS` erfolgen, deren Inhalt in den Ant-Startdateien als Parameter für den Java-Aufruf benutzt wird. Dies kann durch ein Kommando auf der Konsole erfolgen:

```
set ANT_OPTS=%ANT_OPTS%  -Dant.logger.defaults=ansi.col
```

Mail Logger

Der Mail Logger arbeitet wie der Default Logger. Er berücksichtigt dieselben Kommandozeilenattribute bezüglich Log-Level, Formatierung und Umleitung in eine Datei. Zusätzlich versendet er die Log-Ausgaben per Mail. Alle Informationen, die zum Versenden benötigt werden, müssen dem Mail Logger über Java-System-Properties mitgeteilt werden. Die Beschreibung dieser Properties finden Sie in Tabelle 10.11.

Es gibt zwei Möglichkeiten, die Properties an die JVM zu übergeben. Zunächst können Sie, wie bereits beim Color Logger beschrieben, alle Properties in die Systemvariable `ANT_OPTS` eintragen. Dies ist relativ aufwändig. Eine zweite Möglichkeit besteht darin, eine Property-Datei zu erstellen und in `ANT_OPTS` lediglich einen Verweis auf diese Datei zu übergeben. Dazu benutzen Sie das Property `MailLogger.properties.file`

Eine Property-Datei für den Mail Logger könnte folgendermaßen aussehen:

```
MailLogger.mailhost=hermes
MailLogger.from=ant.tool@abcxyz.de
MailLogger.failure.to=developers@abcxyz.de
MailLogger.success.to= ant.@abcxyz.de
```

Der Aufruf einer Build-Datei unter Nutzung des Mail Loggers gestaltet sich dann (unter Windows) wie folgt:

```
set ANT_OPTS=%ANT_OPTS% -DMailLogger.properties.file=antmail.cfg
ant -f bsp1010.xml -logger
org.apache.tools.ant.listener.MailLogger
```

Property	Beschreibung	Default	Erforderlich
MailLogger.properties.file	Dateiname für Properties		Nein
MailLogger.mailhost	Name des Mail-Servers	localhost	Nein
MailLogger.from	Absender der Mail		Ja
MailLogger.failure.notify	Soll bei einem Build-Abbruch eine Mail gesendet werden?	true	Nein
MailLogger.failure.subject	Titel für Fehler-Mail	Build Failure	Nein
MailLogger.failure.to	Adressen, an die Fehler-Mails geschickt werden (kommasepariert)		Ja, wenn Fehler-Mail verschickt werden soll
MailLogger.success.notify	Soll nach einem erfolgreichen Build eine Mail gesendet werden?	true	Nein
MailLogger.success.subject	Titel für Erfolgs-Mail	Build Success	Nein
MailLogger.success.to	Adressen, an die Erfolgs-Mails geschickt werden (kommasepariert)		Ja, wenn Erfolgs-Mail verschickt werden soll

Tabelle 10.11 Java-Properties für den Mail Logger

10.8 Input-Handler

Der Input-Handler wird von Ant benötigt, um interaktive Eingaben lesen zu können. In der aktuellen Version existieren zwei unterschiedliche Input-Handler, der *Default Input Handler* und der *Property File Input Handler*. Während der erste Eingaben stets von der Konsole liest und somit manuelle Eingaben des Anwenders entgegennehmen kann, erhält der zweite Handler alle Werte aus einer Property-Datei. Auf diese Weise kann eine Build-Datei im Batch-Betrieb abgearbeitet werden.

Der Input-Handler muss beim Aufruf von Ant mit der Kommandozeilenoption -inputhandler gesetzt werden. Ohne explizite Auswahl eines Input-Handlers verwendet Ant immer den Default-Handler.

Bei Benutzung des *Property File Input Handlers* muss Ant natürlich auch der Name der Property-Datei übermittelt werden. Dies erfolgt durch Zuweisung zum Java-

Property `ant.input.properties`. Es handelt sich dabei nicht um ein Ant-Property, das innerhalb der Build-Dateien benutzt werden kann, sondern um ein Property der JVM. Properties dieser Art können daher nicht mit der –D-Option beim Ant-Aufruf definiert werden. Vielmehr müssen sie in den Aufruf der Java-Laufzeitumgebung aufgenommen werden. Dies gelingt am einfachsten durch Setzen in der ANT_OPTS-Umgebungsvariablen. Die nachfolgenden Kommandos auf einer Windows-Konsole demonstrieren dies.

Zunächst müssen Sie manuell eine Property-Datei erstellen. Diese Datei kann bei diesem Beispiel nicht innerhalb der Build-Datei erzeugt werden, da sie ja schon beim Start von Ant zur Verfügung stehen muss. In diesem Beispiel trägt sie den Namen `my1011.properties`. Sie soll folgenden Inhalt haben:

```
sourcedir=/project/src
targetdir=/classes
Build.Mode=internal
```

In der Build-Datei können Sie die Einträge der Property-Datei dann über entsprechende Werte des `message`-Attributs im `<input>`-Tag selektieren. Die Schreibweise muss exakt der in der Property-Datei entsprechen, und es wird zwischen Groß- und Kleinschreibung unterschieden.

```
<project name="bsp1011" default="main" basedir=".">
   <target name="main">
    <input message="Build.Mode"
           addproperty="build.mode"/>
    <input message="sourcedir"
           addproperty="dir.source"/>
    <input message="targetdir"
           addproperty="dir.target"/>
    <echo message="Quelle: ${dir.source}"/>
    <echo message="Ziel   : ${dir.target}"/>
    <echo message="Mode   : ${build.mode}"/>
   </target>
</project>
```

Vor dem Aufruf von Ant muss die Umgebungsvariable ANT_OPTS gesetzt werden:

```
set ANT_OPTS=-Dant.input.properties=my1011.properties
```

Anschließend können Sie dann Ant aufrufen, um die Build-Datei auszuführen. Dabei müssen Sie natürlich auch den *Property File Input Handler* benutzen, um auf die Property-Datei zuzugreifen:

```
ant -buildfile bsp1011.xml -inputhandler
org.apache.tools.ant.input.PropertyFileInputHandler
```

Ohne den alternativen Input-Handler fordert Ant auf der Konsole zur Eingabe der drei Werte auf.

11 Sourcecode-Control-Systeme

Da Software heutzutage überwiegend im Team erstellt wird, muss der Sourcecode durch geeignete Tools verwaltet werden. Wichtige Aufgaben derartiger Tools ist die Behandlung konkurrierender Zugriffe, die Versionierung von Änderungen sowie die Gewährleistung der Datensicherheit. Eine der Voraussetzungen für einen erfolgreichen Build ist die Bereitstellung des aktuellen Quellcodes. Ant kann daher auf viele der gängigen Sourcecode-Verwaltungssysteme zugreifen. Diese Systeme folgen unterschiedlichen Konzepten, sodass Ant keine transparente Schnittstelle realisieren kann. Vielmehr existiert für jedes der angeschlossenen Systeme ein eigener Satz Kommandos.

Stellvertretend für die angeschlossenen Systeme sollen hier die Verwendung von CVS und von MS Source Safe beschrieben werden. Dabei stehen die Ant-Kommandos im Mittelpunkt, nicht die Bedienphilosophie der beiden Systeme.

11.1 CVS

Bei CVS handelt es sich um ein Open-Source-Projekt, das inzwischen weit verbreitet ist. Viele Entwicklungsumgebungen verfügen von Haus aus über einen eingebauten CVS-Anschluss. Ant ist bei der Kommunikation mit CVS allerdings auf ein externes Programm angewiesen. Dieses Programm bildet den Kern eines CVS-Clients, der somit auf dem lokalen Rechner installiert oder per Netzwerk zugänglich sein muss. Dieser Client existiert für unterschiedliche Betriebssystem-Plattformen. Eine wesentliche Voraussetzung ist, dass Ant das externe Programm starten kann. Es muss somit auf dem jeweiligen Betriebssystem lauffähig und im Suchpfad für Programme (Umgebungsvariable PATH) enthalten sein. Eventuell ist die Ant-Startdatei entsprechend anzupassen. Die Aufnahme in den Classpath reicht definitiv nicht aus, da der CVS-Client kein Java-Programm ist.

Ant bietet einige wenige Kommandos, von denen die meisten nur einen Wrapper um das externe Programm darstellen. Alle Anweisungen werden in Kommandozeilenparameter umgesetzt und an den CVS-Client weitergereicht.

Das CVS-System wird meist so eingerichtet, dass eine Authentifizierung erforderlich ist. Vor der eigentlichen Arbeit mit dem CVS muss somit eine Anmeldung erfolgen. Da während der Arbeit mit Ant eine Interaktion meist vermieden werden soll, müssen die Zugangsdaten im Script oder einer externen Datei abgelegt werden. Dazu existieren zwei Möglichkeiten.

Das Kommando <cvspass> erstellt aus einigen Parametern eine Passwort-Datei. Deren Name wird im optionalen Parameter passfile definiert. Er kann frei gewählt werden. Ohne Vorgabe eines Dateinamens erzeugt dieses Kommando die Datei .cvspass im Home-Verzeichnis des aktuellen Users. Diese Datei muss bei anderen CVS-Kommandos zur Authentifizierung eingebunden werden. Die beiden anderen Parameter sind `cvsroot` und `password`. Der Inhalt von `cvsroot` stellt die komplette Anmeldung dar, die aus Username, Server-Adresse und Ablage-Verzeichnis besteht. Das Format wird von CVS vorgegeben und ist unabhängig von Ant. Der folgende Ausschnitt aus einem Listing zeigt die Anwendung dieses Kommandos:

```
<cvspass
  cvsroot=":pserver:berndm@cvsserver.firma.de:/usr/cvsroot"
  password="password"
  passfile="pfile"
/>
```

Das eben beschriebene Kommando erwartet das Passwort im Script. Es kann dort hart kodiert sein oder aber beim Aufruf der Ant-Datei als Parameter übergeben werden. Die Anwendung des `<input>`-Tags ist ebenfalls möglich.

Die zweite Möglichkeit, eine Passwort-Datei zu erzeugen, besteht in der Anwendung eines speziellen CVS-Kommandos. Diese Kommandos werden alle durch das generische Tag `<cvs>` ausgeführt. Das konkrete Kommando wird dabei über das Attribut `command` ausgewählt. Die übrigen Attribute hängen vom konkreten CVS-Kommando ab und können nicht durch Ant geprüft werden.

Das CVS-Kommando `login` erstellt ebenfalls eine Passwort-Datei, fragt das Passwort aber zur Laufzeit interaktiv auf der Konsole ab. Es erscheint keinerlei Hinweis auf die erforderliche Eingabe! Ein solcher Hinweis müsste separat durch ein `<echo>`-Tag ausgegeben werden. Auch dieses Kommando ermöglicht die individuelle Vorgabe des Dateinamens. Als Default dient wieder die Datei `.cvsroot` im Home-Verzeichnis:

```
<cvs
  command="login"
  cvsroot=":pserver:berndm@cvsserver.firma.de:/usr/cvsroot"
  passfile="pfile"
/>
```

Der Aufruf aller anderen Kommandos erfolgt nach demselben Muster. Im Attribut `command` wird das eigentliche Kommando (z.B. `checkout`, `update`, `submit`) notiert. Fehlt dieses Attribut, führt CVS automatisch einen Checkout durch. Für eine erfolgreiche Authentifizierung ist aber jedes Mal das Attribut `passfile` erforderlich, sofern nicht die Default-Einstellung benutzt wird. Alle anderen Attribute hängen vom jeweiligen Kommando ab. Hier ist bei Bedarf die CVS-Dokumentation zu Rate zu ziehen.

```
<cvs
  command = "checkout"
  cvsroot = "${cvsroot}"
```

```
    package  = "factory"
    dest     = "${path.abs.src}"
    passfile = "pfile"
/>
```

Tabelle 11.1 zeigt zumindest die verfügbaren Attribute.

Attribut	Beschreibung	Default	Erforderlich
command	Das auszuführende CVS-Kommando	checkout	Nein
compression	Komprimierung bei Übertragung	false	Nein
compression-level	Komprimierungsgrad (1-9)	false	Nein
cvsroot	CVSROOT-Variable		Nein
cvsrsh	CVS_RSH-Variable		Nein
dest	Zielverzeichnis	Aktuelles Arbeitsverzeichnis	Nein
package	Name des auszucheckenden Pakets		Nein
tag	Name des auszucheckenden Tags		Nein
date	Aktuellste Version bis zu diesem Datum benutzen		Nein
quiet	Ausgabe von Informationen unterdrücken	false	Nein
noexec	Nur testen, keine Dateien ändern	false	Nein
output	Dateiname für Info-Log-Ausgaben		Nein
error	Dateiname für Fehlerausgaben		Nein
append	Bei Dateiausgabe anfügen? Die Alternative ist Überschreiben.	false	Nein
port	Port des CVS-Servers	2401	Nein
passfile	Passwort-Datei	~/.cvspass	Nein
failonerror	Build bei Fehlern abbrechen	false	Nein

Tabelle 11.1 Attribute des <cvs>-Tags

Beim CVS-Client handelt es sich um ein Kommandozeilenprogramm, das über eine Vielzahl von verschiedenen Parametern gesteuert werden kann. Nicht alle Parameter können über die Attribute des <cvs>-Tags gesetzt werden. Zwecks völliger Freizügigkeit beim Aufruf des externen Kommandos können Sie mit dem eingebetteten Tag <commandline> beliebige Werte in der Kommandozeile setzen. Das <commandline>-Tag fasst mehrere Sub-Tags <argument> zusammen und erstellt aus deren Werten eine komplette Kommandozeile. Die Syntax des

<argument>-Sub-Tags ist identisch mit der des Tags <arg>. Die nähere Beschreibung dieses Tags finden Sie im Abschnitt 14.3.

Neben dem <cvs>-Tag, mit dem eigentlich alle entscheidenden Aufgaben während eines Builds ausgeführt werden können, bietet Ant auch noch die Tags <cvschangelog> und <cvstagdiff>, mit denen verschiedene Auswertungen erstellt werden können.

11.2 Visual Source Safe von Microsoft

Microsoft bietet ebenfalls einen Server zur Sourcecode-Verwaltung an. Er trägt den Namen *Visual Source Safe*, kurz VSS. Sowohl die zu Grunde liegenden Prinzipien als auch die Einbindung in Ant unterscheiden sich erheblich vom CVS.

Eine wesentliche Einschränkung besteht darin, dass sowohl der Server als auch der Client nur für Windows-Plattformen verfügbar sind. Da auch bei dieser Anwendung ein lokaler Client vorhanden sein muss, kann die Anbindung an MS Source Safe nur auf Windows-Plattformen zum Einsatz kommen. Wie beim CVS gilt, dass der Client von Ant gestartet werden muss. Allerdings ist es nicht notwendig, den Ablageort in den Systempfad aufzunehmen. Er kann vielmehr bei allen VSS-Kommandos als Attribut übergeben werden. Ein weiterer Unterschied besteht im Vorhandensein separater Ant-Kommandos für jede VSS-Funktion. Es gibt noch einen Unterschied, der die enge Verzahnung der diversen MS-Produkte mit dem Betriebssystem deutlich macht: Bei entsprechender Konfiguration des Servers kann der VSS-Client die aktuellen Userdaten an den Server übermitteln, was unter Umständen eine erneute Authentifizierung unnötig macht.

Auch hier gilt, dass die Beschreibung der Ant-Kommandos allein ohne Kenntnis des VSS nicht ausreicht. Die folgenden Beschreibungen geben daher neben der Beschreibung der Tags einen kleinen Einblick in die Funktionalität des VSS.

Die elementarste Aufgabe während eines Builds besteht im Beschaffen der Quelldateien. Im VSS-Sprachgebrauch heißt diese Funktion »Get latest Version« oder kurz »get«. Sie liest die angegebenen Dateien vom Server und legt sie als schreibgeschützte, also nicht bearbeitbare Dateien im lokalen Dateisystem ab. Das entsprechende Tag trägt den Namen <vssget>. Die Liste der Attribute ist recht lang (siehe Tabelle 11.2), diese sind aber relativ einfach.

Das einzige Muss-Attribut ist vsspath. Dieses Attribut enthält den Namen bzw. den Pfad des zu lesenden Projekts. Sie können durch entsprechende Pfade auch beliebige Sub-Projekte separat lesen; auch einzelne Dateien können selektiert werden. Alle anderen Angaben sind optional. Allerdings sollte vorsichtshalber auch das Attribut localpath benutzt werden. Dieses Attribut wird mit dem Namen des Pfades belegt, unter dem die gelesenen Dateien und Verzeichnisse

11.2 Visual Source Safe von Microsoft

Attribut	Beschreibung	Default	Erforderlich
`vsspath`	Name des zu lesenden Projekts (Wurzelpfad, ab dem gelesen wird)		Ja
`localpath`	Lokales Wurzelverzeichnis zur Ablage der gelesenen Dateien	Working Dir aus dem VSS	Nein
`recursive`	Verzeichnisbaum im VSS rekursiv abarbeiten	`false`	Nein
`writable`	Schreibschutz der lokalen Dateien entfernen	`false`	Nein
`version`	Nummer der zu lesenden Version		Nein
`date`	Datum der zu lesenden Version der Datei		Nein
`label`	Name des Labels, dessen Stand zu lesen ist		Nein
`quiet`	Log-Ausgaben unterdrücken	`off`	Nein
`autoresponse`	Automatisch generierte Antwort auf Rückfragen des Servers		Nein
`ssdir`	Verzeichnis des VSS-Client (`ss.exe`)		Nein
`serverpath`	Verzeichnis der `srssafe.ini`-Datei		Nein
`login`	Name und Passwort, getrennt durch Komma		Nein

Tabelle 11.2 Attribute des <vssget>-Tasks

abgelegt werden sollen. Damit ist der Ablageort eindeutig bestimmt. Falls die entsprechende Angabe im Source Safe nicht gepflegt ist, würde als Ablageort das lokale Verzeichnis benutzt. Mit hoher Wahrscheinlichkeit ist dies unerwünscht. Falls die Zieldateien nicht leer sind, müssen alle zu überschreibenden Dateien schreibgeschützt sein. Dies klingt paradox, allerdings vermutet Source Safe auf Grund des fehlenden Schreibschutzes, dass diese Datei bearbeitet wird und bricht den Lesevorgang vorsichtshalber ab. Alle gelesenen Dateien werden normalerweise mit Schreibschutz versehen. Durch das Flag `writable` kann die Aufhebung des Schreibschutzes erreicht werden. Das ist sinnvoll, wenn die Quelltexte der Dateien modifiziert werden sollen (z. B. Kommentare entfernen, Build-Nummer einfügen o. Ä). Damit auch alle Unterverzeichnisse eines Projekts gelesen werden, müssen Sie das Flag `recursive` auf `true` setzen.

In der Standardeinstellung wird die jeweils letzte Version der Dateien gelesen. Über die Attribute `version`, `date` oder `label` kann eine ältere Version selektiert werden. Das <vssget>-Tag akzeptiert immer nur eines dieser Attribute. Die Log-Ausgaben des Tags können Sie mit dem Wert `true` für das Attribut `quiet` unterdrücken.

Für den praktischen Einsatz sind noch drei systemnahe Attribute wichtig, die auch bei anderen VSS-Tags zu finden sind. Mit dem `ssdir`-Attribut können Sie den Pfad zum VSS-Kommandozeilen-Client (Programm `ss.exe`) definieren. Das ist hilfreich, wenn dieser Pfad nicht im Systempfad enthalten ist. Das Attribut `login` nimmt den Benutzernamen und das Passwort auf, sofern eine explizite Authentifizierung überhaupt erforderlich ist. Schließlich kann das Attribut `serverpath` auf das Verzeichnis mit der INI-Datei des VSS zeigen.

Nach einem erfolgreichen Build ist es sinnvoll, den aktuellen Stand zu *labeln*. Dadurch wird der aktuelle Stand aller Dateien des Projekts gleichzeitig und reproduzierbar eingefroren. Das dazu notwendige Tag ist `<vsslabel>`. Es verfügt wiederum über einige der bereits beschriebenen Attribute, aber auch über einige neue (siehe Tabelle 11.3). Spezifisch für dieses Kommando sind die Attribute `label` und `comment`. Damit geben Sie den Namen eines Labels sowie einen Kommentar vor.

Attribute	Beschreibung	Erforderlich
vsspath	Name des zu labelnden Projekts (Wurzelpfad, ab dem gelabelt wird)	Ja
label	Name des Labels	Ja
version	Version, die gelabelt werden soll	Nein
comment	Kommentar	Nein
autoresponse	Automatisch generierte Antwort auf Rückfragen des Servers	Nein
ssdir	Verzeichnis des VSS-Client (`ss.exe`)	Nein
serverpath	Verzeichnis der `srssafe.ini`-Datei	Nein
login	Name und Passwort, getrennt durch Komma	Nein

Tabelle 11.3 Attribute des Tags <vsslabel>

Wenn Dateien bearbeitet werden sollen, müssen diese aus dem VSS-Server ausgecheckt werden. Der Server reserviert diese Dateien dabei exklusiv für den auscheckenden Benutzer, bis der sie wieder eincheckt. Konkurrierende Schreibvorgänge sind somit ausgeschlossen. Dieses Verfahren ist notwendig, da VSS keinen automatischen Abgleich paralleler Änderungen durchführen kann. Dadurch wird es aber auch erst möglich, andere als reine Textdateien zu verwalten.

Zum Auschecken dient das Tag `<vsscheckout>`, dessen Attribute in Tabelle 11.4 zu sehen sind. Die Attribute entsprechen im Wesentlichen dem `<vssget>`-Tag. Die wesentlichsten Unterschiede sind, dass die ausgecheckten Dateien automatisch auf änderbar gesetzt werden und dass im Source Safe-Server ein Sperrvermerk eingetragen wird.

11.2 Visual Source Safe von Microsoft

Attribut	Beschreibung	Default	Erforderlich
vsspath	Name des auszucheckenden Projekts (Wurzelpfad, ab dem gelesen wird)		Ja
localpath	Lokales Wurzelverzeichnis zur Ablage der gelesenen Dateien		Nein
writable	Schreibschutz der lokalen Dateien entfernen	true	Nein
recursive	Verzeichnisbaum im VSS rekursiv abarbeiten		Nein
version	Nummer der zu lesenden Version		Nein
date	Datum der zu lesenden Version der Datei		Nein
label	Name des Labels, dessen Stand zu lesen ist		Nein
ssdir	Verzeichnis des VSS-Clients (ss.exe)		Nein
serverpath	Verzeichnis der srssafe.ini-Datei		Nein
login	Name und Passwort, getrennt durch Komma		Nein

Tabelle 11.4 Attribute des <vsscheckout>-Tags

Nach erfolgreicher Bearbeitung werden die Dateien durch das Tag <vsscheckin> wieder eingecheckt. Auch hier bieten die Attribute wenig Neues (siehe Tabelle 11.5).

Attribut	Beschreibung	Erforderlich
vsspath	Name des Projekts, dessen Dateien einzuchecken sind	Ja
localpath	Lokales Wurzelverzeichnis zur Ablage der gelesenen Dateien	Nein
writable	Lokale Dateien änderbar lassen	Nein
recursive	Verzeichnisbaum im VSS rekursiv abarbeiten	Nein
comment	Kommentar	Nein
autoresponse	Automatisch generierte Antwort auf Rückfragen des Servers	Nein
ssdir	Verzeichnis des VSS-Client (ss.exe)	Nein
serverpath	Verzeichnis der srssafe.ini-Datei	Nein
login	Name und Passwort, getrennt durch Komma	Nein

Tabelle 11.5 Attribute des <vsscheckin>-Tags

Ein etwas umfangreicheres Beispiel zur Anwendung der VSS-Kommandos finden Sie im Beispiel-Kapitel 15.

12 Kompilieren

Zum Java-SDK gehören einige Compiler, die an verschiedenen Stellen des Build-Prozesses benutzt werden müssen. Von zentraler Bedeutung ist natürlich der eigentliche Java-Compiler `javac`. Bei der Erstellung von Client-Server-Anwendungen kommt der RMI-Compiler `rmic` zur Anwendung. Neben diesen beiden Compilern existieren weitere Programme, entweder im Standard-SDK oder im Lieferumfang diverser Erweiterungen, z.B. `javah` zum Generieren von Header-Dateien oder `jspc` zum Kompilieren von JSP-Seiten. Ant stellt für viele dieser Compiler oder Generatoren passende Tasks bereit.

12.1 Javac

Der `<javac>`-Task erfüllt die eigentliche Kern-Aufgabe eines Build-Tools: Er kompiliert die Java-Quelldateien. Er weist gegenüber den anderen, bisher erwähnten Tasks eine Besonderheit auf. Für das Kompilieren wird natürlich der Java-Compiler des installierten JDKs benutzt. Ant verfügt nicht über einen eigenen Java-Compiler. Somit benutzt das `<javac>`-Kommando eine externe Anwendung. Daraus ergeben sich einige qualitativ neue Anforderungen, die sich in zusätzlichen Attributen niederschlagen.

Die Attribute des `<javac>`-Tasks können grob in drei Gruppen eingeteilt werden: Die erste Gruppe besteht aus den datei- und pfadbezogenen Attributen. Diese legen fest, welche Dateien kompiliert und wo die erzeugten `class`-Dateien abgelegt werden, welcher Classpath zu verwenden ist u.Ä. Die Angaben werden zunächst von Ant intern verarbeitet und in aufbereiteter Form an den Compiler weitergereicht. Attribute aus dieser Gruppe müssen fast immer benutzt werden, um das `<javac>`-Kommando sinnvoll einsetzen zu können.

Die zweite Gruppe umfasst Attribute für die Zusammenarbeit des Tags mit der Build-Datei. Dazu gehören beispielsweise Angaben zum Verhalten bei Kompilierfehlern oder die Ausgabe von Log-Informationen. Einige dieser Attribute werden durch Ant ausgewertet, andere an den Compiler weitergereicht.

Die letzte Attribut-Gruppe umfasst technische Einstellungen, die direkt an den Compiler weitergereicht werden. Der Java-Compiler kann mit unterschiedlichen Optionen gestartet werden. Je nach Plattform existieren möglicherweise auch unterschiedliche Compiler. Die Optionen dieser Gruppe ändern nichts an der Zahl der zu kompilierenden Dateien, sondern haben nur Einfluss auf die Art und Weise des Kompiliervorgangs.

Die folgende Beschreibung behandelt die Gruppen separat. Dies stellt keine Wertung dar, sondern dient einzig und allein der besseren Übersicht.

Zunächst zur Dateiauswahl: Ein wesentliches Element beim Aufruf des `<javac>`-Tags stellt die Liste der zu kompilierenden Dateien dar. Um diese anzugeben, akzeptiert das `<javac>`-Tag unterschiedliche Varianten. Da das Tag implizit ein `<fileset>`-Tag nachbildet, ähneln alle Varianten diesem Tag.

Unbedingt erforderlich ist die Definition eines Quell-Wurzelverzeichnisses durch das Attribut `srcdir` oder ein eingebettetes `<src>`-Tag. Dieses Attribut entspricht dem `dir`-Attribut eines Filesets. Sofern keine weiteren Einschränkungen erfolgen, werden alle Java-Dateien in diesem Verzeichnis kompiliert. Der Wert dieses Attributs wird von Ant benutzt, um eine Liste mit den zu kompilierenden Dateien aufzubauen. Diese Liste wird dem Java-Compiler als Argument übergeben. Aus dem Namen des Wurzelverzeichnisses wird gleichzeitig der Wert für das Attribut `sourcepath` erzeugt. Dieses Attribut wird unverändert an den Java-Compiler übergeben, der ein gleichnamiges Attribut erwartet. Im Normalfall ist es daher nicht notwendig, in einem Ant-Script das `sourcepath`-Attribut zu benutzen.

In Ergänzung zum Wurzelverzeichnis können Sie mit den vom Fileset bekannten Möglichkeiten Dateien explizit in die Auswahl aufnehmen oder einschließen. Dazu stehen die Attribute `includes`, `includesfile`, `excludes` und `excludesfile` zur Verfügung. Außerdem können Sie die entsprechenden eingebetteten Tags zur Dateiauswahl benutzen.

Da alle anderen Attribute optional sind, könnte ein korrekter Aufruf des `<javac>`-Kommandos folgendermaßen lauten:

```
<javac srcdir="${pf.path.abs.src}"/>
```

Allerdings funktioniert dieser Aufruf nur dann korrekt, wenn einige Randbedingungen erfüllt sind – insbesondere wenn der Classpath außerhalb von Ant in der Systemumgebung korrekt gesetzt wurde. Im praktischen Einsatz werden hier aus den verschiedensten Gründen zusätzliche Angaben erforderlich.

Eine weitere wichtige, allerdings optionale Einstellung betrifft das Zielverzeichnis. Im Regelfall wird man die kompilierten Klassen in einem separaten Verzeichnisbaum ablegen. Um die Wurzel dieses Baumes anzugeben, verfügt `<javac>` über das `destdir`-Attribut. Ohne dieses Attribut legt der Java-Compiler die `class`-Dateien im Source-Pfad ab. Das Zielverzeichnis muss bereits existieren, es wird durch das `<javac>`-Kommando nicht erzeugt. Ein nicht existierendes Zielverzeichnis verursacht einen Build-Fehler.

An dieser Stelle ist ein Hinweis zur korrekten Gestaltung der Wurzelverzeichnisse und Dateinamen bzw. Muster erforderlich. Das `<javac>`-Kommando analysiert Quell- und Zieldateien und kompiliert nur die Dateien, die aktueller sind als die gegebenenfalls existierenden Class-Dateien. Diese Selektion kann das Kompilieren großer Projekte erheblich beschleunigen. Für diesen Vergleich muss das `<javac>`-Kommando allerdings exakt ermitteln können, welche Dateien zusammengehören. Dazu vergleicht es die kompletten relativen Pfadnamen unterhalb der Wurzelverzeichnisse für Quellen und Ziel.

Im Zielverzeichnis ergibt sich die Struktur durch die Package-Struktur der Java-Klassen. Damit nun identische relative Pfadnamen entstehen, muss auch im Quellverzeichnis eine adäquate Verzeichnisstruktur existieren. Außerdem müssen die Werte für `srcdir` sowie die Selektionsmuster korrekt vorgegeben werden. Die folgenden Beispiele sollen die Probleme verdeutlichen.

Gegeben sei ein beliebiges Projekt-Verzeichnis (auf der CD `project1`), das als Wurzelverzeichnis für alle Dateien des Projekts dienen soll. In den Listings ist es über das Ant-Property `root` definiert. Unter diesem Verzeichnis sollen die Unterverzeichnisse `src` und `classes` existieren. Im Verzeichnis `src` soll die zu übersetzende Datei `AntExample.java` liegen. Diese Datei ist nicht Bestandteil eines Packages, wie der folgende Ausschnitt aus dem Listing der Java-Datei zeigt:

```
import java.awt.*;
import java.awt.event.*;
public class AntExample extends Frame  implements ActionListener {
    public AntExample(String title) {
...
```

Zum Kompilieren der Datei könnte das folgende Target benutzt werden:

```
<project name="bsp1201" default="main" basedir=".">
  <property name="root" value="./project1"/>

  <target name="main">
    <javac srcdir="${root}/src"
           destdir="${root}/classes"/>
  </target>
</project>
```

Aus der Datei `AntExample.java` entsteht die Datei `AntExample.classes`, die direkt im Zielverzeichnis `classes` abgelegt wird. Sowohl die Quell- als auch die Zieldatei liegen somit direkt unter den im Target als Quell- und Zielverzeichnisse benannten Verzeichnissen. Bei einer erneuten Kompilierung kann Ant die Dateien eindeutig einander zuordnen und überprüfen, ob eine erneute Kompilierung wirklich notwendig ist oder nicht.

Probleme können auftreten, wenn die Java-Datei Bestandteil eines Packages sein sollte, wie im folgenden Listing angedeutet. Auf der CD finden Sie die Datei im Unterverzeichnis `project2`:

```
package myPackage;
import java.awt.*;
import java.awt.event.*;
public class AntExample extends Frame implements ActionListener {
    public AntExample(String title) {
...
```

Auch wenn die Datei direkt im `src`-Verzeichnis liegt, kann sie mit dem folgenden Beispiel problemlos kompiliert werden:

```xml
<project name="bsp1202" default="main" basedir=".">
  <property name="root" value="./project2"/>

  <target name="main">
    <javac srcdir="${root}/src"
           destdir="${root}/classes"/>
  </target>
</project>
```

Allerdings wird die dabei erzeugte Class-Datei nicht direkt im `classes`-Verzeichnis abgelegt. Vielmehr erzeugt der Compiler ein Unterverzeichnis `myPackage`, in das er die Klasse ablegt. Der Dateiname relativ zum Wurzelverzeichnis lautet nun `myPackage/AntExample.class`. Die Namen für die Quell- und die Zieldatei sind nun unterschiedlich, wodurch die Aktualität der Zieldatei vom `<javac>`-Tag nicht mehr überprüft werden kann. Erst wenn auch in Source-Verzeichnis ein Unterverzeichnis `myPackage` erstellt und die Java-Datei dort abgelegt wird, ist eine Aktualitätsprüfung wieder möglich.

Aber auch bei korrekter Verzeichnisstruktur (siehe Unterverzeichnis `project3` auf der CD) sind Fehler möglich. Für den Fall, dass nur ein Package existiert bzw. nur eines kompiliert werden soll, liegt der Gedanke nahe, den Package-Namen direkt im `srcdir`-Attribut zu pflegen:

```xml
<project name="bsp1203" default="main" basedir=".">
  <property name="root" value="./project3"/>

  <target name="main">
    <javac srcdir="${root}/src/myPackage"
           destdir="${root}/classes"/>
  </target>
</project>
```

Allerdings liegen dann dieselben Verhältnisse vor wie beim zweiten Beispiel. Der Pfadname der Quelldatei wird nur relativ zum Wert des `srcdir`-Attributs bestimmt, wobei wiederum der Name des Packages verloren geht. Korrekt ist in diesem Fall, das `srcdir`-Attribut unverändert zu lassen und stattdessen das zu kompilierende Package per `<include>`-Tag zu selektieren.

```xml
<project name="bsp1204" default="main" basedir=".">
  <property name="root" value="./project3"/>

  <target name="main">
    <javac srcdir="${root}/src"
           destdir="${root}/classes">
```

```
      <include name="myPackage/**"/>
    </javac>
  </target>
</project>
```

Das nächste, im praktischen Einsatz meist unentbehrliche Attribut ist `classpath` bzw. `classpathref`. Falls in der zu kompilierenden Anwendung externe Java-Pakete benutzt werden, müssen diese im Classpath aufgeführt werden, damit der Java-Compiler sie findet.

In den Classpath werden automatisch die Ant- sowie die Standard-Bibliotheken der Java-Umgebung eingebunden. Falls dies nicht gewünscht ist (z.B. beim Crosscompiling) kann dieses Verhalten durch zwei Attribute (`includeantruntime` und `includejavaruntime`) abgeschaltet werden.

In den seltensten Fällen sollte der Classpath über das gleichnamige Attribut gesetzt werden, da er üblicherweise aus mehreren Elementen besteht und die Notation in einem Attribut zu einer unübersichtlichen Anweisung führt. Außerdem wird der Classpath oft in mehren Statements benötigt. Es ist daher empfehlenswert, den Classpath einmal zu definieren und später per Referenz zu benutzen. Die Definition kann außerhalb von Targets mit dem `<path>`-Tag und innerhalb des `<javac>`-Kommandos durch das `<classpath>`-Tag erfolgen. Beide genannten Tags ermöglichen die Vergabe einer ID, über die später im `classpathref`-Attribut auf den Classpath zugegriffen werden kann. Das folgende Fragment eines realen Projekts demonstriert dies.

```
<path id="classpath">
  <pathelement path="${classpath}" />
  <pathelement location="${pf.path.build}/classes" />
  <pathelement location="${pf.path.extClasses}/servlet.jar" />
  <pathelement location="${pf.path.extClasses}/infobus.jar" />
</path>
...
<target name="-ff_comp">
  <javac srcdir="${pf.path.src}"
         destdir="${pf.path.build}/classes"
         includes="ff/**"
         excludes="ff/addon/plugins/**">
    <classpath refid="classpath"/>
  </javac>
</target>
```

Innerhalb des `<javac>`-Kommandos können aber mehrere Verfahren zur Definition des Classpath gleichzeitig benutzt werden. So ist es möglich, über das Attribut `classpathref` einen projektweit verfügbaren Classpath einzubinden und innerhalb des `<javac>`-Tags mit dem `<classpath>`-Sub-Tag weitere Elemente hinzuzufügen.

Die Attribute zur Auswahl der zu kompilierenden Dateien sind in Tabelle 12.1 zusammengefasst.

Attribut	Beschreibung	Default	Erforderlich
srcdir	Wurzelverzeichnis für Java-Quellen. Der Wert wird von Ant benutzt.		Ja, außer wenn ein eingebettetes `<src>`-Tag existiert
destdir	Zielverzeichnis für Class-Dateien		Nein
includes	Liste aller Dateien, die zu kompilieren sind. Muster sind möglich. Trennung der einzelnen Werte durch Komma.	`**/*.java`	Nein
includesfile	Name einer Datei, in der die zu kompilierenden Dateien stehen		Nein
excludes	Liste der Dateien, die nicht zu kompilieren sind. Trennung durch Komma. Muster sind möglich.		Nein
excludesfile	Name einer Datei, in der die nicht zu kompilierenden Dateien stehen		Nein
classpath	Der Classpath		Nein
sourcepath	Das Wurzelverzeichnis für die Quelldateien. Der Wert wird an den Compiler weitergereicht.	Wert von `srcdir`	Nein
includeantruntime	Sollen die Ant-Runtime-Bibliotheken in den Classpath eingebunden werden?	yes	Nein
includejavaruntime	Sollen die Standard-Bibliotheken der JVM in den Classpath eingebunden werden?	yes	Nein
classpathref	Referenz auf einen Classpath		Nein
sourcepathref	Referenz auf einen Quellpfad		Nein

Tabelle 12.1 `<javac>`-Attribute zur Dateiselektion

Einige weitere Attribute (siehe Tabelle 12.2) regeln die Zusammenarbeit des `<javac>`-Tasks mit der Ant-Umgebung und den Umfang von Log-Ausgaben. Abgesehen von den Attributen `failonerror` und `listfiles` beziehen sich alle anderen Attribute auf Kommandozeilenoptionen des Compilers. Die jeweiligen Werte werden von Ant einfach weitergereicht. Alle Attribute sind optional, sie haben keine Auswirkung auf die erzeugten Class-Dateien.

Attribut	Beschreibung	Default	Erforderlich
failonerror	Soll der Build fortgesetzt werden, wenn Kompilierfehler auftraten?	True	Nein
listfiles	Namen aller kompilierten Dateien auflisten?	No	Nein
nowarn	Compiler-Warnungen anzeigen?	Off	Nein
debug	Class-Dateien mit Debug-Informationen erzeugen?	off (entspricht der Kommandozeilenoption -g:none)	Nein
debuglevel	Debug-Level. Mögliche Werte: none oder eine kommaseparierte Liste der Werte lines, vars oder source. Die Einstellung ist nur wirksam, falls der Wert von debug=on ist.	None	Nein
deprecation	Deprecation-Informationen ausgeben	Off	Nein
verbose	Ausführliche Compiler-Ausgaben erzeugen		Nein

Tabelle 12.2 Attribute für die Kommunikation mit der Umgebung

Im Standardfall meldet das `<javac>`-Kommando nur die Anzahl der zu kompilierenden Dateien. Für genauere Auswertungen oder zur Überprüfung von Selektionsmustern kann es hilfreich sein, die Namen der zu bearbeitenden Dateien aufzulisten. Dies gelingt mit der Einstellung

```
listfiles=true
```

Das Attribut `failonerror` ermöglicht die Kontrolle darüber, ob der gesamte Build bei einem Compiler-Fehler abgebrochen werden soll oder nicht. Falls `failonerror` auf den Wert `true` gesetzt wird, bricht der gesamte Build sofort ab, wenn beim Kompilieren ein Fehler auftritt. Bei `failonerror=false` setzt Ant den Build fort. Dies ermöglicht die Programmierung diverser Aufräumarbeiten oder das Sichern von Log-Dateien. Es existiert allerdings keine einfache Möglichkeit festzustellen, ob der Build erfolgreich war, da die Ant-Tasks im Allgemeinen keine Status-Variablen oder Returncodes setzen. Eine Lösung dieses Problems erfordert den Einsatz des `<uptodate>`-Tags. Das folgende Beispiel deutet die Lösung an:

```xml
<?xml version="1.0" encoding="UTF-8"?>
<!DOCTYPE project SYSTEM "./project.dtd">
<project name="bsp1205" default="main" basedir=".">
  <property name="root" value="./project3"/>

  <path id="classpath">
    <pathelement path="${classpath}" />
    <pathelement location="${root}/classes" />
  </path>

  <target name="main" depends="-comp, -message"></target>

  <target name="-comp">
    <javac srcdir="${root}/src"
           destdir="${root}/classes"
           failonerror="false">
      <classpath refid="classpath"/>
      <include name="myPackage/**"/>
    </javac>

    <uptodate property="build.status" value="Build o.k.">
      <srcfiles dir="${root}">
        <include name="src/**/*.java"/>
      </srcfiles>
      <mapper type = "glob"
              from = "src*.java"
              to   = "classes*.class"/>
    </uptodate>
  </target>

  <target name="-message" depends="-messageOK, -messageFailed"/>

  <target name="-messageOK" if="build.status">
    <echo message="Build O.K."/>
  </target>

  <target name="-messageFailed" unless="build.status">
    <echo message="Build failed"/>
  </target>

</project>
```

In der Build-Datei wird ein Package kompiliert. Durch die Einstellung des Attributs failonerror läuft die Build-Datei komplett durch, auch wenn beim Kompilieren ein Fehler auftritt. Mit Hilfe des Targets –message soll, stellvertretend für andere Aktionen, eine Meldung über den aktuellen Zustand des Builds ausgegeben werden.

Der Erfolg des Builds kann nur indirekt über den Zustand der Zieldateien ermittelt werden. Innerhalb des –comp-Targets prüft daher das <uptodate>-Tag, ob alle Zieldateien aktuell sind oder nicht. Sind sie aktuell, kann dies als Indiz für einen erfolgreichen Build gewertet werden. Sind sie es nicht, liegt offensichtlich ein Fehler vor.

Da das <uptodate>-Tag das zur Status-Anzeige benutzte Property nur dann setzt, wenn die Prüfbedingung erfüllt ist, werden im –message-Target zwei Sub-Targets aufgerufen, deren Ausführung wechselweise an die Existenz bzw. Nicht-Existenz des Propertys gekoppelt ist.

Die eventuell verwirrenden Log-Ausgaben können beim Aufruf von Ant durch die Kommandozeilenoption –q unterdrückt werden. Schließlich meldet Ant immer, wenn die Build-Datei komplett abgearbeitet wurde, eine erfolgreiche Ausführung aller Targets. Ob der Build nur deshalb durchlief, weil der Abbruch durch das Attribut failonerror unterdrückt wurde, spielt dabei keine Rolle.

Zum Test der Build-Datei müssen Sie den Quellcode des Beispiels so verändern, dass ein Fehler entsteht. Dann wird das –messageFailed-Target eine entsprechende Fehlermeldung erzeugen.

Neben den Attributen, die von Ant ausgewertet werden, gibt es einige weitere, die vorwiegend den Kommandozeilenattributen des Java-Compilers entsprechen (siehe Tabelle 12.3). Über diese Attribute werden vorwiegend technische Einstellungen sowie Parameter zum Cross-Compiling eingestellt. Da es sich um Parameter handelt, die nicht Ant-spezifisch sind, sollen sie hier auch nicht näher beschrieben werden. Erwähnenswert sind lediglich die Attribute, die Einfluss auf die Abarbeitungsweise des Java-Compilers haben. Der Compiler ist selbst eine Java-Anwendung, die von Ant daher direkt über Java-Mechanismen ausgeführt werden kann. Der Umweg über eine Kommandozeile oder einen Betriebssystemaufruf zum Start eines externen Programms kann daher entfallen. Mit dem Attribut

```
fork=yes
```

können Sie diese Form des Aufrufs als externe Anwendung aber erzwingen. In diesem Fall können Sie über das Attribut executable den Pfad zum jeweils aufzurufenden Programm vorgeben. Dieses Attribut ist optional. Wenn Sie es nicht benutzen, wird der Compiler des aktuell installierten und von Ant benutzten JDKs verwendet. Der Compiler läuft anschließend in einer eigenen Java-Umgebung.

Der Start des Compilers als externe Anwendung ist vor allem sinnvoll, wenn sehr große Projekte kompiliert werden sollen. Dabei reicht mitunter der standardmäßig bereitgestellte Hauptspeicher nicht aus. Ant bzw. der Java-Compiler brechen dann wegen Speichermangels ab. Es lohnt aber meist nicht, für Ant so viel Hauptspeicher zu reservieren – und dadurch anderen Anwendungen zu entziehen – wie der Compiler möglicherweise später benötigt. Hier kann über den externen Aufruf temporär mehr Speicher vom System angefordert werden. Dies erfolgt durch Nutzung der Attribute `memoryinitialsize` und `memorymaximumsize`. Die Werte beider Attribute werden an die Java-Laufzeitumgebung weitergereicht. Innerhalb der Sun-JVM entsprechen die Attribute den Kommandozeilenoptionen `-Xms` und `-Xmx`.

Attribut	Beschreibung	Default	Erforderlich
`fork`	Starten des Java-Compilers als externes Programm	no	Nein
`executable`	Pfad zum Compiler, falls `fork=yes`		Nein
`memoryinitial-size`	Minimal bereitgestellter Speicher, wenn der Compiler als externe Anwendung läuft		Nein
`memorymaximum-size`	Maximal bereitgestellter Speicher, falls der Compiler im externen Modus läuft		Nein
`encoding`	Kodierung der Quelldateien		Nein
`optimize`	Optimierung einschalten?	off	Nein
`depend`	Überwachung von Abhängigkeiten (dependency-tracking) einschalten?	off	Nein
`source`	Wert des `-source`-Kommandozeilen-Parameters		Nein
`target`	Kompilieren für eine spezielle JDK-Version		Nein
`compiler`	Name des zu benutzenden Compilers	Inhalt des Propertys `build.compiler`	Nein
`bootclasspath`	Boot-Classpath für Cross-Compiling		Nein
`bootclasspathref`	Referenz auf Boot-Classpath		Nein
`extdirs`	Verzeichnis der zu verwendenden Extensionen		Nein

Tabelle 12.3 Technische Attribute für den `<javac>`-Compiler

12.2 RMI-Compile

Java-Anwendungen werden auch im Client-Server-Bereich in steigendem Maße eingesetzt. Zur Kommunikation der Komponenten untereinander findet dabei das RMI-Protokoll Verwendung. Diese Kommunikationsschnittstelle wird von Java unterstützt. Allerdings müssen für Klassen, die an dieser Form der Kommunikation beteiligt sind, zusätzliche Objekte, so genannte *Stubs* und *Skeletons*, generiert werden. Grundlage für die Generierung sind nicht die Java-Quellen, sondern die entsprechenden Class-Dateien. Sie werden durch den RMI-Compiler rmic ausgewertet, der dann jeweils zwei zusätzliche Class-Dateien erzeugt. Die Namen dieser Dateien entstehen durch Anhängen der Zeichenketten _Stub und _Skel an den eigentlichen Dateinamen. Die Namensendung .classes bleibt unverändert.

Der RMI-Compiler ist Bestandteil des JDK. Es handelt sich wiederum um eine Java-Anwendung, sodass er problemlos aus Ant heraus gestartet werden kann.

Der einfachen Methode zum Aufruf steht die sehr komplexe Arbeitsweise des RMI-Compilers gegenüber, die sich in einer Vielzahl von Kommandozeilenparametern äußert. Es macht wenig Sinn, die Aufgaben und die Wirkungsweise dieser Parameter an dieser Stelle detailliert zu beschreiben, da sie lediglich einen Teilaspekt des Themas RMI darstellen. Hier soll daher, ebenso wie beim Java-Compiler, lediglich der Aufruf aus Ant heraus beschrieben werden, nicht aber die genaue Arbeitsweise des RMI-Compilers.

Zum Aufruf des RMI-Compilers existiert in Ant der Task <rmic>. Die wesentlichste Aufgabe für den Programmierer ist die Auswahl der zu behandelnden Dateien. Das <rmic>-Tag verfügt, ebenso wie das <javac>-Tag, über ein eingebautes Fileset-Kommando. Dies ermöglicht die Dateiauswahl mit all den Attributen und Sub-Tags, die bereits beim <fileset>-Tag beschrieben wurden. Die einzige Abweichung ist das base-Attribut des <rmic>-Tags. Es entspricht dem dir-Attribut des Filesets, bestimmt also wiederum das Wurzelverzeichnis für die Dateiauswahl. Der Bezug auf das Fileset schließt ausdrücklich das Attribut includesfile ein. Dieses Attribut wird, wegen des speziellen Charakters des RMI-Kompiliervorgangs, relativ häufig benötigt.

Sofern nur eine einzelne Datei durch den RMI-Compiler behandelt werden soll, kann die entsprechende Klasse im Attribut classname des <rmic>-Tags notiert werden. Der einfachst denkbare Aufruf des Kommandos hat somit die Form:

```
<rmic base="${root}/classes" classname="myPackage.Server" />
```

Dieses Beispiel zeigt auch gleich eine Besonderheit beim Einsatz dieses Attributs. Der Name der zu behandelnden Klassen ist in der Package-Schreibweise anzugeben und nicht als normaler Dateiname. Die Bestandteile des Namens werden durch den Punkt getrennt, die Dateinamensendung class entfällt. Dies gilt allerdings nur für dieses Attribut. Die anderen Attribute und Tags zur Dateiauswahl arbeiten mit den herkömmlichen Datei- und Pfadnamen. Die erstellten Dateien werden übrigens im selben Verzeichnis abgelegt wie die Ausgangsdateien; eine Verschiebung in andere Verzeichnisse macht normalerweise keinen Sinn.

Zunächst noch einige Bemerkungen zur Syntax des Kommandos. Die verfügbaren Attribute zeigt Tabelle 12.4.

Attribut	Beschreibung	Default	Erforderlich
base	Wurzelverzeichnis für die Dateiauswahl		Ja
classname	Name einer einzelnen zu behandelnden Klasse		Nein
sourcebase	Verschiebt generierten Hilfsdateien in das Wurzelverzeichnis (entspricht Kommandozeilenattribut –keepgenerated bzw. –keep.)		Nein
stubversion	Vorgabe der JDK-Version, für die Stubs erzeugt werden sollen		Nein
classpath	Der Classpath während der Kompilierung		Nein
classpathref	Referenz auf den Classpath		Nein
includes	Komma- oder durch Leerzeichen getrennte Liste mit Auswahlmustern. Für alle selektierten Dateien wird eine RMI-Kompilierung durchgeführt.		Nein
includesfile	Name einer Datei mit Auswahlmustern		Nein
excludes	Liste der Dateien, die aus der Selektion auszuschließen sind. Nimmt mit Komma oder Leerzeichen getrennte Selektionsmuster auf.		Nein
excludesfile	Name einer Datei mit Auswahlmustern. Die dadurch selektierten Dateien werden aus der Auswahlliste entfernt.		Nein
defaultexcludes	Default-Excludes berücksichtigen?	yes	Nein
verify	Prüfen, ob die Klassen wirklich Remote implementieren	false	Nein
iiop	Portable Stubs generieren (RMI/IIOP)		Nein
iiopopts	Zusätzliche Argumente für iiop		Nein
idl	Schnittstellenbeschreibung im IDL-Format generieren		Nein

Tabelle 12.4 Attribute des <rmic>-Tags

Attribut	Beschreibung	Default	Erforderlich
`idlopts`	Zusätzliche Argumente für idl		Nein
`debug`	Debug-Informationen erzeugen (entspricht Kommandozeilenoption -g)	`false`	Nein
`includeantruntime`	Runtime-Bibliotheken von Ant in den Classpath aufnehmen	`yes`	Nein
`includejavaruntime`	Runtime-Bibliotheken der JVM in den Classpath aufnehmen	`no`	Nein
`extdirs`	Pfad zu installierten Erweiterungen		Nein
`compiler`	Der zu benutzende Compiler (falls vom Standard abgewichen werden soll)	Inhalt des Propertys `build.rmic`	Nein

Tabelle 12.4 Attribute des <rmic>-Tags (Forts.)

Neben der Vielzahl von Attributen stehen einige eingebettete Tags zur Verfügung. Diese Tags existieren zusätzlich zu den eingebetteten Tags, die <rmic> vom <fileset>-Kommando erbt. Dies ist zunächst wieder das Tag <classpath>, das während der Kompilierung alle zusätzlich benötigten Klassen verfügbar macht. Weiterhin können Sie den oder die Pfade zu installierten Java-Erweiterungen mit dem Tag <extdirs> definieren, sofern das entsprechende Attribut dafür nicht ausreicht.

Da der RMI-Compiler über relativ viele und zum Teil implementationsabhängige Kommandozeilenattribute verfügt, können diese auch direkt an den Compiler übergeben werden. Dazu steht das Sub-Tag <compilerarg> zur Verfügung. Es entspricht im Wesentlichen dem Tag <arg>, das im Zusammenhang mit dem Aufruf von Systemkommandos in Abschnitt 14.2 näher beschrieben wird. Die einzige Erweiterung des <compilerarg>-Tags besteht im zusätzlichen Attribut compiler. Über dieses Attribut kann festgelegt werden, für welche konkreten Implementationen des RMI-Compilers das jeweilige Attribut wirksam werden soll.

Nun aber zu einigen Aspekten des praktischen Einsatzes des <rmic>-Tags. Normalerweise ist in einem Projekt nur für relativ wenige Dateien die RMI-Kompilierung erforderlich. Diese Dateien können über das gesamte Projekt verstreut sein. Es ist daher mitunter problematisch, die Liste mit den zu kompilierenden Dateien aufzustellen bzw. an das <rmic>-Tag zu übergeben. Eine wirklich generische Lösung ist nicht für jedes Projekt möglich, da RMI-Klassen über kein spezielles Merkmal verfügen, über das sie sich mit Ant-Mitteln einfach und sicher ermitteln lassen. Im Folgenden werden einige Möglichkeiten vorgestellt, von denen aber keine wirklich perfekt ist. Alle Varianten lassen sich durchaus auch miteinander kombinieren, um ein Optimum zwischen Allgemeingültigkeit, Sicherheit und Wartbarkeit zu erreichen.

Am einfachsten ist es, die Liste mit den RMI-Klassen manuell in einer separaten Textdatei zu pflegen. Im `<rmic>`-Tag wird diese Datei dann mit dem `includesfile`-Attribut eingebunden. Der folgende Ausschnitt stammt aus einer realen Build-Datei:

```
<rmic base         = "${pf.path.abs.build}/classes"
      includesfile = "${basedir}/rmifiles.txt"
      verify       = "true"
      classpathref = "classpath"/>
```

Diese Variante ist relativ einfach zu programmieren. Allerdings erfordert sie etwas Aufwand für die Pflege der externen Datei. Dies kann durch die Entwickler selbst erfolgen. Vergesslichkeit führt aber zu Fehlern, die sich erst beim praktischen Test der Anwendung bemerkbar machen und so einen neuen Build mit nachfolgendem Deployment oder neuer Installation erzwingen. In gereiften Projekten, in denen nur noch selten neue Klassen hinzukommen, ist dieser Weg durchaus akzeptabel. Für frühe Entwicklungsphasen ist aber etwas mehr Automatismus durchaus erwünscht.

Es bietet sich an, die anderen vom Fileset geerbten Möglichkeiten zur Dateiauswahl zu nutzen. Diese sind nur dann sinnvoll verwendbar, wenn aus dem Dateinamen auf die Notwendigkeit der RMI-Kompilierung geschlossen werden kann. Sollte dies der Fall sein, kann das `<rmic>`-Tag sehr einfach aufgebaut und benutzt werden, zumindest was die Dateiauswahl angeht. Ein einfaches `<include>`-Tag bzw. ein `includes`-Attribut reicht gegebenenfalls bereits aus:

```
<rmic base="${root}/classes">
   <include name="**/*RMI*.class"/>
</rmic>
```

Der Aufwand für dieses Verfahren ist relativ gering, auch die Berücksichtigung der Namenskonventionen funktioniert in der Praxis meist sehr gut. Die Fehler- bzw. Vergesslichkeitsquote ist geringer als die beim Pflegen einer separaten Liste. Allerdings können die Dateinamen aus praktischen Gründen nicht so flexibel vergeben werden, wie es hier notwendig wäre. Im Java-Umfeld wird inzwischen intensiv von Design Pattern Gebrauch gemacht, die eigene Namenskonventionen mitbringen. Benutzt man beispielsweise das Factory-Entwurfsmuster, so gehört zum Interface `CustomizingTableFactory.java` die Implementierung `CustomizingTableFactoryImpl.java`. Natürlich muss nur die Implementierung des Interface RMI-fähig sein, nicht das Interface selbst. Ein Anfügen zusätzlicher Zeichen an den Klassennamen würde aber die Systematik der Dateinamen stören.

Eine weitere Möglichkeit zur Dateiselektion bietet die Tatsache, dass RMI-fähige Klassen häufig von ganz bestimmten Klassen des JDK abgeleitet werden, z.B. von `java.rmi.server.UnicastRemoteObject`. Da die Namen der Super-Klassen auch in einer kompilierten Class-Datei erhalten bleiben, bietet sich die Selektion über eine Zeichenkettensuche an. Diese kann über einen Selektor stattfinden:

```
<rmic base="${root}/classes">
  <contains text="UnicastRemoteObject"/>
</rmic>
```

Völlig problemlos ist aber auch diese Variante nicht. So kann durchaus auch der Fall eintreten, dass eine von UnicastRemoteObject abgeleitete Klasse als Super-Klasse für weitere, dann ebenfalls RMI-fähige Klassen dient. In denen ist dann aber die im Suchmuster benutzte Zeichenkette nicht enthalten, sodass die Dateiauswahl um ein Suchmuster oder eine Liste mit Dateinamen erweitert werden muss. Ein Ausweg wäre, in den Klassen, für die eine RMI-Kompilierung stattfinden soll, eine projektabhängige Zeichenkette als Kennzeichen abzulegen. Da die Mustersuche in den Klassen und nicht in den Quelldateien stattfindet, muss dieser String allerdings als Java-Objekt existieren; ein Kommentar reicht nicht. Dieses Verfahren ist wiederum auf die Sorgfalt der Programmierer angewiesen. Außerdem ist die Zeichenkettensuche natürlich zeitaufwändiger als eine Mustersuche über Dateinamen oder gar das Einbinden einer Textdatei.

Eine wesentlich aufwändigere Variante beruht auf der Analyse der Quelldateien. Ein kleines Java-Programm, das aus Ant heraus aufgerufen werden kann, erstellt eine Textdatei mit den Namen aller Dateien für den RMI-Kompilerlauf. Dieses Programm kann den Quellcode nach diversen Kennzeichen durchsuchen und bei Bedarf den Vererbungsmechanismus berücksichtigen. Im Vergleich mit den beschriebenen Varianten ist der Zuwachs an Komfort allerdings deutlich geringer als der Aufwand.

Einige der beschriebenen Varianten können gemeinsam in einem Kommando benutzt werden. Sie müssen dabei aber einige Eigenschaften des <fileset>-Tags beachten. So sind musterbasierte Selektionen und die Selektion über Dateieigenschaften (mit Selektoren) generell UND-verknüpft. Eine nahe liegende Kombination des includesfile-Attributs und eines Selektors (z.B. <contains>) bringt daher meist nicht das gewünschte Ergebnis. Wenn eine gemischte Auswahl über Eigenschaften und Muster gewünscht ist, sollten generell nur Selektoren eingesetzt und explizit ODER-verknüpft werden. Für die Mustersuche steht bekannterweise ein spezieller Selektor <filename> zur Verfügung. Das folgende Beispiel zeigt einen Ausschnitt aus einer realen Ant-Datei:

```
<rmic base="${pf.path.abs.build}/classes"
      verify="true"
      classpathref="classpath">
  <or>
    <contains text="UnicastRemoteObject"/>
    <filename name="ff/il/internal/usermgmt/provider/*.class"/>
  </or>
</rmic>
```

12.3 Java Server Pages kompilieren

Eine häufig verwendete Spielart von Java-Dateien sind die JSP-Dateien, die zur Erstellung Java-basierter Web-Anwendungen nahezu unentbehrlich sind. Es handelt sich dabei eigentlich um HTML-Dateien mit eingebettetem Java-Code. Diese Dateien werden durch eine Erweiterung des Webservers, die JSP-Engine, in einem zweistufigen Prozess zunächst in reinen Java-Code umgewandelt und dann kompiliert. Dieser Vorgang findet automatisch statt. Er wird immer dann ausgelöst, wenn die JSP-Datei aktueller (jünger) ist als die zugehörige Java-Klasse. Besonders nachteilig ist, dass diese Kompilierung durch die JSP-Engine angestoßen wird und somit erst dann stattfindet, wenn die JSP-Seite zum ersten Mal benutzt wird. Wenn es Inkompatibilitäten zwischen dem Java-Code der JSP-Seite und dem anderer Klassen gibt (z. B. mit den Objekten, die von einer Server-Anwendung geliefert werden), entsteht zur Laufzeit eine Java-Exception. Derartigen Problemen kann vorgebeugt werden, indem JSP-Seiten bereits vor der Installation auf dem Webserver kompiliert werden. Auch wenn der Webserver diese Seiten gegebenenfalls nochmals kompiliert, kann durch eine vorherige Kompilation zumindest die syntaktische Korrektheit der JSP-Seiten sichergestellt werden.

Der JSP-Compiler, der vom `<jspc>`-Tag aufgerufen wird, erstellt aus den JSP-Dateien lediglich Java-Dateien. Er führt somit keine echte Kompilation durch und kann syntaktische Probleme, die sich bei der Benutzung externer Klassen ergeben können, nicht erkennen. Dazu muss sich eine echte Java-Kompilierung anschließen.

Ebenso wie beim Java- oder RMI-Compiler ruft Ant zum Umwandeln der JSP-Seiten ein externes Java-Programm auf. Dieses ist aber nicht im Standard-JDK enthalten, sondern gehört zum Installationspaket der Servlet-Engine *Tomcat*. Um den JSP-Compiler aufrufen zu können, müssen Sie daher einige Jar-Archive in den Classpath einbinden. Die Namen der Archive sind von der Tomcat-Version und der aktuellen JVM abhängig. Für die Version 3.2.4 unter JDK 1.4 sind es `jasper.jar`, `servlet.jar` und `webserver.jar`, für Tomcat 4.x hingegen `jasper.jar` und `jasper-runtime.jar`. Ob die Archive zu einer vollständigen Tomcat-Installation gehören oder lediglich auf den Build-Rechner kopiert werden, ist dabei egal.

Die in Tabelle 12.5 vorgestellte Liste der Attribute des `<jspc>`-Tags ist überschaubar.

Die Angabe von Quell- und Zielverzeichnis ist unbedingt erforderlich. Die Auswahl der konkreten Dateien erfolgt bei Bedarf über eingebettete Tags, die denen eines Filesets entsprechen. Ebenso wie die Tags `<javac>` und `<rmic>` erbt das `<jspc>`-Tag alle Eigenschaften des Filesets.

Über das Attribut `compiler` kann bei Bedarf auch ein anderer als der standardmäßig erwartete Compiler der Tomcat-Engine benutzt werden. Eine Classpath-Angabe ist erforderlich, wenn der JSP-Compiler nicht im Standard-Classpath des Systems vorhanden ist.

12.3 Java Server Pages kompilieren

Attribut	Beschreibung	Default	Erforderlich
`destdir`	Wurzelverzeichnis für die generierten Dateien		Ja
`srcdir`	Wurzelverzeichnis für die Quelldateien		Ja
`package`	Name des Packages für die generierten Java-Dateien		Nein
`classpath`	Classpath		Nein
`classpathref`	Referenz auf den Classpath		Nein
`failonerror`	Abbruch des Builds bei Fehlern	yes	Nein
`verbose`	Ziffer. Bestimmt den Umfang der Log-Ausgaben	0	Nein
`uribase`	Basis für relative URLs		Nein
`uriroot`	Das Wurzelverzeichnis für URLs.		Nein
`mapped`	Separate Anweisung zur Ausgabe jeder HTML-Zeile	false	Nein
`compiler`	Der Name des JSP-Compilers		Nein
`ieplugin`	Class-ID für das Java-Plugin des Internet Explorers		Nein

Tabelle 12.5 Attribute des <jspc>-Tags

Die beiden Parameter `uribase` und `uriroot` nehmen Einfluss auf die relativen und absoluten URLs, die in den JSP-Seiten generiert werden. Diese Einstellungen sind nur notwendig, wenn die JSP-Dateien bereits für den endgültigen Einsatz auf dem Webserver kompiliert werden und nicht nur testweise zum Syntax-Check.

Die erzeugten Java-Dateien können eine Package-Angabe erhalten. Diese kann im Attribut `package` vorgegeben werden. Diese Angabe überschreibt die standardmäßig vom `<jspc>`-Kommando erstellten Package-Angaben. Die Ablage der erzeugten Java-Dateien unterhalb von `destdir` erfolgt stets unter Berücksichtigung des Package-Namens.

Hinsichtlich der Auswertung der Verzeichnisstrukturen von Quell- und Zielverzeichnis und der Package-Namen unterscheiden sich die JSP-Compiler erheblich von den anderen Compilern. Dabei ist zu berücksichtigen, dass die Compiler externe Programme sind, die nicht zum Ant-Paket gehören. Das konkrete Verhalten ist daher zwischen den diversen Tomcat-Versionen unterschiedlich. So berücksichtigt der zu Tomcat 3.2 gehörende Compiler den Pfad unterhalb des Quell-Verzeichnisses nicht. Die erste gefundene Quelldatei (egal, aus welchem Unterverzeichnis) wird direkt im Zielverzeichnis abgelegt. Für Dateien in und unterhalb des ersten gefundenen Verzeichnisses wird die Struktur korrekt nachgebildet. Für andere Verzeichniszweige generiert der JSP-Compiler hingegen einen Package-Namen, der sich aus dem absoluten Pfadnamen der JSP-Dateien ergibt. Bei Angabe eines Package-Namens werden alle Sub-Verzeichnisse ignoriert und alle generierten Java-Dateien in ein und demselben Verzeichnis abgelegt. Namensgleiche Dateien werden dabei überschrieben.

Die korrekte Kompilierung und Verteilung von JSP-Seiten ist daher nicht ganz unproblematisch. Deutlich einfacher ist die testweise Erstellung der Class-Dateien, um Syntaxfehler auszuschließen.

Das folgende Listing zeigt einen leicht modifizierten Ausschnitt aus einer produktiven Ant-Datei. Es demonstriert auf eher pragmatische Weise den Einsatz des <jspc>-Kommandos:

```
<path id="tomcatlibs">
  <fileset dir="${path.abs.tomcat.lib}">
    <include name="**/*.jar"/>
  </fileset>
</path>

<target name="checkjsp" >
  <mkdir dir="${path.build}/jsptmp"/>

  <jspc srcdir="${path.src}/myprj/jsp"
        destdir="${path.build}/jsptmp"
        classpathref="classpath" >
    <include name="*.jsp"/>
    <classpath refid="tomcatlibs"/>
  </jspc>

  <javac classpathref="classpath"
         srcdir="${path.build}/jsptmp"
         destdir="${path.build}/jsptmp">
    <include name="**/*.java"/>
    <classpath refid="tomcatlibs"/>
  </javac>

  <delete includeemptydirs="true"
          dir="${path.build}/jsptmp"/>
</target>
```

Zum Aufruf des JSP-Compilers und zum anschließenden Kompilieren der von ihm generierten Java-Dateien müssen einige Klassen der Servlet-Engine verfügbar sein. Aus diesem Grund wird zunächst ein Pfad-Element mit der ID tomcatlibs erstellt. Per Fileset werden alle Jar-Dateien aufgenommen, die im Lib-Verzeichnis der Servlet-Engine liegen. Es werden zwar nicht alle benötigt, dafür ist dieses Verfahren sehr einfach.

Die Kompilierung erfolgt nur, um Syntaxfehler feststellen zu können. Die erzeugten Dateien werden anschließend nicht mehr benötigt und können gelöscht werden. Es bietet sich daher an, ein temporäres Verzeichnis zu benutzen. Dieses wird am Anfang des eigentlichen Targets erstellt und zum Schluss wieder gelöscht. Dabei wird vorausgesetzt, dass das Build-Verzeichnis komplett leer ist.

Es schließt sich der Aufruf des JSP-Compilers an. Das Quell- und das Zielverzeichnis werden durch die entsprechenden Attribute definiert. Ebenso wird der für das gesamte Projekt gültige Classpath über das Attribut classpathref referenziert. Die Definition dieses Pfades ist im Beispiel nicht enthalten. Innerhalb des Tags wird dann über ein eingebettetes <classpath>-Tag zusätzlich noch der zu Beginn des Beispiels definierte Pfad zum aktuellen Classpath hinzugefügt. Diese Einstellung hat keine bleibende Wirkung, sondern ist nur für den Aufruf des JSP-Compilers gültig.

Die Auswahl der zu verarbeitenden Dateien erfolgt durch ein einfaches <include>-Tag; schließlich erbt <jspc> alle Eigenschaften eines Filesets. Nach Abarbeitung dieses Tags stehen im Verzeichnis ${path.build}/jsptmp die generierten Java-Dateien bereit. Diese können dann durch einen ebenso einfachen Aufruf kompiliert werden. Dem Java-Compiler muss vorsichtshalber ebenfalls der erweiterte Classpath übergeben werden, da in den JSP-Seiten, genauer gesagt in den daraus generierten Java-Dateien, einige Packages aus der Servlet-Bibliothek eingebunden werden. Die komplette Sammlung aller Jar-Dateien ist hier zwar nicht notwendig, sollte aber auch nicht stören.

Wenn während der Generierung der Java-Dateien oder anschließend bei deren Kompilierung Fehler auftreten, führt das zum Abbruch des Builds. Sollten hingegen alle Dateien korrekt verarbeitet worden sein, so können die temporären Dateien samt Verzeichnis gelöscht werden. Der Build wird dann ganz normal fortgesetzt.

12.4 Javadoc generieren

Vor allem während der Programmentwicklung im Team, aber auch zur späteren Wartung der Anwendung ist eine ausführliche Dokumentation unerlässlich. Für die überwiegend technisch orientierten Bestandteile der Dokumentation kommt üblicherweise die direkt aus dem Quelltext generierte *Javadoc* zum Einsatz, die von vielen Entwicklungsumgebungen sogar als Online-Hilfe eingebunden werden kann. Die Erstellung einer Javadoc gehört daher zu den elementaren Bestandteilen eines Builds.

Das Javadoc-Kommando ist zwar kein Compiler im engeren Sinne, allerdings generiert auch dieses Kommando aus Eingangsdaten einen Satz neuer Dateien mit völlig anderer Funktionalität. Dieses Kommando gehört ebenfalls zum Standard-JDK. Es weist noch wesentlich mehr Kommandozeilenparameter auf als die eigentlichen Compiler des Pakets. Viele dieser Parameter stehen nur für bestimmte Versionen des JDK zur Verfügung. Die korrekte Verwendung des Javadoc-Kommandos erfordert daher ebenfalls umfangreiche Kenntnisse und gegebenenfalls auch einiges an Vorarbeit. An dieser Stelle soll daher nur die Verwendung des Ant-Tasks beschrieben werden, der das externe Javadoc-Kommando aufruft. Dabei kann nur eine Auswahl der wichtigsten Attribute und Sub-Tags erwähnt werden. Details zum externen Javadoc-Kommando finden Sie in gängigen Java-Dokumentationen.

Tabelle 12.6 zeigt zunächst eine Auswahl der wichtigsten Attribute.

Attribut	Beschreibung	Erforderlich
sourcepath	Wurzelverzeichnis für die Dateiauswahl	Mindestens eines der drei source*-Attribute oder Definition durch eingebettete Tags (siehe Text)
sourcepathref	Referenz auf eine Pfaddefinition, die als Wurzel für die Dateiauswahl dient	
sourcefiles	Liste der Quelldateien. Trennung durch Komma.	
destdir	Zielverzeichnis	Ja, sofern kein Doclet definiert wurde. (Das Attribut ist nicht in dieser Tabelle enthalten.)
maxmemory	Maximalwert für den Hauptspeicher, der der JVM zur Verfügung gestellt wird	Nein
packagenames	Liste der zu behandelnden Packages. Ein abschließendes Musterzeichen ist möglich.	Nein
classpath	Classpath als Direktwert	Nein
classpathref	Referenz auf eine Classpath-Definition	Nein
failonerror	Build beenden, wenn ein Fehler auftritt	Nein
excludepackagenames	Komma-getrennte Liste der nicht zu behandelnden Packages	Nein
defaultexcludes	Liste der Default-Exclude-Muster berücksichtigen	Nein

Tabelle 12.6 Die wichtigsten Attribute des <javadoc>-Tasks

Wie bei fast allen Kommandos müssen auch für `<javadoc>` die zu bearbeitenden Dateien ausgewählt werden. Dazu stehen neben den üblichen, auf einem Fileset beruhenden Varianten einige weitere Möglichkeiten zur Verfügung. Außerdem ist natürlich ein Zielverzeichnis zu benennen. Für diese Aufgabe gibt es das Attribut `destdir`.

Die einfachste Möglichkeit, Quelldateien zu bestimmen, besteht in der Aufzählung der einzelnen Java-Dateien. Dies kann im Attribut `sourcefiles` geschehen. Mehrere Dateinamen sind möglich. Sie müssen durch ein Komma voneinander getrennt werden. Außerdem können Sie herkömmliche Musterzeichen, die auch auf Kommandozeilenebene akzeptiert werden, verwenden. Allerdings akzeptiert die aktuelle Version von Ant (1.5.1) in diesem Attribut keine Leerzeichen, weder innerhalb der Dateinamen noch als Trennzeichen dazwischen.

```
<javadoc
  sourcefiles = "${path.abs.src}/factory/server/Constants.java"
  destdir     = "${path.abs.doc}"
  classpathref= "classpath"/>
```

Innerhalb des `sourcefiles`-Attributs müssen korrekte Pfadnamen stehen. Das bedeutet in diesem Fall entweder absolute Pfade oder relative Pfade bezüglich des Arbeitsverzeichnisses der Build-Datei. Das `sourcepath`-Attribut des `<javadoc>`-Tags ist in diesem Fall wirkungslos. Beachten Sie bei diesem Attribut, dass die Selektion der Dateien durch Musterzeichen nicht mit den Möglichkeiten eines Filesets übereinstimmt. Insbesondere findet keine rekursive Suche statt. Um eine Javadoc für ein komplettes (Sub-) Package zu erstellen, ist daher das Attribut `packagenames` einzusetzen. Es enthält die Liste der Packages, die durch Javadoc zu behandeln sind. Dabei ist die Package-Schreibweise zu verwenden. Der Einsatz eines abschließenden Musterzeichens ist möglich. Dieses Attribut arbeitet nur zusammen mit einem `sourcepath`-Attribut korrekt:

```
<javadoc sourcepath    = "${path.abs.src}"
         packagenames  = "ff.il.*"
         destdir       = "${path.abs.root}/javadoc"
         classpathref  = "classpath"/>
```

Bei Bedarf können Sie mit dem `excludepackagenames`-Attribut bestimmte Packages auch von der Generierung ausschließen.

Beide Attribute können durch ein äquivalentes Sub-Tag ersetzt werden. Anstelle des `sourcefiles`-Attributs kann auch ein eingebettetes `<fileset>`-Tag treten. Allen Pfadangaben, die im Fileset benutzt werden, fügt Ant automatisch das Muster `**/*.java` an. Sie können sich somit auf die Notation der Verzeichnisnamen beschränken und dadurch komplette Packages für die Javadoc-Generierung auswählen. Allerdings können Sie auch einzelne Dateien selektieren und nur für diese eine Generierung durchführen. Das Wurzelverzeichnis für die Dateiselektion wird bei dieser Variante im Fileset durchgeführt; ein `sourcepath`-Attribut im Javadoc-Kommando ist nicht erforderlich. Das folgende Kommando würde für alle Java-Dateien im Quellcode-Verzeichnis `factory/server` die Javadoc generieren:

```
<javadoc destdir="${path.abs.doc}"
        classpathref="classpath">
  <fileset dir="${path.abs.src}">
    <include name="factory/server"/>
  </fileset>
</javadoc>
```

Sicherlich seltener notwendig ist die Ersetzung des `packagenames`-Attributs. Das entsprechende Sub-Tag ist `<package>`. Es verfügt über das Attribut `name`, das jeweils einen Package-Namen oder ein Muster aufnimmt. Auch hier ist die Vorgabe eines Wurzelverzeichnisses durch das `sourcepath`-Attribut oder das `<sourcepath>`-Tag erforderlich. Falls mehrere separate Packages benannt werden sollen, muss dieses Tag mehrfach notiert werden:

```
<javadoc sourcepath   = "${path.abs.src}"
        destdir      = "${path.abs.doc}"
        classpathref = "classpath">
  <package name="ff.il.*"/>
  <package name="ff.admin.*"/>
</javadoc>
```

Neben den bisher beschriebenen Tags existiert noch ein weiteres, das Eigenschaften des Filesets mit denen des `<package>`-Tags verbindet. Es handelt sich dabei um das `<packageset>`-Tag. Dieses Tag ist eine Variante eines Dirsets. Die Syntax ähnelt der eines Filesets. Über ein Attribut `dir` wird ein Wurzelverzeichnis vorgegeben, weitere Attribute oder eingebettete Tags (z.B. `<include>`) definieren eine Auswahl. Diese besteht aber nicht aus einzelnen Dateien, sondern lediglich aus Verzeichnissen. Ant generiert nun für alle Java-Dateien in den ausgewählten Verzeichnissen die Javadoc.

Sofern die Selektion von Dateien über eingebettete Tags erfolgt, ist das `exclude-packagenames`-Attribut des Javadoc-Kommandos wirkungslos. Ist der Ausschluss von Packages erforderlich, wird das Sub-Tag `<excludepackage>` notwendig.

Neben den Tags und Attributen zur Dateiauswahl muss auf jeden Fall noch das Attribut `maxmemory` erwähnt werden. Das externe Javadoc-Kommando wird in einer eigenen Java Virtual Machine gestartet. Für diese JVM kann der maximal zur Verfügung stehende Hauptspeicher über das erwähnte Attribut beeinflusst werden. Bei umfangreicheren Projekten bricht Javadoc ohne zusätzlichen Hauptspeicher mit einer `OutOfMemory`-Exception ab. Als Wert des Attributs wird eine Zahl erwartet. Ihr kann das Zeichen k oder m als Maßeinheit für Kbyte oder Mbyte folgen.

13 Archive

Nach dem Kompilieren eines Projekts stehen zwar alle erforderlichen Klassen zur Verfügung, für eine einfache Weitergabe und Installation werden diese aber häufig in Archiven zusammengefasst. Ant unterstützt daher auch die Erstellung der gängigen Archive. Standardmäßig werden Zip-, Jar-, Tar- und War-Archive unterstützt. Diese können sowohl erstellt als auch entpackt werden.

Die Archive werden von Ant direkt unterstützt, es sind keine Zusatzpakete notwendig.

13.1 Zip-Archive

Das Zip-Format ist der allgegenwärtige Klassiker. Seinen Ursprung hat es vor allem in dem Wunsch, Dateien zu komprimieren und somit Platz auf dem Datenträger zu sparen. Obwohl im Java-Umfeld die Jar-Archive eine größere Bedeutung besitzen, kann das Zip-Format nicht ignoriert werden. Die Zahl der Attribute (siehe Tabelle 13.1) deutet darauf hin, dass durch das <zip>-Tag eine Vielzahl von Funktionen bereitgestellt wird.

Bei den Attributen und den Sub-Tags müssen Sie zwischen denen, die für die Dateiauswahl zuständig sind, und denen, die für die eigentliche Archiv-Erstellung zuständig sind, unterscheiden. Da die Dateiauswahl einige Besonderheiten bietet, sollen zunächst einige Details zu den eigentlichen Archivierungsfunktionen vorgestellt werden.

Obwohl Zip vor allem wegen seiner Komprimierungsfunktionen bekannt geworden ist, vereint es doch zwei Funktionen. Es kann mehrere Dateien in ein Archiv verpacken und es kann dieses Archiv zusätzlich noch komprimieren. Die Komprimierungsfunktion ist standardmäßig eingeschaltet, kann aber durch das Attribut

```
compress="false"
```

abgeschaltet werden. Dies spart etwas Zeit.

Das Attribut `update` steuert das Verhalten des Tags, falls die Zieldatei bereits existiert. Hat dieses Attribut den Wert `true`, dann wird ein existierendes Archiv nur auf den neuesten Stand gebracht. Nur die veränderten Quelldateien werden neu in das Archiv aufgenommen. Der Wert `false` hingegen sorgt dafür, dass die Archivdatei zunächst gelöscht und danach komplett neu aufgebaut wird.

Attribut	Beschreibung	Default	Erforderlich
`destfile`	Der Name der zu erzeugenden Zip-Datei		Ja
`basedir`	Wurzelverzeichnis für die Dateiauswahl		Nein
`compress`	Archiv komprimieren	`true`	Nein
`encoding`	Zeichencodierung		Nein
`filesonly`	Nur Dateien berücksichtigen	`false`	Nein
`includes`	Komma-getrennte Liste der aufzunehmenden Dateien		Nein
`includesfile`	Name einer Datei mit den aufzunehmenden Dateien.		Nein
`excludes`	Liste der nicht in das Archiv aufzunehmenden Dateien. Komma-getrennt.		Nein
`excludesfile`	Datei mit einer Liste der nicht aufzunehmenden Dateien.		Nein
`defaultexcludes`	Default-Excludes berücksichtigen.	`yes`	Nein
`update`	Archiv aktualisieren, wenn es bereits existiert. Die Alternative ist die komplette Neuerstellung.	`no`	Nein
`whenempty`	Verhalten, wenn keine Dateien passen. Mögliche Werte sind `fail`, `skip` und `create`.	`skip`	Nein
`duplicate`	Verhalten, wenn Duplikate von Dateien gefunden werden. Mögliche Werte sind `add`, `preserve` und `fail`.	`add`	Nein

Tabelle 13.1 Attribute des Zip-Kommandos

Beim Erstellen eines Archivs kann der Fall eintreten, dass keine Quelldateien existieren. Möglicherweise sollen Class-Dateien archiviert werden, die wegen eines Fehlers beim Kompilieren gar nicht erstellt wurden oder wegen einer speziellen Einstellung bei diesem Build-Lauf nicht erstellt wurden. Das Attribut `whenempty` legt in diesem Fall fest, was geschehen soll. Der Wert `fail` sorgt für den Abbruch des Builds, `skip` setzt den Build fort, ohne ein Archiv zu erzeugen, und `create` erzeugt ein leeres Archiv.

Abhängig von der Art der Dateiselektion kann der Fall eintreten, dass eine Datei mehrfach in ein Archiv aufgenommen werden soll bzw. dass mehrere Dateien mit identischem Namen selektiert werden. Auch in diesem Fall kann das Verhalten des Zip-Kommandos durch ein Attribut an die Erfordernisse angepasst werden. Das in diesem Fall zu verwendende Attribut `duplicate` kennt drei mögliche Werte: `add`, `fail` und `preserve`. Bei der Verwendung von `add` werden die Duplikate dem Archiv hinzugefügt. Alle Dateien existieren im Archiv gleichzeitig. Probleme treten erst beim Entpacken auf. Sofern nicht einzeln in unterschiedliche Verzeichnisse entpackt wird, würde nur die jeweils letzte der gleichnamigen Dateien erhalten bleiben. Ein Wert von fail sorgt dafür, dass beim Hinzufügen von Duplikaten ein Build-Fehler entsteht, während mit preserve die Duplikate ignoriert werden. Immerhin erzeugt Ant im letztgenannten Fall eine Log-Ausgabe.

Bezüglich der Dateiselektion stellt das <zip>-Tag seine Funktionen auf sehr pragmatische Weise zur Verfügung, was bei der Anwendung einige Umsicht erfordert.

Im Gegensatz zu einigen anderen Tags erbt das <zip>-Tag alle Eigenschaften eines Filesets, akzeptiert aber zusätzlich noch das <fileset>-Tag als eingebettetes Tag. Neuere Versionen von Ant beanstanden die implizite Verwendung der Fileset-Eigenschaften allerdings als veraltet (deprecated). Für neue Projekte sollte diese Variante daher nicht mehr verwendet werden. Die Verwendung separater Filesets ist ohnehin flexibler, sodass hier nur diese Variante beschrieben werden soll.

Innerhalb des <zip>-Tags können mehrere voneinander unabhängige Filesets definiert werden. Jedes Fileset fügt die Dateien, die es selektiert, in das Archiv ein. Dabei wird im Archiv für jede Datei die Pfadangabe gespeichert, die dem relativen Pfad der Datei unterhalb des Wurzelverzeichnisses des Filesets entspricht. Das bietet den Vorteil, dass Dateien aus unterschiedlichen Quellverzeichnissen in das Archiv aufgenommen werden können, aber nur die relativen Pfade unterhalb des jeweiligen Quellverzeichnisses in die Pfadangaben innerhalb des Archivs eingehen. Das folgende Beispiel illustriert dieses Verhalten:

```xml
<project name="bsp1301" default="main" basedir=".">
  <target name="main">
    <zip destfile="antexamples.zip">
      <fileset dir=".">
        <include name="**/*.*"/>
        <exclude name="**/*zip"/>
      </fileset>
      <fileset dir="../Kapitel08">
        <include name="**/*.xml"/>
      </fileset>
    </zip>
  </target>
</project>
```

Das Zip-Kommando erstellt das Archiv antexamples.zip. Auf zusätzliche Attribute wurde hier aus Gründen der Übersichtlichkeit verzichtet. Die Dateien, die in dieses Archiv aufgenommen werden sollen, werden durch zwei Filesets bereitgestellt. Das erste liest alle Dateien aus dem aktuellen Verzeichnis (mit Ausnahme eventueller Zip-Archive). Das zweite fügt dem Archiv alle XML-Dateien eines anderen Verzeichnisses hinzu. Nach dem Entpacken des Archivs würden sich alle Dateien in einem gemeinsamen Verzeichnis befinden.

Eine praktische Anwendungsmöglichkeit für dieses Verfahren besteht im Einmischen von Property- oder Ressourcen-Dateien in ein Archiv. Dabei erspart die Variante mit mehreren Filesets eventuelle Kopiervorgänge und beschleunigt somit den Build.

Innerhalb des `<zip>`-Tags steht neben dem ursprünglichen Fileset auch noch eine Modifikation dieses Sub-Tags zur Verfügung. Es handelt sich um das `<zipfileset>`-Tag. Dieses Tag kennt neben den Fileset-Attributen drei weitere Attribute, die in Tabelle 13.2 vorgestellt werden.

Attribut	Beschreibung
`fullpath`	Setzt innerhalb des Archivs für eine einzelne Datei einen neuen Namen inklusive Pfad.
`prefix`	Zusätzliche Pfadangabe, die im Archiv dem realen Pfad vorangestellt wird.
`src`	Ersetzt das `dir`-Attribut. Bezeichnet eine Zip-Datei, in der die Dateiselektion erfolgt.

Tabelle 13.2 Zusätzliche Attribute des `<zipfileset>`-Tags

Das `src`-Attribut ersetzt das `dir`-Attribut. Mit seiner Hilfe wird statt des Wurzelverzeichnisses ein Zip-Archiv als Quelle für die Dateiauswahl definiert. Die mit den bekannten Sub-Tags bezeichneten Dateien werden aus dem Archiv herausgelöst und in das neue Archiv geschrieben.

Die beiden Attribute `fullpath` und `prefix` nehmen Einfluss auf die Namen bzw. Pfade, unter denen Dateien im Archiv abgelegt werden. Mit `prefix` kann ein Pfad vorgegeben werden, der im Archiv dem echten Pfad vorangestellt wird. Beim Entpacken wird die Datei somit in ein anderes Verzeichnis entpackt, als in das, aus dem sie gelesen wurde. Hilfreich ist dieses Attribut, wenn die Struktur eines Archivs von der des realen Dateisystems abweichen soll. Es erspart mitunter das Erzeugen einer 1:1-Vorlage für das spätere Archiv.

Das `fullpath`-Attribut kann nur benutzt werden, wenn durch das `<zipfileset>`-Tag nur eine einzige Datei selektiert wird. In diesem Fall kann durch das Attribut ein vollständig neuer Name (inklusive Pfad) für diese Datei gesetzt werden. Das `fullpath`- und das `prefix`-Attribut schließen sich natürlich gegenseitig aus.

Falls mehrere existierende Zip-Archive in ein neues Archiv verpackt werden sollen, kann das durch entsprechend viele `<zipfileset>`-Tags geschehen. Eleganter und etwas bequemer ist allerdings der Einsatz des `<zipgroupfileset>`-Tags. Es entspricht hinsichtlich seiner Syntax dem herkömmlichen Fileset. Durch die Selektions-Sub-Tags sollten aber nur Zip-Archive selektiert werden. Diese werden entpackt und zu dem neuen Archiv hinzugefügt. Die Selektion anderer Dateien führt nicht zu einem Syntax-Fehler, allerdings werden diese dann beim Erstellen des neuen Archivs nicht berücksichtigt.

13.2 Jar-Archive

Ein Jar-Archiv ähnelt einem Zip-Archiv. Derartige Archive werden fast ausnahmslos benutzt, um die vielen einzelnen Class-Dateien einer Java-Anwendung in einer großen Datei zusammenzufassen. Diese Aufgabe wird durch einige zusätzliche Informationen unterstützt, die in einer Jar-Datei gespeichert werden können. Das `<jar>`-Tag entspricht im Großen und Ganzen dem `<zip>`-Tag, verfügt aber über einige spezielle Attribute. Die Selektion der Dateien, die in ein Jar-Archiv aufgenommen werden sollen, verläuft analog zum `<zip>`-Tag. Der Jar-Task erbt alle Eigenschaften vom `<fileset>`-Tag und akzeptiert darüber hinaus eingebettete Filesets. Auf dieses Thema soll daher nicht mehr eingegangen werden. Im Mittelpunkt dieses Abschnitts stehen vor allem die Unterschiede zum `<zip>`-Tag.

Tabelle 13.3 zeigt zunächst die Attribute des `<jar>`-Tags.

Attribut	Beschreibung	Default	Erforderlich
destfile	Der Name der zu erzeugenden Archiv-Datei		Ja
basedir	Wurzelverzeichnis für die Dateiauswahl		Nein
compress	Archiv komprimieren	true	Nein
encoding	Zeichenkodierung	UTF8	Nein
filesonly	Nur Dateien berücksichtigen	false	Nein
includes	Komma-getrennte Liste der aufzunehmenden Dateien		Nein
includesfile	Name einer Datei mit den aufzunehmenden Dateien.		Nein
excludes	Liste der nicht in das Archiv aufzunehmenden Dateien. Komma-getrennt.		Nein
excludesfile	Datei mit einer Liste der nicht aufzunehmenden Dateien		Nein
defaultexcludes	Default-Excludes berücksichtigen.	yes	Nein
update	Archiv aktualisieren, wenn es bereits existiert. Die Alternative ist die komplette Neuerstellung.	no	Nein
whenempty	Verhalten, wenn keine Dateien passen. Mögliche Werte sind `fail`, `skip` und `create`.	skip	Nein
duplicate	Verhalten, wenn Duplikate von Dateien gefunden werden. Mögliche Werte sind `add`, `preserve` und `fail`.	add	Nein
manifest	Der Name einer einzubindenden Manifest-Datei		Nein
index	Klassen-Index für das Archiv erstellen	false	Nein

Tabelle 13.3 Attribute des `<jar>`-Tags

Neu sind nur die beiden Attribute `manifest` und `index`. Da eine Jar-Datei vor allem benutzt wird, um Class-Dateien einer Java-Anwendung zusammenzufassen, können zusätzliche Index-Informationen in der Jar-Datei den Zugriff auf die einzelnen Klassen beschleunigen. Diese Funktion ist normalerweise abgeschaltet und muss mit

```
index="true"
```

aktiviert werden. Allerdings kann Java erst ab der Version 1.3 von einem Index in der Jar-Datei Gebrauch machen.

In einer Jar-Datei kann ein so genanntes *Manifest* enthalten sein. Es handelt sich dabei um eine Datei mit diversen Angaben zur Anwendung. Ein Manifest kann als separate Datei (meist mit dem Namen `manifest.mf`) manuell oder mit Hilfe des Manifest-Tasks erstellt werden. Mit dem `manifest`-Attribut nehmen Sie die Datei in das Jar-Archiv auf. Ein Manifest wird automatisch im Pfad `META-INF` abgelegt.

Auch die beiden zusätzlich zum Zip-Kommando verfügbaren Sub-Tags stehen in Beziehung zu den Meta-Informationen einer Jar-Datei. Das `<metainf>`-Tag stellt eine Variante des Filesets dar. Alle in diesem Tag spezifizierten Dateien werden im Archiv im Pfad `META-INF` abgelegt.

Neben dem `manifest`-Attribut existiert auch ein `<manifest>`-Tag. Es kann sowohl als eigenständiges Tag als auch als Sub-Tag innerhalb des `<jar>`-Kommandos benutzt werden. Mit einem eigenständigen `<manifest>`-Tag können Sie eine Manifest-Datei erzeugen. Wenn Sie das Tag jedoch als Sub-Tag einsetzen, fügen Sie damit die Manifest-Informationen direkt und ohne Umweg über eine Datei in das Jar-Archiv ein. Bei Verwendung als Sub-Tag werden die beiden Attribute `file` und `mode` des `<manifest>`-Tags ignoriert.

13.3 War-Archive

Ein War-Archiv (Web Application Archive) ist ein Archiv, dessen innere Struktur an die Erfordernisse einer Web-Anwendung angepasst ist. Einige zusätzliche Attribute ermöglichen es, Dateien in vordefinierte Unterverzeichnisse des Archivs aufzunehmen. Diese Aufgaben könnten auch mit dem Zip- oder Jar-Task unter Einsatz der Attribute `prefix` und `fullpath` ausgeführt werden. Der Einsatz des War-Task erspart allerdings etwas Schreibarbeit und ist wegen der sprechenden Attribut- und Tag-Namen auch wartungsfreundlicher.

Auch für das `<war>`-Tag gilt, dass die Art und Weise der Dateiselektion dem Zip- und Jar-Task entspricht. Einige andere von `<zip>` und `<jar>` bekannte Attribute fehlen allerdings. Tabelle 13.4 zeigt daher die komplette Liste der verfügbaren Attribute.

13.3 War-Archive

Attribut	Beschreibung	Default	Erforderlich
`destfile`	Der Name der zu erzeugenden Archiv-Datei		Ja
`basedir`	Wurzelverzeichnis für die Dateiauswahl		Nein
`compress`	Archiv komprimieren	`true`	Nein
`encoding`	Zeichenkodierung	`UTF8`	Nein
`filesonly`	Nur Dateien berücksichtigen	`false`	Nein
`update`	Archiv aktualisieren, wenn es bereits existiert. Die Alternative ist die komplette Neuerstellung.	`No`	Nein
`includes`	Komma-getrennte Liste der aufzunehmenden Dateien		Nein
`includesfile`	Name einer Datei mit den aufzunehmenden Dateien		Nein
`excludes`	Liste der nicht in das Archiv aufzunehmenden Dateien. Komma-getrennt		Nein
`excludesfile`	Datei mit einer Liste der nicht aufzunehmenden Dateien		Nein
`defaultexcludes`	Default-Excludes berücksichtigen.	`yes`	Nein
`webxml`	Name der Datei mit dem Deployment-Deskriptor		Nur, wenn `update=false`
`manifest`	Der Name einer einzubindenden Manifest-Datei		Nein

Tabelle 13.4 Attribute des `<war>`-Tags

Wirklich neu ist hier nur das `webxml`-Attribut. Dieses Attribut benennt eine Datei, die im Archiv als `web.xml` im Verzeichnis `WEB-INF` abgelegt wird. In dieser Datei müssen Deployment-Informationen für einen Webserver stehen.

Die Sub-Tags dienen hauptsächlich zum Ablegen von Dateien in spezielle Verzeichnisse. Sie stellen Varianten des `<fileset>`-Tags dar. Das Sub-Tag `<lib>` legt alle selektierten Dateien in das Verzeichnis `WEB-INF/lib` ab das Tag `<classes>` legt sie in das Verzeichniss `WEB-INF/classes` ab. Mit dem Tag `<webinf>` werden Dateien direkt in das `WEB-INF`-Verzeichnis gelegt, während das bereits vom `<jar>`-Tag bekannte `<metainf>` das Verzeichnis `META-INF` füllt.

Alle anderen Sub-Tags (`<fileset>`, `<zipfileset>`, ...) sind natürlich weiterhin verwendbar.

13.4 Tar-Archive

Die Heimat der Tar-Archive ist die Unix-Welt. Sie stellen dort das Standard-Archiv-Format dar. Da Ant plattformübergreifend arbeiten soll, muss es natürlich auch dieses Format verarbeiten können. Bedingt durch die andere Entstehungsgeschichte weist das `<tar>`-Tag natürlich eine geringfügig andere Syntax auf als die anderen drei Tags.

Bezüglich der Dateiauswahl bestehen fast keine Unterschiede. Das `<tar>`-Kommando erbt wiederum Eigenschaften des Filesets und kennt somit die gängigen Attribute wie `includes`. Tabelle 13.5 zeigt Ihnen zunächst die verwendbaren Attribute.

Attribut	Beschreibung	Default	Erforderlich
`destfile`	Der Name der zu erzeugenden Archiv-Datei		Ja
`basedir`	Wurzelverzeichnis für die Dateiauswahl		Nein
`includes`	Komma-getrennte Liste der aufzunehmenden Dateien		Nein
`includesfile`	Name einer Datei mit den aufzunehmenden Dateien		Nein
`excludes`	Liste der nicht in das Archiv aufzunehmenden Dateien. Komma-getrennt.		Nein
`excludesfile`	Datei mit einer Liste der nicht aufzunehmenden Dateien		Nein
`defaultexcludes`	Default-Excludes berücksichtigen	`yes`	Nein
`longfile`	Verhalten bei langen Dateinamen (>100 Zeichen). Mögliche Werte sind: `fail`, `truncate`, `omit`, `warn` und `gnu`.	`warn`	Nein
`compression`	Komprimierungsmethode. Mögliche Werte: `none`, `gzip` und `bzip2`.	`none`	Nein

Tabelle 13.5 Attribute des `<tar>`-Tasks

Den Unterschied zu den anderen Archiv-Kommandos bilden die beiden Attribute `longfile` und `compression`. Tar-Archive sind nicht von vornherein dafür vorgesehen, den Inhalt zu komprimieren. Die Funktionen zum Archivieren und zum Komprimieren wurden in der Unix-Welt von Anfang an getrennt, nicht zuletzt aus Performance-Gründen. Allerdings unterstützt das `<tar>`-Kommando zwei Komprimierungsmethoden, die bei Bedarf über das Attribut `compression` aktiviert werden können. In der Standardeinstellung arbeitet das Kommando allerdings ohne Komprimierung. Beim Entpacken von komprimierten Tar-Archiven muss die passende Methode ebenfalls angegeben werden (siehe Abschnitt 13.6).

Wesentlich bedeutsamer als das Attribut zur Komprimierung ist das `longfile`-Attribut. Die Standardvariante des Unix-Tar-Kommandos kann nur Pfadangaben bis zu einer Länge von 100 Zeichen verarbeiten. Moderne Versionen des Kommandos kennen diese Beschränkung nicht. Aus Kompatibilitätsgründen muss aber unter Umständen auf diese Beschränkung Rücksicht genommen werden. So kennt das `longfile`-Attribut einige Einstellungen, die verhindern, dass im Archiv längere Datei- bzw. Pfadnamen abgelegt werden. Der Wert `fail` sorgt für einen Build-Fehler, wenn eine derartige Datei erkannt wird. Mit `omit` kann die Datei übersprungen werden; sie ist dann nicht im Archiv enthalten. Der Wert `truncate` schließlich sorgt für das automatische Kürzen des Dateinamens. Alle diese Werte verhindern die Entstehung inkompatibler Archive, allerdings um den Preis fehlender Dateien oder falscher Dateinamen. Inhaltlich korrekte Archive können Sie mit den Einstellungen `gnu` und `warn` erzeugen. Beide Varianten benutzen die Gnu-Tar-Version, die Archive mit längeren Pfadnamen erstellen kann. Derartige Archive können dann allerdings nur mit eben dieser Version des Tar-Kommandos entpackt werden. Der Unterschied zwischen den beiden Einstellungen des `longfile`-Attributs besteht lediglich darin, dass `warn` einen Hinweis auf der Konsole ausgibt, während `gnu` das nicht tut.

Neben den vom Fileset geerbten Attributen und Sub-Tags zur Dateiselektion kennt das `<tar>`-Tag ein weiteres eingebettetes Tag. Anstelle des `<fileset>`-Tags, das in den anderen Archiv-Tasks möglich ist, muss hier das `<tarfileset>`-Tag benutzt werden. Dieses Tag arbeitet wie das `<fileset>`-Tag und kennt alle seine Attribute und Funktionen, allerdings verfügt es über einige weitere Attribute, die vor allem auf spezielle Eigenschaften von Unix-Betriebssystemen abzielen. In Tabelle 13.6 finden Sie die zusätzlich zum herkömmlichen Fileset verfügbaren Attribute.

Attribut	Beschreibung	Default	Erforderlich
`mode`	Unix-Zugriffsrechte als 3-stellige Octalzahl.		Nein
`username`	Username (Eigentümer) der einzufügenden Dateien.		Nein
`group`	Gruppenname für die einzufügenden Dateien.		Nein
`prefix`	Zusätzlicher Präfix für die Pfadangabe.		Nein
`fullpath`	Alternativ-Pfad für die einzufügende Datei.		Nein
`preserveleadingslashes`	Führende »/«-Zeichen im Pfadnamen erhalten.	`false`	Nein

Tabelle 13.6 Attribute des `<tarfileset>`-Sub-Tags

Die ersten drei Attribute setzen den Zugriffsmodus, den Eigentümer und die Gruppe für die einzufügenden Dateien. Es handelt sich dabei um die unter Unix üblichen Angaben.

Mit dem `prefix`-Attribut kann dem Dateinamen ein Präfix vorangestellt werden. Die Funktionsweise entspricht dem gleichnamigen Attribut des `<zipfileset>`-Tags. Mit Hilfe dieses Attributs können im Archiv Verzeichnisstrukturen aufgebaut werden, die zur Laufzeit nicht real existieren müssen. Ebenfalls schon von `<zipfileset>` bekannt ist das Attribut `fullpath`. Es kann nur unter bestimmten Voraussetzungen benutzt werden. Es kann nicht zusammen mit dem `prefix`-Attribut verwendet werden, und es darf nur benutzt werden, wenn im `<tarfileset>`-Kommando genau eine Datei selektiert wird. Es ermöglicht es, den Namen einer in das Archiv einzufügenden Datei völlig freizügig und ohne Bezug zum Namen der Quelldatei festzulegen.

Das letzte Attribut des `<tarfileset>`-Kommandos steuert, ob führende »/«-Zeichen des Pfadnamens erhalten bleiben sollen. Da absolute Pfade beim Entpacken des Archivs schnell zu Problemen führen können, werden derartige Zeichen im Normalfall unterdrückt.

13.5 Manifest-Informationen

Wenn Java-Software in Form eines Archivs bereitgestellt wird, benötigt die JVM gegebenenfalls Zusatzinformationen. Diese können als so genannte *Manifest-Datei* im Archiv enthalten sein. Eine derartige Datei kann manuell erstellt und mit speziellen Tags in das Archiv eingebunden werden. Es ist aber auch möglich, die Manifest-Datei mit einem speziellen Ant-Kommando zu erstellen bzw. eine existierende Datei zu modifizieren.

Detailwissen zu Manifest-Dateien ist wiederum eng mit der eigentlichen Java-Entwicklung verbunden und nicht Ant-spezifisch. An dieser Stelle finden Sie daher nur die Beschreibung der Ant-Tags, aber keine weiterführenden Informationen zum Manifest.

Das `<manifest>`-Tag verfügt lediglich über zwei Attribute (siehe Tabelle 13.7). Sie bestimmen den Namen der Manifest-Datei und den Update-Modus. Eine Manifest-Datei kann entweder komplett neu erstellt werden oder aber das Manifest-Kommando führt nur Änderungen in einer existierenden Datei aus.

Attribut	Beschreibung	Default	Erforderlich
file	Name der Manifest-Datei		Ja
mode	Modifizieren oder Ersetzen der Manifest-Datei. Mögliche Werte: `update` und `replace`.	replace	Nein

Tabelle 13.7 Attribute des `<manifest>`-Tags

Die eigentliche Arbeit wird durch eingebettete Tags ausgeführt. In einer Manifest-Datei werden Attribute abgelegt. Bei Bedarf können diese durch so genannte *Sections* untergliedert werden. Attribute werden mit dem `<attribute>`-Tag erzeugt. Dieses besitzt die beiden Muss-Attribute `name` und `value`, die den Namen und den Wert des Attributs bestimmen.

Falls eine Sektion angelegt werden muss, verwenden Sie das Tag `<section>`. Dieses Tag kennt nur ein Muss-Attribut `name`, mit dem der Name der Sektion angegeben werden kann. Attribute, die in der Manifest-Datei einer Sektion zugeordnet werden sollen, müssen innerhalb eines `<section>`-Tags definiert werden.

Das folgende Beispiel erstellt eine einfache Manifest-Datei:

```
<manifest file="MANIFEST.MF" mode="replace">
   <attribute name="Main-Class" value="NTUserImporter"/>
   <attribute name="DLL" value="ntuser.dll"/>
</manifest>
```

Als Ergebnis entsteht folgende Datei. Zwei Attribute werden durch Ant automatisch eingefügt:

```
Manifest-Version: 1.0
Created-By: Apache Ant 1.5
Main-Class: NTUserImporter
DLL: ntuser.dll
```

13.6 Entpacken von Archiven

Archive können nicht nur erstellt, sondern auch entpackt werden. Oft stellt das Entpacken einen der ersten Schritte in einem Build dar, falls Quelldateien aus entfernten Quellen in Form eines Zip-Archivs beschafft werden. Für jedes Archiv-Format existiert zwar ein eigenes Entpack-Kommando, allerdings ist die Syntax bei allen vier Kommandos (`<unzip>`, `<unjar>`, `<unwar>` und `<untar>`) identisch. Sie können daher im Zusammenhang beschrieben werden.

Tabelle 13.8 zeigt die vier Attribute der Kommandos.

Attribut	Beschreibung	Default	Erforderlich
`src`	Das zu entpackende Archiv		Ja, falls keine eingebetteten Filesets existieren
`dest`	Zielverzeichnis für die extrahierten Dateien		Ja
`overwrite`	Überschreib-Modus	`true`	Nein
`compression`	Kompressionsmethode für `<untar>`. Mögliche Werte sind `none`, `gzip` und `bzip2`.	`none`	Nein

Tabelle 13.8 Attribute der Entpack-Kommandos

Das zu entpackende Archiv wird entweder im Attribut `src` benannt oder aber mit Hilfe eines eingebetteten Filesets definiert. Im letztgenannten Fall können sogar mehrere Archive benannt und mit einem Kommando entpackt werden.

Auf jeden Fall muss den Entpack-Kommandos ein Zielverzeichnis mitgeteilt werden, in das die Archive entpackt werden. Die Pfadstruktur innerhalb eines Archivs findet sich dann unterhalb dieses Arbeitsverzeichnisses wieder. Falls das Zielverzeichnis noch nicht existiert, wird es erzeugt.

Das folgende Target würde die Datei mit den Beispielen zu diesem Buch (siehe auch Abschnitt 15.1) in ein separates Verzeichnis entpacken:

```
<unzip dest="antexamples" src="antexamples.zip"/>
```

Des Weiteren ist es möglich, innerhalb der Entpack-Kommandos ein Patternset zu definieren. Beim Entpacken der Archive werden nur die Dateien berücksichtigt, deren Name einem der Patternsets entspricht. Das folgende Target macht von einem Patternset Gebrauch, um aus dem Archiv mit den Beispielen zunächst nur die Readme-Datei zu extrahieren.

```
<unzip dest="antexamples" src="antexamples.zip">
  <patternset includes="readme*" />
</unzip>
```

13.7 Separate Komprimierung und Dekomprimierung

In der Unix-Welt sind die beiden Aufgaben Archivierung und Komprimierung voneinander getrennt. Das wird beispielsweise auch beim Tar-Kommando deutlich. Für das Komprimieren und Dekomprimieren beliebiger einzelner Dateien stehen daher zusätzliche Verfahren bereit. Es handelt sich dabei um die Kommando-Pärchen `<gzip>` und `<gunzip>` bzw. `<bzip2>` und `<bunzip2>`. Beide komprimieren mit unterschiedlichen Verfahren.

Die Syntax der Kommandos ist denkbar einfach. Die beiden Komprimierungskommandos kennen die Attribute `src` und `zipfile`, mit denen Sie die Namen der Quell- und der Zieldatei angeben. Bei der Vergabe der Namen ist zu beachten, dass die Dekomprimierkommandos Dateien erwarten, die eine korrekte, zum Komprimierungsverfahren passende Dateiendung tragen. Dies sind `.gz` bzw. `.bz2`. Das folgende Beispiel demonstriert das Gzip-Kommando:

```
<gzip src="ff.tar" zipfile="ff.tar.gz"/>
```

Die Kommandos zum Dekomprimieren benötigen unbedingt die Angabe des Attributs `src` mit dem Namen der komprimierten Datei. Ohne weitere Angaben wird diese Datei dekomprimiert, wobei der Name der Zieldatei aus dem der

13.7 Separate Komprimierung und Dekomprimierung

Quelldatei entsteht. Dabei wird nur die Endung .gz bzw. .bz2 abgeschnitten. Die Zieldatei wird im aktuellen Verzeichnis abgelegt.

Optional können Sie beim Dekomprimieren durch das Attribut dest einen alternativen Namen für die Zieldatei (inklusive Pfad) oder nur den Name eines Verzeichnisses vorgeben, in dem die Zieldatei unter ihrem ursprünglichen Namen abgelegt werden soll. Die benutzten Verzeichnisse müssen bereits existieren.

Die folgenden Kommandos demonstrieren alle Varianten zur Definition der Zieldatei:

```
<gunzip src="ff.tar.gz" />
<gunzip src="ff.tar.gz" dest="gg.tar"/>
<gunzip src="ff.tar.gz" dest="install"/>
<gunzip src="ff.tar.gz" dest="install/hh.tar"/>
```

Gegeben sei eine komprimierte Datei mit dem Namen ff.tar.gz. Das erste Kommando dekomprimiert diese Datei, wobei die Zieldatei den Namen ff.tar erhält. Beim zweiten Kommando wird stattdessen der Name gg.tar für die Zieldatei benutzt.

Das dritte Kommando setzt voraus, dass ein Verzeichnis mit dem Namen install existiert. In diesem Verzeichnis legt das Gunzip-Kommando dann die Zieldatei ff.tar ab. Das vierte und letzte Kommando schließlich schreibt die Zieldatei wieder in das Verzeichnis install, vergibt dabei aber auch einen anderen Dateinamen: hh.tar.

14 Externe Anwendungen

Vor allem im Zusammenhang mit Test- und Installationsaufgaben müssen gegebenenfalls externe Anwendungen aufgerufen werden. Mitunter ist dies schon vor dem eigentlichen Kompilieren notwendig, wenn z.B. Quelltext-Generatoren zum Einsatz kommen.

Ant kann sowohl Java-Klassen als auch Systemkommandos ausführen.

14.1 Aufruf von Java-Anwendungen

Während des Builds kann es erforderlich sein, externe Anwendungen aufzurufen. Einige der diversen Tasks (z.B. <javac>) stellen ohnehin den impliziten Aufruf anderer Java-Anwendungen dar. Aber auch zum Funktionstest der erstellten Anwendung kann es notwendig sein, ein Java-Programm aus Ant heraus zu starten. Dazu stellt Ant das Kommando <java> zur Verfügung. Dessen Attribute (siehe Tabelle 14.1) sind wegen der systemnahen Funktion überwiegend technischer Natur.

Im Standardfall ist die Anwendung des Kommandos relativ einfach. Eigentlich müssen Sie im Attribut classname nur den Namen der zu startenden Klasse (in Package-Notation) übergeben. In den meisten Fällen wird es außerdem erforderlich sein, den korrekten Classpath zu setzen. Dazu stehen die Attribute classpath, classpathref und das eingebettete Tag <classpath> zur Verfügung. Sofern die aufgerufene Klasse Parameter entgegennimmt, können diese mit dem Sub-Tag <arg> definiert werden. Die Klasse kann sich auch in einem Archiv befinden, sofern dieses über einen entsprechenden Classpath zugänglich gemacht wird.

Java bietet des Weiteren die Möglichkeit, direkt eine Jar-Datei zu starten. In diesem Fall muss im Jar-Archiv aber eine Manifest-Datei enthalten sein, die einen Main-Class-Eintrag enthält. Dieser Eintrag muss auf die zu startende Klasse verweisen. Falls diese Form des Aufrufs gewünscht ist, muss das Attribut jar benutzt werden. Außerdem kann eine Klasse aus einer Jar-Datei nur in einer separaten JVM ausgeführt werden. Dazu muss zumindest das Attribut fork auf den Wert true gesetzt werden.

Attribut	Beschreibung	Default	Erforderlich
classname	Name der auszuführenden Klasse		Entweder jar oder classname.
jar	Name eines Jar-Archivs. In dessen Manifest muss eine Main-Klasse spezifiziert werden. (fork=true ist erforderlich.)		
classpath	Der erforderliche Classpath		Nein
classpathref	Referenz auf einen Classpath		Nein
fork	Separate JVM starten	false	Nein
jvm	Kommando zum Start der JVM. Nur wirksam bei fork=true.	java	Nein
maxmemory	Maximaler Hauptspeicher für JVM. Nur wirksam bei fork=true.		Nein
dir	Verzeichnis für JVM-Start. Nur wirksam bei fork=true.		Nein
failonerror	Abbruch des Builds bei einem Fehler	false	Nein
output	Ausgabe von Konsolenausgaben in Datei		Nein
append	Wenn Konsolenausgabe in Datei, dann anfügen der Ausgabe an vorhandene Datei	false	Nein
newenvironment	Alte Umgebungsvariablen an neue JVM übergeben. Nur wirksam bei fork=true.	false	Nein
timeout	Stopp der externen Anwendung nach vorgegebener Zeit.		Nein

Tabelle 14.1 Attribute des <java>-Kommandos

Die folgenden beiden Beispiele demonstrieren den Aufruf einer Java-Anwendung. Der Vollständigkeit halber wird die Kompilierung bzw. die Erstellung der Jar-Datei mit in das jeweilige Beispiel aufgenommen. Das erste Beispiel demonstriert im Target –run den Start der Anwendung durch direkten Aufruf einer einzelnen Klasse:

```
<project name="bsp1401" default="main" basedir=".">
  <property name="dir.src"   value="./source"/>
  <property name="dir.build" value="./classes"/>

  <path id = "classpath">
    <pathelement path = "${classpath}" />
    <pathelement location = "${dir.build}" />
  </path>
```

```
<target name="main" depends="-prepare, -compile, -run"/>

<target name="-run">
  <java classname="myExample.AliveExample"
        classpathref="classpath" />
</target>

<target name="-prepare">
  <mkdir dir="${dir.build}"/>
  <delete>
    <fileset dir="${dir.build}" includes="**/*.*"/>
  </delete>
</target>

<target name="-compile">
  <javac classpathref = "classpath"
         destdir      = "${dir.build}"
         srcdir       = "${dir.src}"
         includes     = "**/*.java" />
</target>
</project>
```

Etwas aufwändiger ist das Beispiel zum Start einer Jar-Datei. Damit es verständlicher wird, zeigt das Listing auch die Erstellung des Archivs inklusive der Manifest-Datei:

```
<project name="bsp1402" default="main" basedir=".">
  <property name="dir.src"   value="./source"/>
  <property name="dir.build" value="./classes"/>
  <property name="dir.lib"   value="./lib"/>

  <path id = "classpath">
    <pathelement path = "${classpath}" />
    <pathelement location = "${dir.build}" />
  </path>

  <target name="main"
          depends="-prepare,
                   -compile,
                   -makejar,
                   -runjar"/>

  <target name="-runjar">
    <java jar="${dir.lib}/myExample.jar"
          fork="true" />
  </target>

  <target name="-makejar">
    <jar destfile="${dir.lib}/myExample.jar">
```

```
      <fileset dir="${dir.build}">
         <include name="**/*.class"/>
      </fileset>
      <manifest>
        <attribute name="Main-Class"
                   value="myExample.AliveExample"
        />
      </manifest>
    </jar>
  </target>

  <target name="-prepare">
    <mkdir dir="${dir.build}"/>
    <mkdir dir="${dir.lib}"/>
    <delete>
      <fileset dir="${dir.build}" includes="**/*.*"/>
      <fileset dir="${dir.lib}" includes="**/*.*"/>
    </delete>
  </target>

  <target name="-compile">
    <javac classpathref = "classpath"
           destdir      = "${dir.build}"
           srcdir       = "${dir.src}"
           includes     = "**/*.java" />
  </target>
</project>
```

Das `<java>`-Tag ist wiederum sehr einfach. Verständlich wird es aber nur, wenn die Erstellung der Jar-Datei betrachtet wird. Innerhalb des `<jar>`-Tags wird mit dem `<manifest>`-Tag eine Manifest-Information erzeugt, die als Grundlage für die Manifest-Datei im Jar-Archiv dient. In dieses Manifest wird nur ein Eintrag für das Attribut `Main-Class` aufgenommen. Als Wert dient der Name der auszuführenden Klasse. Beim Aufruf der Jar-Datei wird dann exakt diese Klasse ausgeführt. Da der Aufruf einer Jar-Datei nur durch eine separate JVM möglich ist, muss im `<java>`-Tag auch noch das Attribut `fork` benutzt werden.

Der Start einer zweiten JVM kann aus verschiedenen Gründen notwendig oder sinnvoll sein. Zunächst ist dies, wie eben gezeigt, beim Start einer Jar-Datei erforderlich. Ein weiterer Grund kann sein, dass für die Ausführung der Anwendung geänderte Umgebungsparameter erforderlich sind. Durch Attribute und Sub-Tags können Sie beispielsweise die Speichervorgabe, Umgebungsvariablen und System-Properties setzen.

Neben den Attributen kennt das `<java>`-Kommando noch einige eingebettete Tags. Einige davon sind nur wirksam, wenn über das Attribut `fork` eine zweite JVM gestartet wird. Zunächst jedoch zu den allgemein gültigen Sub-Tags: Bereits erwähnt wurde das Tag `<classpath>`. Es ermöglicht mit den Kommandos zur Datei- und Pfadselektion die Definition eines Classpath. Wenn einer aufzurufenden Java-Anwendung Parameter übergeben werden müssen, kann dies mit dem `<arg>`-Kommando erfolgen. Dieses Tag wird detailliert in Abschnitt 14.3 über Kommandozeilenaufrufe beschrieben.

Falls neben den Kommandozeilenparametern auch noch Systemproperties für die JVM gesetzt werden sollen, ist das Tag `<sysproperty>` hilfreich. Dieses Tag kennt vier unterschiedliche Attribute. Mit `key` legen Sie den Namen des Propertys fest. Die Wertzuweisung erfolgt über eines der Attribute `value`, `path` oder `file`. Über `value` erfolgt die direkte Zuweisung eines Wertes. Mit `path` können Sie eine aus mehreren Elementen bestehende Pfadangabe festlegen. Diese kann entweder das Semikolon oder den Doppelpunkt als Trennzeichen zwischen den Elementen enthalten; Ant ersetzt dieses Zeichen durch den auf der jeweiligen Plattform gültigen Wert. Das Attribut `file` hingegen kann einen Dateinamen enthalten, der von Ant durch den absoluten Pfad für diese Datei ergänzt wird. Diese Einstellungen werden für die JVM wirksam, die die externe Klasse ausführt.

Zwei der Sub-Tags sind nur wirksam, wenn eine separate JVM gestartet wird. Dies sind `<jvmarg>` und `<env>`. Mit `<jvmarg>` übergeben Sie der zu startenden JVM Kommandozeilenoptionen. Die Syntax des Tags entspricht der von `<arg>`. Mit `<env>` können Sie Umgebungsvariablen definieren, die für die zweite JVM wirksam werden.

14.2 Externe Programme und Shell-Kommandos

Neben Java-Anwendungen können aus Ant heraus auch beliebige externe Anwendungen ausgeführt werden. Ant stellt dafür die beiden Kommandos `<exec>` und `<apply>` bereit. Die beiden Kommandos unterscheiden sich hinsichtlich ihrer Komplexität. Das `<exec>`-Tag kann das auszuführende Programm nur mit relativ einfachen und vor allem statischen Parametern versorgen. Das `<apply>`-Tag hingegen ermöglicht die Berücksichtigung von Dateilisten, auf die das externe Kommando angewendet wird. Dabei können mit einem `<mapper>`-Tag und speziellen Sub-Tags auch Namen von Ausgabedateien dynamisch erzeugt werden.

Von Bedeutung sind diese beiden Tags vor allem in folgenden Fällen:

- Ausführung von betriebssystemabhängigen Funktionen, z.B. Dateiattribute setzen

- Aufruf von Compilern, die Ant nicht direkt unterstützt

Bei der Verwendung der beiden Kommandos ist eine Besonderheit zu beachten: Weder `<apply>` noch `<exec>` starten einen Befehlsinterpreter (Shell), der dann das gewünschte Kommando ausführt. Sie benutzen vielmehr Betriebssystemaufrufe, denen sie den Namen des Kommandos übergeben. Dabei muss es sich folglich um ein ausführbares Programm handeln. Viele Befehle, die üblicherweise auf der Kommandozeile eingegeben werden, sind aber keine ausführbaren Programme, sondern Kommandos innerhalb des Befehlsinterpreters. Als Beispiele seien nur DIR unter Windows oder SET unter Unix erwähnt. Falls derartige Befehle ausgeführt werden sollen, ist zunächst eine passende Shell zu starten, der der auszuführende Befehl als Argument zu übergeben ist.

Sowohl beim Start einer passenden Shell als auch beim Aufruf anderer Kommandos ist das Tag spezifisch für ein Betriebssystem oder eine Gruppe von Betriebssystemen zu gestalten. Daher verfügen beide Ant-Kommandos über das Attribut os. Es legt fest, für welche Betriebssysteme das Kommando ausgeführt werden soll. Falls Sie das Attribut nicht benutzen, wird das Kommando immer ausgeführt. Für den Test vergleicht Ant den Namen des aktuellen Betriebssystems (enthalten im Property os.name) mit dem Inhalt des Attributs os. Ist die Zeichenkette aus os.name in os enthalten, wird das Kommando ausgeführt, sonst nicht. Die aktuelle Version von Ant (1.5.1) führt diese Überprüfung anscheinend mittels einer einfachen Zeichenketten-Suche durch. Das bedeutet, dass die Namen aller zugelassenen Betriebssysteme ohne besondere Trennzeichen im Attribut os notiert werden können. Ist das aktuelle Betriebssystem beispielsweise Windows 2000, so enthält das Property os.name die Zeichenkette »Windows 2000«. Damit <apply> oder <exec> ausgeführt werden, muss diese Zeichenkette im Attribut os stehen, sofern es überhaupt benutzt wird. In diesem Sinne ist auch

```
os="Windows_NTWindows 2000Unix"
```

korrekt.

Die Vorgabe einer Betriebssystemgruppe im Attribut os, z.B. aller Windows-Versionen durch das Schlüsselwort »Windows«, ist auf diese Weise nicht möglich. Sie müssten entweder alle Versionen im Attribut os aufzählen oder komplexere Programme unter Verwendung des <condition>-Kommandos erstellen.

Beachten Sie auch, dass Ant die Namen der Betriebssysteme in eigener Regie festlegt und nicht den Inhalt ähnlich gearteter Systemvariablen des Betriebssystems übernimmt. Um die Namen korrekt vergeben zu können, sollten Sie auf jeder Zielplattform den korrekten Wert von os.name durch den Aufruf von

```
<echo message="${os.name}"/>
```

ermitteln.

Nach diesen Vorbemerkungen, die für beide Kommandos gelten, kommen wir nun zur konkreten Beschreibung. Das einfachere von beiden Kommandos ist <exec>. Es führt ein Systemkommando aus, dem eine einfache, zum Zeitpunkt

14.2 Externe Programme und Shell-Kommandos

des Aufrufs statische Liste von Kommandozeilenparametern übergeben wird. Es weist zwar eine relativ lange Attributliste auf (siehe Tabelle 14.2), in der Praxis müssen allerdings nur wenige davon benutzt werden.

Der standardmäßige Aufruf des Kommandos ist relativ einfach. Zwingend erforderlich ist lediglich das Attribut `executable`. Es enthält den Namen des aufzurufenden Systemkommandos. Falls diesem Kommando Kommandozeilenargumente mitgegeben werden sollen, ist dafür das Sub-Tag `<arg>` zu verwenden. Da dieses Tag, ebenso wie `<env>`, sowohl für `<exec>` als auch für `<apply>` verwendet werden kann, werden diese beiden Sub-Tags in einem separaten Abschnitt 14.3 genauer beschrieben.

Der denkbar einfachste Aufruf verwendet nur das `executable`-Attribut. So würde beispielsweise das Kommando

```
<exec executable="notepad.exe" />
```

bereits ausreichen, um einen Editor zu starten. Bei diesem Kommando müsste allerdings die Beschränkung auf bestimmte Betriebssysteme erfolgen:

```
<project name="bsp1403" default="main" basedir=".">
  <target name="main">
    <exec executable="notepad.exe"
          os=" Windows NT Windows 2000"/>
  </target>
</project>
```

Falls der Editor gleich für eine zu bearbeitende Datei gestartet werden soll, kann diese als Kommandozeilenargument übergeben werden. Dazu wird das Sub-Tag `<arg>` benutzt. Beispielsweise könnte eine Log-Datei im Editor angezeigt bzw. neu erstellt werden:

```
<project name="bsp1404" default="main" basedir=".">
  <target name="main">
    <exec executable="notepad.exe"
          os="Windows NT Windows 2000">
      <arg line="build.log"/>
    </exec>
  </target>
</project>
```

Falls Befehle des Befehlsinterpreters ausgeführt werden sollen, ist die jeweilige Shell mit dem Befehl als Kommandozeilenparameter zu starten. Das `DIR`-Kommando von Windows müsste auf folgende Weise ausgeführt werden:

```
<project name="bsp1405" default="main" basedir=".">
  <target name="main">
    <exec executable="cmd"
```

```
            os="Windows NT Windows 2000">
      <arg line="/c dir"/>
    </exec>
  </target>
</project>
```

Die einfache Auflistung auf der Konsole macht wenig Sinn. Mit den Attributen `output` oder `outputproperty` können Sie die Konsolenausgabe der aufgerufenen Anwendung in eine Datei oder ein Property umlenken:

```
<project name="bsp1406" default="main" basedir=".">
  <target name="main">
    <exec executable="cmd"
          os="Windows NT Windows 2000"
          outputproperty="p.dir">
      <arg line="/c dir"/>
    </exec>
    <echo message="${p.dir}"/>
  </target>
</project>
```

Dies eröffnet die Möglichkeit, die Ergebniswerte einer externen Anwendung in einer Ant-Anwendung weiterzuverarbeiten. Bei der Umleitung der Ausgabe in eine Datei kann über das Attribut `append` festgelegt werden, ob eine eventuell schon vorhandene Datei gleichen Namens überschrieben werden soll oder ob die Ausgabe am Ende dieser Datei angefügt wird.

In den bisher gezeigten Beispielen läuft das aufgerufene Kommando im aktuellen Arbeitsverzeichnis. Dies kann durch das Attribut `dir` geändert werden:

```
<project name="bsp1407" default="main" basedir=".">
  <target name="main">
    <exec executable="cmd"
          dir="c:\"
          os="Windows NT Windows 2000" >
      <arg line="/c dir"/>
    </exec>
  </target>
</project>
```

Mitunter müssen zur korrekten Ausführung des externen Kommandos Umgebungsvariablen gesetzt oder geändert werden. Dazu dient das Sub-Tag `<env>`. Die Syntax dieses Kommandos wird in Abschnitt 14.3 erläutert. Hier folgt nur ein Beispiel, mit dem auch die Wirkung des Attributs `newenvironment` demonstriert werden kann. Dieses Attribut bewirkt, dass für das aufgerufene Kommando nur die neu definierten Umgebungsvariablen bereitgestellt werden:

14.2 Externe Programme und Shell-Kommandos

```
<project name="bsp1408" default="main" basedir=".">
  <target name="main">
    <exec executable="cmd.exe"
          newenvironment="true"
          os="Windows NT Windows 2000Unix">
      <arg line="/c set"/>
      <env key="NEW_PARAM" value="new value"/>
    </exec>
  </target>
</project>
```

Im Beispiel wird das Windows-Shell-Kommando SET ohne weitere Parameter ausgeführt, um den aktuellen Zustand der Umgebungsvariable anzuzeigen. Außerdem wird mit dem <env>-Tag eine neue Umgebungsvariable hinzugefügt. Die Liste der Umgebungsvariablen ist sehr kurz. Neben der eben definierten sind nur einige fest vom System vorgegebene Variablen enthalten. Das ändert sich, wenn entweder das Attribut newenvironment auf false gesetzt oder das <env>-Tag entfernt wird. Im ersten Fall wird die vorhandene Umgebung um den neuen Eintrag ergänzt und dem Systemkommando übergeben. Im zweiten Fall wird die alte Umgebung durchgereicht, weil das newenvironment-Attribut nur zur Wirkung kommt, wenn neue Umgebungsparameter definiert werden.

Tabelle 14.2 zeigt Ihnen die Übersicht über alle Attribute des <exec>-Kommandos.

Attribut	Beschreibung	Default	Erforderlich
executable	Das auszuführende Programm (ohne Kommandozeilen-Argumente)		Ja
dir	Das Arbeitsverzeichnis für das Kommando		Nein
os	Liste der Betriebssysteme, unter denen das Kommando ausgeführt werden soll. Siehe Text!		Nein
output	Ausgabe des Kommandos in der angegebenen Datei ablegen		Nein
append	Anfügen der Ausgabe des Kommandos an die Output-Datei, falls diese schon existiert. Die Alternative ist Überschreiben.	false	Nein
outputproperty	Name eines Propertys, in das die Ausgabe des Kommandos abgelegt wird		Nein
resultproperty	Property für den Returncode des externen Kommandos. Nur von Bedeutung bei failonerror=false.		Nein

Tabelle 14.2 Attribute des <exec>-Tasks

Attribut	Beschreibung	Default	Erforderlich
timeout	Abbruch nach Ablauf der angegebenen Zeit (Maßeinheit Millisekunden)		Nein
failonerror	Build abbrechen, wenn das externe Kommando einen Fehler meldet	false	Nein
failifexecutionfails	Build abbrechen, wenn das externe Programm nicht gestartet werden kann	true	Nein
newenvironment	Wenn neue Umgebungsvariablen definiert werden, die alte Umgebung nicht übergeben	false	Nein
vmlauncher	Ausführung des Kommandos unter Nutzung spezieller Möglichkeiten der JVM	true	Nein

Tabelle 14.2 Attribute des <exec>-Tasks (Forts.)

Das zweite Kommando dieser Gruppe ist <apply>. Seine Aufgabe besteht vorrangig darin, ein Systemkommando auf mehrere Dateien anzuwenden, die über ein Fileset selektiert werden. Der prinzipielle Aufbau des Kommandos und seine Attribute (siehe Tabelle 14.3) ähneln dem <exec>-Kommando. Das auszuführende Systemkommando wird über das Attribut executable definiert, mit dir können Sie ein Arbeitsverzeichnis festlegen. Es ist möglich, die Ausgabe des aufgerufenen Kommandos umzulenken oder die Ausführung nur für bestimmte Betriebssysteme zuzulassen.

Attribut	Beschreibung	Default	Erforderlich
executable	Das auszuführende Programm (ohne Kommandozeilen-Argumente)		Ja
dest	Das Zielverzeichnis zur Ablage der bearbeiteten Dateien		Ja, wenn ein Mapper benutzt wird
dir	Das Arbeitsverzeichnis für das Kommando		Nein
relative	Relative Pfadnamen erzwingen	false	Nein
os	Liste der Betriebssysteme, unter denen das Kommando ausgeführt werden soll. Siehe Text!		Nein
output	Ausgabe des Kommandos in der angegebenen Datei ablegen		Nein

Tabelle 14.3 Attribute des <apply>-Kommandos

Attribut	Beschreibung	Default	Erforderlich
append	Anfügen der Ausgabe des Kommandos an die Output-Datei, falls diese schon existiert. Die Alternative ist Überschreiben.		Nein
outputproperty	Name eines Propertys, in das die Ausgabe des Kommandos abgelegt wird		Nein
resultproperty	Property für den Returncode des externen Kommandos. Nur von Bedeutung bei failonerror=false.		Nein
timeout	Abbruch nach Ablauf der angegebenen Zeit (Maßeinheit Millisekunden)		Nein
failonerror	Build abbrechen, wenn das externe Kommando einen Fehler meldet	false	Nein
failifexecutionfails	Build abbrechen, wenn das externe Programm nicht gestartet werden kann	true	Nein
skipemptyfilesets	Kommando nicht ausführen, wenn keine Quelldateien selektiert wurden oder die Zieldateien aktueller sind	false	Nein
parallel	Alle Quelldateien auf einmal an das Kommando übergeben	false	Nein
type	Legt fest, ob nur Dateien, nur Verzeichnisse oder beides an das externe Kommando übergeben werden. Wertebereich: file, dir und both.	file	Nein
newenvironment	Wenn neue Umgebungsvariablen definiert werden, die alte Umgebung nicht übergeben	false	Nein
vmlauncher	Ausführung des Kommandos unter Nutzung spezieller Möglichkeiten der JVM	true	Nein

Tabelle 14.3 Attribute des <apply>-Kommandos (Forts.)

Das Kommando akzeptiert zunächst die Sub-Tags <arg> und <env>, mit denen Kommandozeilenparameter und Umgebungsvariablen festgelegt werden. Diese Tags sind optional. Auf jeden Fall muss aber ein Fileset enthalten sein, um die Quelldateien zu spezifizieren. Im Normalfall wird das externe Kommando von Ant mehrfach aufgerufen. Dabei wird nacheinander jeweils der Name einer der selektierten Dateien als Parameter an das externe Kommando übergeben. Das folgende Beispiel benutzt einfach einen Shell-Befehl, um an allen XML-Dateien des aktuellen Verzeichnisses den Schreibschutz zu entfernen und das Archiv-Attribut zu setzen. Ein nachfolgendes DIR-Kommando macht die Änderungen sichtbar.

```xml
<project name="bsp1409" default="main" basedir=".">
  <target name="main">
    <apply executable="cmd.exe"
           os="Windows NT Windows 2000" >
      <arg line="/c attrib -r +a"/>
      <fileset dir="." includes="*.xml"/>
    </apply>

    <exec executable="cmd.exe"
          os="Windows NT Windows 2000Unix">
      <arg line="/c attrib"/>
    </exec>
  </target>
</project>
```

Der Vorteil dieses Kommandos besteht darin, dass ein Fileset eine viel flexiblere Auswahl von Dateien ermöglicht als die üblichen Selektionsmechanismen der Betriebssysteme.

Mitunter erwarten Kommandos komplexere Parameter, sodass Ant die Namen der Quelldateien nicht einfach an das Ende der Kommandozeile anhängen kann. Außerdem muss gegebenenfalls auch der Name der Zieldatei angegeben werden. Das `<apply>`-Kommando kennt daher weitere Sub-Tags, die Einfluss auf den Aufbau der Kommandozeilenparameter haben. Ant baut die Kommandozeile aus den Inhalten der `<arg>`-Tags zusammen. Es kann mehrere geben, die in der Reihenfolge ihres Auftretens in die endgültige Kommandozeile eingehen. Zwischen diesen Tags können die beiden Platzhalter

`<srcfile/>`

und

`<targetfile/>`

stehen. An der jeweiligen Stelle der Kommandozeile fügt Ant dann den Namen der Quelldatei bzw. den Namen der Zieldatei ein. Falls der Name der Zieldatei explizit angegeben werden muss, können Sie einen Mapper verwenden, um ihn zu erzeugen. In diesem Fall muss durch das Attribut `dest` des `<apply>`-Tags der Name eines Zielverzeichnisses vorgegeben werden.

Als Beispiel soll die Verwendung des externen Copy-Kommandos unter Windows dienen. Dateien sollen in ein anderes Verzeichnis kopiert und dabei umbenannt werden. Dieselbe Funktionalität ließe sich zwar einfacher und plattformunabhängig durch das `<copy>`-Tag von Ant erreichen, allerdings eignet es sich hervorragend, um die Eigenschaften des `<apply>`-Tags zu demonstrieren:

```
<project name="bsp1410" default="main" basedir=".">
  <target name="main" depends="prepare">
    <apply executable="cmd.exe"
           os="Windows NT Windows 2000"
           dest="backup">
      <arg line="/c copy"/>
      <srcfile/>
      <targetfile/>
      <fileset dir=".">
        <include name="*.xml"/>
      </fileset>
      <mapper type="glob" from="*.xml" to="*.bak"/>
    </apply>
  </target>

  <target name="prepare">
    <mkdir dir="backup"/>
  </target>
</project>
```

Mit den Attributen des `<apply>`-Tags und dem ersten `<arg>`-Sub-Tag wird der Kommandointerpreter des Systems gestartet und dessen Copy-Befehl aufgerufen. Die zu kopierenden Dateien werden über das Fileset selektiert. Da die Zieldateien einen anderen Namen bekommen sollen, muss auch noch ein Mapper benutzt werden, um die Dateiendung in BAK zu ändern. Zu den Eigenschaften des `<apply>`-Tags gehört es, dass ein Zielverzeichnis bestimmt werden muss, falls ein Mapper existiert. Dazu dient das Attribut `dest`.

Dem Copy-Befehl von Windows müssen in der Kommandozeile jeweils der Name der Quell- und der Zieldatei übergeben werden. Daher werden im Beispiel nach dem `<arg>`-Tag die Platzhalter `<srcfile/>` und `<targetfile/>` angefügt. Ant ersetzt den ersten Platzhalter durch den Namen der Quelldatei, so wie er vom Fileset selektiert wird, und den zweiten Platzhalter durch den vom Mapper erzeugten Dateinamen.

14.3 Kommandozeilenargumente und Umgebungsvariablen setzen

Die beiden Kommandos `<apply>` und `<exec>` können externe Anwendungen und Shell-Kommandos aufrufen. Dies erfordert, dass diese beiden Kommandos Einfluss auf den Aufbau der Kommandozeile haben und passende Umgebungsvariablen setzen können. Dies erfolgt durch die beiden Tags `<arg>` und `<env>`. Varianten dieser Tags stehen auch in anderen Kommandos zur Verfügung, die ebenfalls externe Anwendungen aufrufen. Ein Beispiel dafür ist das `<java>`-Tag.

Der Inhalt der Kommandozeile, genauer gesagt die zusätzlich zu übergebenden Elemente, legen Sie mit dem `<arg>`-Tag fest. Dieses Tag kennt vier Attribute, von denen jeweils nur eines benutzt werden kann bzw. muss. Tabelle 14.4 zeigt zunächst die Übersicht über diese vier Attribute.

Attribut	Beschreibung
`value`	Ein einzelnes Kommandozeilenargument
`file`	Dateiname; wird durch Ant in den absoluten Dateinamen umgewandelt
`path`	Pfadangabe, die das Semikolon oder den Doppelpunkt als Trenner enthält. Ant wandelt die Trennzeichen plattformabhängig um.
`line`	Eine Liste mit Kommandozeilenargumenten

Tabelle 14.4 Attribute des `<arg>`-Tags

Dieses Tag kann mehrfach benutzt werden. Die einzelnen Werte gehen in der Reihenfolge ihrer Definition in die Kommandozeile ein.

Das `line`-Attribut ermöglicht es Ihnen, die gesamte Kommandozeile auf einmal zu definieren. Beispiele dafür finden Sie im vorangegangenen Abschnitt.

Mit Hilfe des `value`-Attributs definieren Sie hingegen jeweils ein einzelnes Kommandozeilenargument. Auch wenn die aktuelle Fassung der Original-Dokumentation etwas anderes behauptet, gibt es Probleme bei der Verwendung der Leerzeichen. Notwendig ist dieses Attribut, wenn mit den anderen beiden Attributen (`file` und `path`) Dateinamen oder Pfadangaben in die Kommandozeile eingefügt werden sollen.

Dem Attribut `file` übergeben Sie einen Dateinamen. Innerhalb von Ant werden relative Dateinamen bekanntlich in Bezug zum aktuellen Arbeitsverzeichnis des Scripts gesetzt. Eine externe Anwendung kennt dieses Verzeichnis natürlich nicht. Ant wandelt daher den Dateinamen des Attributs `file` bei Bedarf in einen absoluten Dateinamen um. Damit kann die externe Anwendung die gewünschte Datei zweifelsfrei identifizieren.

Das Attribut `path` wiederum sorgt dafür, dass eine Pfadliste mit den für die Zielplattform passenden Trennzeichen erstellt wird. Das betrifft sowohl die Trennzeichen innerhalb eines Pfades (also / oder \) als auch die Trennzeichen zwischen mehreren Pfaden (; oder :).

Die beiden letztgenannten Attribute kommen auch im `<env>`-Tag zum Einsatz. Dieses Tag definiert Umgebungsvariablen für den Aufruf eines externen Kommandos. Daher ist die Benutzung des Attributs `key` unbedingt erforderlich. Mit diesem Attribut definieren Sie den Namen der anzulegenden Umgebungsvariablen. Deren Wert wird mit einem der drei Attribute `value`, `file` oder `path` bestimmt. Mit Hilfe von `value` weisen Sie den Wert direkt zu, die beiden anderen Attribute arbeiten ebenso, wie beim `<arg>`-Tag beschrieben.

15 Beispiele

Dieser Abschnitt stellt einige Beispiele vor, die mehrere Ant-Kommandos in einem praktischen Zusammenhang demonstrieren. Dabei steht nicht das Kompilieren im Mittelpunkt. Die Stärken von Ant bestehen nicht im Aufruf eines Compilers, sondern in der Durchführung des gesamten Build-Prozesses, einschließlich der vor- und nachbereitenden Arbeiten.

15.1 Laden und Entpacken der Beispiele aus dem Web

Die Beispiele dieses Buches sind natürlich auf der beiliegenden CD enthalten. Allerdings steht die aktuellste Version auch auf meiner Homepage zur Verfügung. Um diese Beispiele problemlos auf Ihren Rechner zu laden, können Sie das folgende Script benutzen.

```xml
<project name="bsp1501" default="main" basedir=".">
  <property name="zipfile" value="antexamples.zip" />
  <target name="main">
    <input message="Zielverzeichnis eingeben:"
           addproperty="target"/>

    <mkdir dir="${target}"/>

    <get
src="http://www.geocities.com/bernd_matzke/ant/${zipfile}"
         dest="${target}/${zipfile}"
         verbose="on"
         usetimestamp="true"
         ignoreerrors="true"/>

    <unzip dest="${target}"
           src="${target}/${zipfile}"
           overwrite="true"/>

    <delete file="${target}/${zipfile}"/>
  </target>
</project>
```

15.2 Build-Nummer aktualisieren

Die Aufgabe dieses Beispiels ist es, vor dem Kompilieren eine Build-Nummer und das aktuelle Build-Datum in die Quell-Dateien einer größeren Anwendung einzufügen. Die Build-Nummer ist bei jedem Build zu erhöhen und im Sourcecode-Verwaltungssystem sicher aufzubewahren. Durch diesen Mechanismus soll die Anwendung stets die korrekte Build-Nummer in einer About-Box oder in den Log-Messages bereitstellen können.

In wichtigen Klassen existieren Anweisungen wie die folgende:

```
private final static String versionControl =
  "Build $build.number$ from $build.date$";
```

Sie sollen umgewandelt werden in:

```
private final static String versionControl =
  "Build 0056 from 11.11.2002 11:11";
```

Zunächst einige Vorüberlegungen zu einer möglichen Lösung des Problems: In Ant gibt es nur zwei Möglichkeiten, einfache Berechnungen durchzuführen. Eine davon besteht in der Nutzung des `<buildnumber>`-Tags, die andere beruht auf dem `<entry>`-Sub-Tag des `<propertyfile>`-Tags. Da letztere Variante deutlich flexibler ist und auch die Berechnung des Datums ermöglicht, wurde sie gewählt. Beide Tags arbeiten mit einer Property-Datei zusammen. Sie können nicht direkt Code in Java-Quellen modifizieren und auch nicht direkt Properties definieren. Wenn die Informationen bis zum nächsten Build aufbewahrt werden sollen, bietet sich die Speicherung dieser Datei zusammen mit den eigentlichen Quellen in der Sourcecode-Verwaltung an.

Um den Inhalt einer Java-Datei zu verändern, gibt es wiederum zwei prinzipielle Möglichkeiten. Einige Kommandos (`<replace>` und `<replaceregexp>`) führen die Änderungen direkt in der Ursprungsdatei aus. Eine andere Variante besteht darin, den Dateiinhalt beim Kopieren zu verändern. Dabei bleibt die ursprüngliche Datei unverändert erhalten, die Änderungen sind nur in der Kopie wirksam. Welches der beiden Verfahren zum Einsatz kommt, hängt nicht nur von technischen, sondern auch von organisatorischen Rahmenbedingungen ab. Im vorliegenden Fall fiel die Entscheidung für die letztgenannte Variante. Die zu bearbeitenden Dateien werden von einem Sourcecode-Verwaltungssystem aufbewahrt. Sie werden von anderen Bestandteilen der Ant-Anwendung in ein Übergabeverzeichnis eingelesen. Möglicherweise schlägt der Build fehl, und einige Quell-Dateien müssen nach einer Modifikation durch den Entwickler erneut aus der Sourcecode-Verwaltung beschafft werden. Dies kann eventuell Probleme bereiten, wenn die betreffende Datei auch extern durch das Build-Script bearbeitet wurde. Es ist daher ratsam, Dateien im Übergabeverzeichnis eines Sourcecode-Verwaltungssystems nicht zu modifizieren.

Die Aufgabe besteht somit aus mehreren Teilen:

- Lesen der alten Build-Informationen
- Berechnen der neuen Build-Informationen

15.2 Build-Nummer aktualisieren

- Zurückschreiben der Build-Informationen
- Aktualisieren der Quellen

Für jede dieser Teilaufgaben existiert ein separates Target. Alle Targets gehören logisch zusammen und werden daher in einer gemeinsamen Build-Datei abgelegt. Die Ausführung wird von einem `main`-Target gesteuert, dessen einzige Aufgabe der Aufruf der vier anderen Targets ist.

Das Beispiel arbeitet mit MS-Visual Source Safe zusammen. Da die einzelnen Aktionen in separaten Targets abgelegt wurden, könnten die beiden Targets zur Sourcecode-Verwaltung relativ einfach geändert werden.

Nun zum eigentlichen Script: Der besseren Übersicht halber finden Sie die Erläuterungen zwischen den Anweisungen des Scripts. Eine komplette Build-Datei ohne Kommentare ist auf der CD zu finden.

```
<project name="factory_buildinfo" default="main" basedir=".">
  <property file="ff.properties"
            prefix="pf"/>
```

Am Beginn der Build-Datei wird eine Property-Datei geladen. Um den Properties eindeutige Namen zu geben, wird ein Präfix `pf` vor jeden Property-Namen gesetzt.

Die Property-Datei enthält die in Tabelle 15.1 aufgeführten Properties.

Property	Aufgabe
path.abs.vss	Absoluter Pfad zur Programmdatei des MSSource Safe-Client
vss.project	Name des Projekts im Source Safe
name.buildinfo	Name der Property-Datei mit der Build-Nummer
path.abs.src	Absoluter Pfad für die endgültige Version der Quell-Dateien
path.abs.srcvss	Übergabeverzeichnis für die Kommunikation mit der Sourcecode-Verwaltung

Tabelle 15.1 Inhalt der Property-Datei für das Beispiel

Das `main`-Target besitzt keine eigenen Tasks. Es dient lediglich als Einsprungstelle und startet mit dem `depends`-Attribut die vier funktionalen Targets:

```
<target name="main"
        depends="buildinfo_checkout,
                 buildinfo_update,
                 buildinfo_checkin,
                 modify_sourcefiles"/>
```

Die Bereitstellung der Datei mit Build-Nummer und Datum ist die Aufgabe des ersten vollständigen Targets. Es muss die Datei aus dem SCCS lesen und dafür sorgen, dass sie beschreibbar ist. Im vorliegenden Fall geschieht das durch die Funktion checkout von MSSource Safe. Andere Systeme erfordern mit hoher Wahrscheinlichkeit eine andere Vorgehensweise.

```
<target name="buildinfo_checkout">
  <vsscheckout
    ssdir="${pf.path.abs.vss}"
    vsspath="${pf.vss.project}/${pf.name.buildinfo}"
    localpath="${pf.path.abs.src}"
    recursive="false" />
</target>
```

Steht die Datei bereit, können die Einträge für die Properties build.number und build.date geändert werden. Dies geschieht jeweils durch das <propertyfile>-Tag bzw. dessen <entry>-Sub-Tags. Diese bewirken die Modifikation jeweils eines Property-Eintrags in der angegebenen Datei. Das erste Sub-Tag modifiziert einen Eintrag mit dem Namen build.num. Die weiteren Attribute des <entry>-Tags besagen, dass es sich um einen numerischen Wert handeln soll, der bei Nichtvorhandensein mit dem Default-Wert 0000 erzeugt werden soll. Bei jedem Zugriff (auch beim erstmaligen Erstellen) wird der Wert zudem inkrementiert. Die durch Ant vorgegebene Schrittweite beträgt dabei 1. Außerdem wird der Wert auf eine Länge von vier Zeichen gebracht und dabei gegebenenfalls mit führenden Nullen aufgefüllt:

```
<target name="buildinfo_update">
  <propertyfile
    file="${pf.path.abs.srcvss}/${pf.name.buildinfo}"
    comment="Build Information File - DO NOT CHANGE" >
    <entry  key="build.num"
            type="int"
            default="0000"
            operation="+"
            pattern="0000" />
```

Der zweite Wert, das Datum, wird immer neu gesetzt, wobei als Wert immer das aktuelle Datum eingetragen wird. Die Formatierung erfolgt in deutscher Notation, wobei allerdings noch die aktuelle Uhrzeit angefügt wird:

```
    <entry  key="build.date"
            type="date"
            value="now"
            pattern="dd.MM.yyyy HH:mm" />
  </propertyfile>
</target>
```

Wurde die Property-Datei aktualisiert, kann sie in das SCCS zurückgeschrieben werden. Auch dieses Kommando weist keine Besonderheiten auf:

```xml
<target name="buildinfo_checkin">
   <vsscheckin
     ssdir="${pf.path.abs.vss}"
     vsspath="${pf.vss.project}/${pf.name.buildinfo}"
     localpath="${pf.path.abs.srcvss}"
     comment="Modified by automatic build"/>
</target>
```

Die eigentliche Arbeit übernimmt das letzte Tag. Es soll die Quelldateien in das eigentliche Arbeitsverzeichnis des Compilers kopieren und dabei die Platzhalter durch die eben berechneten Werte ersetzen.

```xml
<target name="modify_sourcefiles">
```

Dazu muss zunächst die Property-Datei eingelesen werden. Obwohl die Properties durch das Script modifiziert wurden, stehen sie im Script erst dann zur Verfügung, wenn sie explizit eingelesen wurden:

```xml
<loadproperties
   srcfile="${pf.path.abs.srcvss}/${pf.name.buildinfo}"/>
```

Nun kann das `<copy>`-Tag verwendet werden. Die Dateiauswahl kann einfach gehalten werden, da alle Dateien zu kopieren sind:

```xml
<copy todir="${pf.path.abs.src}">
   <fileset dir="${pf.path.abs.srcvss}"/>
```

Die Platzhalter werden durch so genannte *Filter* ersetzt. Die beiden erforderlichen Filter werden durch ein Filterset zusammengefasst, das auch Anfangs- und Endezeichen der Platzhalter definiert:

```xml
      <filterset begintoken="$" endtoken="$">
        <filter token="build.number"
                value="${build.num}" />
        <filter token="build.date"
                value="${build.date}" />
      </filterset>
   </copy>
  </target>
</project>
```

16 Tipps

Bei der Arbeit mit Ant steht der Entwickler oft immer wieder vor denselben Problemen. Häufig bereitet auch der Umstieg von einer herkömmlichen Programmiersprache auf Ant einige Probleme, da Ant auf völlig anderen Konzepten beruht. Dieses Kapitel stellt daher einige kleine Problemlösungen vor, die Sie als Bausteine in eigenen Anwendungen benutzen können. Die Analyse des Problems nebst der vorgestellten Lösung sollte tiefere Einblicke in die Arbeitsweise von Ant vermitteln.

16.1 Bedingte Ausführung eines Targets

Die Ausführung eines Targets kann von der Existenz oder Nicht-Existenz eines Propertys abhängig gemacht werden. Allerdings wirkt sich dieses Property nur auf die Ausführung des aktuellen Targets aus, nicht aber auf die mit depends aufgerufenen Targets. Das ist an sich logisch, da im Sinne von Ant über das Attribut depends keine »Unterprogramme« des aktuellen Targets definiert werden. Vielmehr schaffen diese Targets die Voraussetzung für die Ausführung des aktuellen Targets. Allerdings gibt es oft Situationen, in denen eine ganze Reihe von abhängigen Targets bedingt ausgeführt werden sollen. In diesem Fall muss ein Target zwischengeschaltet werden, das die bedingte Ausführung sicherstellt. Dieses Target ruft dann per <ant> oder <antcall> das echte Target auf.

Das folgende Beispiel illustriert dieses Verfahren. Die Kompilierung einschließlich einiger Vorarbeiten dazu soll nur ausgeführt werden, wenn das Property help nicht existiert. Hintergrund könnte sein, dass über verschiedene Parameter in der Kommandozeile verschiedene Teilaufgaben aktiviert werden. Mit dem Property help sollen alle anderen Aktivitäten unterdrückt und stattdessen nur Hilfe-Informationen angezeigt werden.

Das Target -comp realisiert den Aufruf des Compilers sowie über das depends-Attribut die Ausführung der vorbereitenden Arbeiten. Würde die Überprüfung des Propertys an diesem Target stattfinden, so würde das prepare-Target immer ausgeführt werden. Daher wird die Überprüfung durch ein zweites Target comp ausgeführt, dessen einzige Aufgabe darin besteht, das -comp-Target per <antcall>-Kommando zu starten.

```
<target name="comp" unless="help">
  <antcall target="-comp"/>
</target>

<target name="-comp" depends="prepare">
...
</target>
```

16.2 Nachbildung von IF und ELSE

Ant kennt in seiner Grundform keine If- oder Else-Anweisungen. Diese sind allerdings in Erweiterungen verfügbar. Wenn diese nicht benutzt werden können oder sollen, besteht die Möglichkeit, diese Funktionalität durch drei separate Targets nachzubilden.

Das Beispiel zeigt zunächst zwei Targets für den IF- bzw. den ELSE-Zweig. Die Ausführung ist einmal von der Existenz und im anderen Fall von der Nicht-Existenz ein und desselben Propertys abhängig. Zwangsläufig kann immer nur eines der Targets ausgeführt werden. Das Property muss im vorgelagerten Programm erstellt werden, z.B. durch das <condition>-Tag. Ein drittes Target, hier doit genannt, ruft die beiden Targets in einer depends-Kette auf. Beide Targets haben somit die Chance, ausgeführt zu werden. Allerdings ist immer nur für eines die Voraussetzung erfüllt.

```
<target name="doit" depends="if_target, else_target" />
<target name="if_target" if="${condition_property}">
...
</target>
<target name="else_target" unless="${condition_property}"/>
...
</target>
```

Das Verfahren kann noch erweitert werden. Wenn das doit-Target auch noch ein drittes Target an den Beginn der depends-Liste setzt (check_condition), kann auch die Auswertung der Bedingung eingebunden werden:

```
<target name="doit"
        depends="check_condition, if_target, else_target" />

<target name="check_condition">
<!-- hier irgendwo condition_property setzen -->
</target>
<target name="if_target" if="${condition_property}">
...
</target>
<target name="else_target" unless="${condition_property}"/>
...
</target>
```

Beachten Sie hierbei, dass Sie das Tag zum Prüfen der Bedingung unbedingt über das depends-Attribut aufrufen müssen. Ansonsten würde das gegebenenfalls erzeugte Property nicht sichtbar sein. Die beiden anderen Tags können auch per <ant>- oder <antcall>-Kommando ausgeführt werden, sofern dabei für die Übergabe des entscheidenden Propertys gesorgt wird.

16.3 Parameter-Rückgabe aus Sub-Targets

Nicht alle Target-Aufrufe können mit Hilfe des `depends`-Attributs realisiert werden. Aus den verschiedensten Gründen kommen auch `<ant>`- bzw. `<antcall>`-Kommandos zum Einsatz. Dabei besteht das Problem, dass die so aufgerufenen Targets in einem separaten Prozess ausgeführt werden und damit keine Informationen an das aufrufende Target zurückgeben können. Damit scheint die Verwendung von Targets als »Unterprogramm« zunächst ausgeschlossen. Es gibt aber einen – allerdings trickreichen und wenig performanten – Ausweg.

Das `<echoproperties>`-Tag kann aus Ant-Properties korrekte Property-Dateien erzeugen. Wenn ein aufgerufenes Target die gewünschten Rückgabeparameter mit Hilfe dieses Kommandos in eine Property-Datei schreibt, kann das rufende Target diese mit dem `<property>`-Kommando einlesen, wobei wieder korrekte Ant-Properties entstehen. Das folgende Beispiel zeigt das prinzipielle Verfahren:

```
<project name="bsp1601" default="main" basedir=".">
  <target name="main">
    <antcall  target="sub"/>
    <property file="sub.properties"/>
    <echo>${sub.p1}</echo>
  </target>

  <target name="sub">
    <property name="sub.p1" value="Property aus Sub-Target"/>
    <echoproperties destfile="sub.properties" prefix="sub"/>
  </target>
</project>
```

Beim praktischen Einsatz sollten Sie einige Hinweise beachten:

- Das `<echoproperties>`-Tag kann die Menge der zu schreibenden Properties mit dem `prefix`-Attribut einschränken. Sie sollten alle Rückgabewerte mit einem einheitlichen Präfix versehen, damit diese Properties gezielt ausgewählt werden können. Möglicherweise existieren zur Laufzeit weitere Properties, die vom aufrufenden Target übergeben wurden (mit dem Attribut `inheritall="true"`).

- Da Properties, nachdem sie einmal erzeugt wurden, nicht überschrieben werden können, müssen die Namen eindeutig festgelegt werden. Auch dazu kann das Präfix benutzt werden. Empfehlenswert ist der Name des aufgerufenen Targets, möglicherweise ergänzt durch den Namen der Build-Datei. Dies wäre dann wirklich eindeutig.

- Die Property-Datei sollte in einem temporären Verzeichnis abgelegt werden, das zu Beginn eines Builds gelöscht wird. Dies vermeidet unerwünschte Nebenwirkungen, die durch das Einlesen veralteter Properties entstehen können.

- Die erstellte Property-Datei sollte unmittelbar nach dem Aufruf des Targets ausgewertet werden, um ihre logische Verbindung zum Target-Aufruf zu verdeutlichen.

- Das Verfahren sollte sparsam angewendet werden, da es unübersichtlich und zeitaufwändig ist.

16.4 Properties mit Default-Wert

Einige Kommandos erzeugen Properties in Abhängigkeit von diversen Bedingungen. Ist die Bedingung erfüllt, wird das Property erstellt; anderenfalls ist es undefiniert. Mitunter ist dieses Verhalten unerwünscht, da stets ein gültiger Wert vorausgesetzt wird oder ein Default-Wert zugewiesen werden soll. Da Properties nur einmal mit einem Wert belegt werden können, bietet sich folgender Trick an: Unmittelbar nach dem Task, der ein Property erstellen soll, wird dieses Property nochmals mit dem `<property>`-Kommando erstellt, wobei der Default-Wert zugewiesen wird. Sollte das Property in diesem Moment bereits existieren, so bleibt das Kommando wirkungslos. Andernfalls wird das Property mit dem Default-Wert angelegt.

Sie können dieses Verfahren auch dahingehend modifizieren, dass die Erstellung des Propertys mit einem Default-Wert erst unmittelbar vor dessen Auswertung erfolgt.

Beachten Sie dabei, dass in einigen Fällen nur die Existenz eines Propertys unabhängig von seinem Wert entscheidend ist. Für derartige Properties ist das Verfahren natürlich nicht geeignet.

Hier folgt ein Beispiel, das lediglich das Prinzip demonstriert:

```
<project name="bsp1602" default="main" basedir=".">
  <target name="main">
    <property name="prop"
      value="Keine Definition in Kommandozeile erfolgt!"/>
    <echo>${prop}</echo>
  </target>
</project>
```

Wurde das Property `prop` beim Aufruf des Scripts in der Kommandozeile definiert, so wird dessen Inhalt ausgegeben. Falls nicht, kommt das `<property>`-Kommando im `main`-Target zum Zuge und weist einen Default-Text zu.

16.5 Delete auf ein nicht existierendes Verzeichnis

Wird ein Delete-Kommando auf ein nicht existierendes Verzeichnis ausgeführt, entsteht ein Build-Fehler. Derartige Konstellationen ergeben sich mitunter bei vorbereitenden Arbeiten, z.B. wenn das Zielverzeichnis des Compilers gelöscht wird. Es ist daher empfehlenswert, das Wurzelverzeichnis zunächst mit <mkdir> zu erzeugen, ganz egal, ob es schon existiert oder nicht. Anschließend wird dann der gesamte Inhalt des Verzeichnisses gelöscht. Ob Sie dabei das Wurzelverzeichnis ebenfalls löschen oder aber nur dessen Inhalt, bleibt Ihnen überlassen.

Auch dazu ein Beispiel:

```
<mkdir dir="build/classes"/>
<delete includeemptydirs="true">
  <fileset dir="build/classes" defaultexcludes="false">
    <include name="**/*"/>
  </fileset>
</delete>
```

16.6 Elemente außerhalb von Targets

Eine Reihe von Elementen kann außerhalb von Targets definiert werden. Dabei wird noch kein Kommando ausgeführt. Die Elemente können aber später per Referenz in Kommandos benutzt werden. Diese Auslagerung ermöglicht die übersichtliche Pflege der Elemente, da diese an einer zentralen Stelle abgelegt werden können. Außerdem verringert sich der Schreibaufwand durch Mehrfachnutzung. Tabelle 16.1 zeigt diese Tags und erläutert ihre Funktion.

Element	Funktion	Beschrieben in Kapitel
classfileset	Definition des Classpath	
description	Ausgabe eines beschreibenden Textes für die aktuelle Build-Datei	4
dirset	Liste mit Mustern zur Verzeichnis-Selektion	6.2
extension	Definiert eine Java-Extension	
extensionset	Zusammenfassung mehrerer Extensions	
fileset	Liste mit Mustern zur Dateien- und Verzeichnis-Selektion	6.1
filelist	Liste mit Dateien	6.3
filterchain	Gruppe von Kommandos zur Manipulation von Dateiinhalten	8.9

Tabelle 16.1 Tags, die in der obersten Ebene stehen dürfen

Element	Funktion	Beschrieben in Kapitel
`filterreader`	Aufruf von Filtern über den vollständigen Klassennamen. Dient vorrangig zum Aufruf selbst programmierter Filter.	8.9
`filterset`	Filter zur Modifikation von Dateiinhalten beim Kopieren	8.3
`libfileset`	Spezielle Liste mit Dateinamen	
`mapper`	Anweisungen zur Transformation von Dateinamen	6.4
`path`	Pfadangabe	6.3
`patternset`	Muster zur Dateiselektion	6.1.2
`regexp`	Anweisungen zur Manipulation von Dateiinhalten	8.8
`selector`	Anweisungen zur Selektion von Dateien über Dateieigenschaften	6.1.5
`substitution`	Ersetzungsmuster in regulären Ausdrücken	8.8
`xmlcatalog`	Zusammenstellung von DTDs oder anderen Dateien für XML-Anwendungen	

Tabelle 16.1 Tags, die in der obersten Ebene stehen dürfen (Forts.)

16.7 Referenzen auf Pfad-Elemente

Außerhalb von Targets darf nur das `<path>`-Tag benutzt werden, um Pfadangaben zu erzeugen. Es existiert eine Reihe weiterer Tags mit identischer Funktionalität, die aber nur innerhalb von Targets oder Tasks benutzt werden dürfen. Die Namen dieser Tags verweisen auf die besondere Bedeutung der so definierten Pfade. Ein Beispiel dafür ist `<classpath>`. Es ist möglich, in diesen Tags durch das `refid`-Attribut auf ein allgemeines Pfadelement zu verweisen.

Ein Beispiel:

```
<path id="classpath">
  <pathelement path="${classpath}" />
  <pathelement location="${root}/classes" />
</path>

<target name="-comp">
  <javac srcdir="${root}/src"
         destdir="${root}/classes"
         failonerror="false">
    <classpath refid="classpath"/>
    <include name="myPackage/**"/>
  </javac>
...
```

17 Reguläre Ausdrücke

Reguläre Ausdrücke sind komplexe Suchmuster. Standardmäßig werden sie nicht von allen Java-Versionen unterstützt. Erst ab Version 1.4 ist die Unterstützung in Java integriert. Bei den älteren Versionen müssen Sie ein Zusatzpaket installieren. Es existieren mehrere unterschiedliche Pakete. Die Programmierer von Ant empfehlen Jakarta Oro (siehe *http://jakarta.apache.org/oro/index.html*). Dieses Paket ist auch auf der beiliegenden CD enthalten. Die Syntax der regulären Ausdrücke entspricht derjenigen der Programmiersprache Perl. Für eine vollständige Einarbeitung in diese Problematik ist das Studium weiterführender Literatur empfehlenswert.

Das Paket Jakarta Oro enthält neben einer Dokumentation und den Quellen nur ein einziges Jar-File (z.B. `jakarta-oro-2.0.6.jar`). Um Oro zusammen mit Ant benutzen zu können, muss diese Datei vor dem Aufruf von Ant in den Classpath eingebunden werden. Da die Startscripte von Ant alle Dateien im `lib`-Verzeichnis der Ant-Installation automatisch in den Classpath aufnehmen, reicht es auch aus, das Oro-Archiv in dieses Verzeichnis zu kopieren.

Weitere Installationsarbeiten sind nicht erforderlich.

17.1 Beispiele für reguläre Ausdrücke

Reguläre Ausdrücke stammen aus der Unix-Welt, werden inzwischen aber plattform-übergreifend von vielen Anwendungen benutzt. Der folgende Abschnitt erläutert die grundlegenden Eigenschaften regulärer Ausdrücke unter Berücksichtigung der Besonderheiten von Ant.

Sie können die Beispiele mit dem nachfolgend abgedruckten Script erproben. Es wurde unter Java 1.4 und Windows 2000 getestet. Dabei wurden keine zusätzliche Bibliotheken für reguläre Ausdrücke installiert. Das Script ähnelt in seiner Wirkungsweise dem Unix-Kommando `grep`. Es gibt auf der Konsole alle Zeilen einer Datei aus, die Zeichenketten enthalten, die dem Suchmuster entsprechen. Sollte keine Zeile der Suchbedingung entsprechen, erfolgt ebenfalls eine passende Ausgabe. Falls Sie das Beispiel manuell abtippen und nicht die Dateien der CD benutzen, müssen Sie im Target `prepare`, genauer im `<echo>`-Kommando, auf die Zeilenvorschübe und Leerzeichen achten. Nach dem letzten Zeichen jeder Zeile muss sofort der Zeilenumbruch erfolgen, und es sollte keine abschließenden Leerzeichen geben.

```
<project name="bsp1701" default="main" basedir=".">
  <property name="file.name" value="regexp.txt"/>

  <target name="main" depends="prepare, grep">
    <property name="file.content"
```

```
              value="Keine passende Zeile für Ausdruck '${re}'
gefunden "/>
    <echo>${file.content}</echo>
  </target>

  <target name="grep">
    <loadfile srcfile="${file.name}" property="file.content">
      <filterchain>
        <linecontainsregexp>
          <regexp pattern="${re}"/>
        </linecontainsregexp>
      </filterchain>
    </loadfile>
  </target>

  <target name="prepare">
    <echo file="${file.name}">aaa
 abc
abx
  aaa
ac.d
quelltext.c  ijklmn
Es folgt eine Leerzeile

Vorher stand eine Leerzeile
bbxyc
      ayuuu
qqq
a.b
12345  das ist die vorletzte zeile der datei text
xyz.c
    </echo>
  </target>
</project>
```

Sie können das Script mit

```
ant -f ant211.xml -Dre="regulärer ausdruck"
```

aufrufen. Im Folgenden werden nur die regulären Ausdrücke notiert, nicht die gesamte Kommandozeile.

Die einfachste Form eines regulären Ausdrucks besteht aus einer einfachen Zeichenkette ohne Sonderzeichen. In diesem Fall wird nach exakt dieser Zeichenkette gesucht. So findet

```
uuu
```

alle Zeilen, die an einer beliebigen Stelle drei aufeinander folgende Buchstaben u enthalten.

17.1 Beispiele für reguläre Ausdrücke

Mehr Flexibilität ermöglichen einige Sonderzeichen. Die beiden Zeichen ^ und $ beispielsweise symbolisieren den Zeilenanfang und das Zeilenende. Plattform- und bibliotheksabhängig kann bzw. muss für das Zeilenende gegebenenfalls auch \n benutzt werden. Demzufolge findet der Ausdruck

```
^a
```

alle Zeichen a, die am Beginn einer Zeile stehen.

```
c$
```

hingegen findet alle c am Zeilenende. Wichtig ist hier die korrekte Schreibweise. Die Zeichenfolge ^a bedeutet umgangssprachlich ausgedrückt: »Zeilenanfang und dann gleich der Buchstabe a«, hingegen lässt sich c$ umschreiben als: »Der Buchstabe c und anschließend Zeilenende«.

Die Angabe $c ist syntaktisch falsch. Sie würde bedeuten, dass auf das Zeilenende der Buchstabe c folgt, was nicht möglich ist, da die Verarbeitung regulärer Ausdrücke zeilenweise erfolgt. Korrekt ist aber

```
^$
```

womit Sie alle Leerzeilen finden.

In regulären Ausdrücken existieren – ebenso wie für Dateinamen auf der Ebene des Kommandointerpreters – Wildcard-Zeichen. Allerdings sind das hier andere Zeichen. So symbolisiert der Punkt genau ein beliebiges Zeichen. Demzufolge findet

```
^a..$
```

alle Zeilen, die mit a beginnen und genau drei Zeichen lang sind.

Wird nach einem Punkt gesucht, so ist die Sonderbedeutung des Punktes als Wildcard durch einen vorangestellten Backslash zu eliminieren.

```
^a\.
```

findet also alle Zeichenketten a. am Zeilenanfang.

Die Angabe von Mengen kann durch das Einschließen in eckige Klammern erfolgen.

```
a[bc]
```

findet die Zeichenketten »ab« oder »ac«. Größere Bereiche können Sie durch Angabe der unteren und oberen Schranke definieren:

```
a[b-x]
```

Durch Voranstellen von ^ vor eine Menge werden alle die Zeichen als gültige Zeichen erkannt, die nicht zur Menge gehören.

```
a[^b-x]
```

Selektiert werden alle aus zwei Zeichen bestehenden Zeichenketten, die mit a beginnen und als zweites Zeichen ein Zeichen enthalten, das nicht in der Menge von b bis x enthalten ist. Das Zeichen ^ kann also je nach Stellung im regulären Ausdruck verschiedene Bedeutungen haben.

Auch eine Kombination beider Varianten der Mengenangabe (Einzelzeichen und Bereiche) ist möglich:

```
a[abx-z]
```

Gefunden werden hier die Zeichenkombinationen aa, ab, ax, ay und az. Natürlich ist auch die Suche nach Leerzeichen möglich.

Leerzeichen treten oft in unbestimmter Anzahl auf, z.B. am Zeilenanfang. Soll ein regulärer Ausdruck in beliebiger Wiederholung ein gültiges Suchmuster sein, so kann diese Wiederholung mit dem * gekennzeichnet werden. Dabei steht der Stern auch für gar kein Auftreten!

Der Ausdruck

```
^ *a
```

findet alle Zeichenketten, die mit beliebig vielen Leerzeichen beginnen, auf die dann ein a folgt. Auf diese Weise können z.B. Leerzeichen am Zeilenbeginn (aber auch an anderen Stellen) übersprungen werden.

Als weitere Wiederholungszeichen stehen das +-Zeichen für ein- oder mehrmalige Wiederholung sowie das Fragezeichen für das maximal einmalige Auftreten zur Verfügung. Während das obige Beispiel auch die Zeilen ausgibt, bei denen ein a in der ersten Position steht, ist im nächsten Beispiel mindestens ein führendes Leerzeichen Bedingung:

```
^ +a
```

Der senkrechte Strich dient zur ODER-Verknüpfung zweier regulärer Ausdrücke:

```
ab|xy
```

Zur Vereinfachung von regulären Ausdrücken stehen weitere Musterzeichen zur Verfügung. So gibt es Abkürzungen für Trennzeichen, alle Buchstaben oder Ziffern sowie die jeweiligen Negationen dazu. Das folgende Beispiel listet alle Zeilen auf, die Ziffern enthalten:

```
\d
```

17.1 Beispiele für reguläre Ausdrücke

Tabelle 17.1 zeigt Ihnen eine Übersicht über die regulären Ausdrücke.

Ausdruck	Beschreibung
c	Ein Zeichen c
rr	Verkettung zweier regulärer Ausdrücke
^	Zeilenbeginn
$	Zeilenende
.	Ein beliebiges Zeichen
\s	Sonderbedeutung von s aufheben, falls Metazeichen
r*	Der Ausdruck r in beliebiger Wiederholung (auch nullmal)
r+	Mindestens einmal der Ausdruck r
r?	Der Ausdruck r höchstens einmal
[ccc]	Zeichenmenge
[a-e]	Zeichenmenge der Form von - bis
[^ccc]	Alle Zeichen, die nicht zur angegebenen Menge gehören
r)	Gruppieren von regulären Ausdrücken
\t	Tabulator
\d	Eine beliebige Ziffer, identisch mit [0-9]
\D	Ein beliebiges Zeichen außer einer Ziffer, identisch mit [^0-9]
\s	Ein Trennzeichen, identisch mit [\t\n\x0B\f\r]
\S	Ein beliebiges Zeichen, das kein Trennzeichen ist. Entspricht somit [^\s]
\w	Ein beliebiger Buchstabe oder Ziffer, also [a-zA-Z_0-9]
\W	Ein Zeichen, das weder Buchstabe noch Ziffer ist

Tabelle 17.1 Reguläre Ausdrücke

Schließlich können reguläre Ausdrücke in runde Klammern eingeschlossen werden. Diese haben keinen Einfluss auf die Suchfunktion. Vielmehr grenzen runde Klammern reguläre Ausdrücke bzw. die durch sie selektierten Zeichenketten voneinander ab. Auf die selektierten Zeichen kann später mit den Ausdrücken \1 bis \9 zugegriffen werden, beispielsweise um sie in andere Zeichenketten einzufügen. Mit dem Platzhalter \0 werden alle Suchergebnisse im Zusammenhang angesprochen.

Stichwortverzeichnis

Symbole
$-Zeichen 17
-buildfile 22
-D 22
-debug 22, 157, 168
-diagnostics 22
-emacs 22, 168
-f 22
-file 22
-find 22
-help 22
-inputhandler 22
-l 22, 168
-listener 22
-logfile 22, 168
-logger 22
-projecthelp 22
-propertyfile 22
-q 22, 168
-quiet 22, 157, 168
-v 22, 168
-verbose 22, 157, 168
-version 22
<and> 154
<ant> 30
   Beispiel 33
<antcall> 30
<apply> 223
   Beispiele 230
<arg> 219, 231
<argument> 178
<attribute> 215
<available> 144
   Beispiel 145
<buildnumber> 125
<bunzip2> 216
<bzip2> 216
<checksum> 92
   Beispiel 147
<chmod> 94
<classpath> 219
<commandline> 177
<compilerarg> 195
<concat> 99, 157
   Beispiel 158
<condition> 143, 224
   Beispiel 145
<contains> 64, 148

<copy> 84
   Beispiel 84
<custom> 70
<cvs> 176
<cvspass> 175
<delete> 87
   Beispiel 18
<depend> 67
<dependset> 90
   Beispiel 91
<depth> 69
<echo> 155
   Beispiel 157
<echoproperties> 241
   vordefinierte 38
<entry> 100
   Beispiel 100
<env> 231
<equals> 148
<exec> 223
   Beispiele 225
<expandproperties> 140
<fail> 160
<filename> 69
<fileset> 57
   Beispiel 18, 60
   im <copy>-Tag 86
<filesmatch> 150
<filterchain> 47, 113, 132
   im <copy>-Tag 87
<filterset> 110
<filtersfile> 110
   Beispiel 111
<fixcrlf> 126
   Beispiel 126
<format> 56
<get> 96
<gunzip> 216
<gzip> 216
<headfilter> 134
   Beispiel 134
<http> 150
<input> 161
   Beispiel 161
<isfalse> 151
<isset> 150
<istrue> 151

<jar> 209
    Beispiel 18
<java> 219
    Beispiel 19, 221
<javac> 183
    Beispiel 18
<javadoc> 203
<jspc> 198
<linecontains> 136
    Beispiel 136
<linecontainsregexp> 137
    Beispiel 137
<loadfile> 47, 138
    Attribute 47
<loadproperties> 43
<mail> 163
<manifest> 210, 214
    Beispiel 222
<mapper> 76
    Beispiel 76
<mkdir> 89
    Beispiel 18
<move> 87
<not> 154
<or> 154
<os> 151
<parallel> 34
    Beispiel 36
<param> 30
<path> 73
    Beispiel 17
<pathelement> 73
    Beispiel 17
<patternset> 63
<prefixlines> 137
<present> 68
<project> 15, 23
    Beispiel 16
<property> 32, 39, 241
    Beispiel 16, 39
<propertyfile> 100, 119
    Beispiel 100
<record> 158
<reference> 31
<regexp> 128, 137
<repacevalue> 116
<replace> 114
<replacefilter> in der Originaldatei 115
<replacefilterfile> 119
<replaceregexp> 128
    Beispiel 129, 131

<replacetoken> 116, 141
<rmic> 193
<section> 215
<selector> 72
<sequential> 34
    Beispiel 36
<size> 66
<sleep> 34
    Beispiel 36
<socket> 152
<srcfilelist> 90
    im Dependset 90
<srcfileset> 90
    im Dependset 90
<stripjavacomments> 138
<striplinebreaks> 138
<striplinecomments> 138
<substitution> 129
<tabstospaces> 140
<tailfilter> 134
    Beispiel 134
<tar> 212
<tarfileset> 213
<target> 15, 25
    Beispiel 17, 27
<targetfilelist> 90
    im Dependset 90
<targetfileset> 90
    im Dependset 90
<tempfile> 91
<touch> 93
    Beispiel 94
<translate> 123
<tstamp> 55
<unjar> 215
<untar> 215
<unwar> 215
<unzip> 215
<uptodate> 152
<vsscheckout> 180
<vssget> 178
<waitfor> 35
    Beispiel 36
<war> 210
<xmlproperties> 43
<zip> 205
<zipfileset> 208

A
Abhängige Dateien löschen 90
Abhängigkeiten von Targets 26

action, Attribut *159*
addfiles, Attribut *74*
addproperty, Attribut *162*
Aktualität von Dateien prüfen *152*
Aktuelles Betriebssystem auswerten *151*
algorithm, Attribut *93*
and *154*
    Attribut *70*
Ansi Color Logger *171*
Ant *30*
Ant-Datei *14, 21*
Ant-Kommandos *15*
Ant-Tag *30*
ant.input.properties *174*
ANT_HOME *14*
ANT_OPTS *97, 174*
Antcall *30*
antfile, Attribut *31*
append, Attribut *99, 156, 159, 177, 220, 227, 229*
apply *48, 223*
arch, Attribut *151*
Archive *205*
    entpacken *215*
arg1, Attribut *148*
arg2, Attribut *148*
Argument *178*
Attribute *215*
Aufruf von Java-Anwendungen *219*
autoresponse, Attribut *179, 180, 181*
available *144*
    Attribut *48, 144*

B
base, Attribut *194*
basedir, Attribut *24, 206, 209, 211, 212*
basename, Attribut *48*
bcclist, Attribut *164*
Bedingte Kompilierung *185*
Bedingungen auswerten *143*
begintoken, Attribut *113*
Beispiel-Dateien aktualisieren *95*
Beispiele *233*
bootclasspath, Attribut *74, 192*
bootclasspathref, Attribut *192*
Build gezielt beenden *160*
Build-Datei *15*
Build-Nummer
    aktualisieren *233*
    erzeugen *123*

build.xml *14*
Buildfile *15*
buildnumber *125*
Bunzip2 *216*
byline, Attribut *128*
Bzip2 *216*

C
casesensitive, Attribut *58, 65, 69, 73, 148*
cclist, Attribut *164*
CDATA-Abschnitt *116*
checkout *176*
checksum, Attribut *48, 144*
Checksumme *92*
    prüfen *147*
Chmod *94*
classfileset, Attribut *243*
classname, Attribut *146, 194, 220*
classpath, Attribut *74, 146, 188, 194, 199, 202, 220*
classpathref, Attribut *146, 188, 194, 199, 202, 220*
collapseattributes, Attribut *44, 45*
command, Attribut *177*
Commandline *177*
comment, Attribut *180, 181*
compiler, Attribut *192, 195, 199*
compilerarg *195*
compress, Attribut *206, 209, 211*
compression, Attribut *177, 212, 215*
compressionlevel, Attribut *177*
concat *99, 157*
condition, Attribut *48*
contains *64*
    Attribut *64, 144*
copy *84*
coveragepath, Attribut *74*
custom *70*
    Attribut *64*
CVS *175f.*
Cvspass *175*
cvsroot, Attribut *177*
cvsrsh, Attribut *177*

D
date *65*
    Attribut *64, 102f., 177, 179, 181*
Datei, Modifikationsdatum ändern *93*
Datei- und Pfadlisten *73*
    Beispiel *74*

Dateianfang anzeigen 134
Dateieigenschaften verändern 93
Dateien auswählen 57
Dateien kopieren 83
Dateien löschen 87
Dateien mit regulären Ausdrücken filtern 137
Dateien verschieben 87
Dateiende anzeigen 134
Dateiinhalte aneinanderfügen 99
Dateiinhalte auf der Konsole ausgeben 157
Dateiinhalte modifizieren, mit regulären Ausdrücken 127
Dateiselektion
    durch Abhängigkeiten 67
    mit Suchmuster 59, 69
    mittels Vergleichsdatei 68
    nach Dateigröße 66
    über Datei-Eigenschaften 64
    über Dateiinhalt 64
    über Datum 65
    über Verzeichnistiefe 69
datetime, Attribut 65
Datums-Properties formatieren 103
Datumsangaben formatieren 55
Datumswerte 55
debug, Attribut 189, 195
Debuglevel 157
debuglevel, Attribut 189
default
    Attribut 24, 102
    Beispiel 16
Default Input Handler 173
Default Logger 169
Default-Excludes 60
Default-Target 26
defaultexcludes 60
    Attribut 58, 95, 194, 202, 206, 209, 211f.
Dekomprimierung 216
delete 87
Delete auf ein nicht existierendes Verzeichnis 243
depend 67
    Attribut 192
depends 26
    Attribut 26, 64
dependset 90
deprecation, Attribut 189
depth 69
    Attribut 64
description, Attribut 26, 243

dest, Attribut 96, 177, 215, 228
destdir, Attribut 92, 188, 199, 202
destfile, Attribut 99, 206, 209, 211, 212
dir, Attribut 31, 58, 72, 75, 89, 95, 220, 227, 228
dirname, Attribut 48
dirset 72
    Attribut 243
DSTAMP 55
DTD-Datei 15
duplicate, Attribut 206, 209

E
Echo 155
Echoproperties 38, 241
Elemente außerhalb von Targets 243
ELSE nachbilden 240
emacsmode, Attribut 159
encoding, Attribut 47, 99, 164, 192, 206, 209, 211
endtoken, Attribut 113
Entpacken von Archiven 215
Entry 100
equals 148
    Attribut 144
error, Attribut 177
errorsbeginat, Attribut 150
excludepackagenames, Attribut 202
excludes, Attribut 58, 73, 95, 188, 194, 206, 209, 211, 212
excludesfile, Attribut 58, 73, 188, 194, 206, 209, 211, 212
exec 223
    Attribut 48
executable, Attribut 192, 227, 228
Existenz von Properties prüfen 150
expandproperties 140
    Attribut 133
extdirs, Attribut 74, 192, 195
extension, Attribut 243
extensionset, Attribut 243
Externe Java-Anwendungen starten 219
Externe Programme starten 223
    Kommandozeilenargumente und Umgebungsvariablen setzen 231

F
fail 160
failifexecutionfails, Attribut 228, 229
failonerror, Attribut 47, 86, 89, 164, 177, 189, 199, 202, 220, 228, 229
family, Attribut 151

file, Attribut 44, 86, 89, 93, 95, 113, 128, 146, 156, 214, 232
File Mapper 75
fileext, Attribut 93
filelist, Attribut 243
filename 69
    Attribut 64
filepath, Attribut 74, 146
files, Attribut 75, 164
fileset 17, 57
    Attribut 87, 243
filesmatch 150
    Attribut 144
filesonly, Attribut 206, 209, 211
Filter, im <copy>-Tag 87
filter, Beispiel 106
Filter-Chains 132
Filter-Reader 132
filterchain 47
    Attribut 87, 243
filtering, Attribut 86
filterreader, Attribut 133, 244
filterset, Attribut 87, 244
filtersfile, Attribut 113
Fixcrlf 126
flags, Attribut 128
Flags prüfen 151
flatten, Attribut 86
Flatten-Mapper 77
followsymlinks, Attribut 58, 73
forceoverwrite, Attribut 93
fork, Attribut 192, 220
format 56
    Attribut 48
from, Attribut 76, 164
fullpath, Attribut 208, 213

G
get 96
Ggzip 216
Glob-Mapper 79
    Beispiel 79
granularity, Attribut 65, 67
grep 245
group, Attribut 213
Gunzip 216

H
headfilter 134
    Attribut 133
http, Attribut 144

I
id, Attribut 58, 113
Identity-Mapper 77
idl, Attribut 194
idlopts, Attribut 195
ieplugin, Attribut 199
if 143
    Attribut 26, 28, 161
    Beispiel 28
IF und ELSE nachbilden 240
ignoreerrors, Attribut 96
ignoresystemclasses, Attribut 146
iiop, Attribut 194
iiopopts, Attribut 194
Iistrue 151
includeantruntime, Attribut 188, 195
includeemptydirs, Attribut 86, 89
includefilenames, Attribut 164
includejavaruntime, Attribut 188, 195
includes, Attribut 58, 72, 95, 188, 194, 206, 209, 211, 212
includesfile, Attribut 58, 72, 188, 194, 206, 209, 211, 212
index, Attribut 209
inheritall
    Attribut 30f.
    Beispiel 33
inheritrefs, Attribut 30, 31
input 161
    Attribut 48
Input-Handler 167, 173
Installation 13
int, Attribut 102, 103
isfalse 151
    Attribut 144
isset 150
    Attribut 144
istrue, Attribut 144

J
jar 209
    Attribut 220
Jar-Archive 209
jarlib-available, Attribut 48
jarlib-resolve, Attribut 48
Java 219
Java Server Pages 198
Java-Dateien kompilieren 183
Java-Kommando 219
javac 183
Javadoc 203

Javadoc generieren 201
Javadoc-Kommando 203
jspc 198
jvm, Attribut 220

K
keeproot, Attribut 44, 45
key, Attribut 102
Kommandozeile 21
Kommandozeilenoption 27
    Beispiel 157
Kommentare und Zeilenvorschübe entfernen 138
Kompilieren 183
Komprimieren 205, 216
Konsoleneingabe lesen 161
Kopieren 83

L
label, Attribut 179, 180, 181
Laden von Dateien per URL 95
level 157
    Attribut 156
libfileset, Attribut 244
line, Attribut 232
linecontains 136
    Attribut 133
linecontainsregexp 137
    Attribut 133
Listener 166f.
listfiles, Attribut 189
loadfile 47
    Attribut 48
Loadproperties 43
locale, Attribut 56
localpath, Attribut 179, 181
Löschen von Dateien 87
Log-Dateien 158
Logger 166, 168
login, Attribut 179, 180, 181
Logische Operatoren in Prüf-Kommandos 154
loglevel, Attribut 159
longfile, Attribut 212

M
Mail 163
    verschicken 163
Mail Logger 172
mailhost, Attribut 164
mailport, Attribut 164

majority, Attribut 70
manifest 210, 214, 222
    Attribut 209, 211
Manifest-Datei 214
    Beispiel 221
Manifest-Informationen 214
Manifest-Tag 210, 214
mapped, Attribut 199
mapper 75
    Attribut 87, 244
match, Attribut 128
max, Attribut 69
maxmemory, Attribut 202, 220
memoryinitialsize 192
    Attribut 192
memorymaximumsize 192
    Attribut 192
Merge-Mapper 77
    Beispiel 77
mergefiles, Attribut 74
message, Attribut 156, 161, 162, 164
messagefile, Attribut 164
messagemimetype, Attribut 164
META-INF 210
millis, Attribut 65
min, Attribut 69
mkdir 89
mode, Attribut 213, 214
Modifikationsdatum einer Datei 93
move 87

N
name
    Attribut 24, 26, 69, 151, 159
    Beispiel 16
negate, Attribut 69
newenvironment, Attribut 220, 228, 229
NoBanner Logger 170
noexec, Attribut 177
none, Attribut 70
not 154
    Attribut 70
nowarn, Attribut 189

O
offset, Attribut 56
operation, Attribut 102
optimize, Attribut 192
or 154
    Attribut 70
os, Attribut 144, 227, 228

os.name 224
output, Attribut 31, 177, 220, 227, 228
outputproperty, Attribut 227, 229
overwrite, Attribut 86, 215

P
package, Attribut 177, 199
Package-Mapper 81
packagenames, Attribut 202
parallel 34
    Attribut 34, 95, 229
parallele Ausführung von Targets 34
Param 30
Parameter-Rückgabe aus Sub-Targets 241
passfile, Attribut 177
password, Attribut 96
path 73
    Attribut 232, 244
pathconvert, Attribut 48
pattern, Attribut 56, 102
patternset 63
    Attribut 244
perm, Attribut 95
Platzhalter ersetzen
    beim Kopieren 105
    in der Originaldatei 114
port, Attribut 177
prefix, Attribut 44, 92, 208, 213
prefixlines 137
    Attribut 133
present 68
    Attribut 64, 68
preservelastmodified, Attribut 86
preserveleadingslashes, Attribut 213
Project-Tag 15, 23
Projekt 15
Properties 15, 37
    Definition in der Kommandozeile 49
    erzeugen 37
    expandieren 140
    explizite Definition 39
    Gültigkeitsbereich 51
    mit Default-Wert 242
    Übergabe an Sub-Targets 51
    Verwendung als Status-Flag 47
    vordefinierte 37
property, Attribut 47, 56, 92, 93, 143, 153
Property File Input Handler 173
Property-Dateien 42
    Beispiel 43
    modifizieren von 99

Property-Tag 32, 39
propertyfile 100
provider, Attribut 93
Prüfsummen, Beispiel 92

Q
quiet, Attribut 89, 177, 179

R
readbuffersize, Attribut 93
Record 158
Recorder 158
recursive, Attribut 179, 181
Reference 31
Referenzen 244
    übergeben 31
refid, Attribut 58, 113
regexp 128, 137
    Attribut 244
Regexp-Mapper 81
    Beispiel 81
Reguläre Ausdrücke 127, 137, 245
    Beispiele 245
    Flags 130
    Voraussetzungen 245
relative, Attribut 228
Remote-Zugriff auf Dateien, Beispiel 95
Replace 114
replace, Attribut 128
Replace-Kommando 114
Replaceregexp 128
replacetoken 116, 141
replacetokens, Attribut 133
replacevalue 116
resource, Attribut 146
Ressourcen-Dateien, Inhalt modifizieren 122
resultproperty, Attribut 227, 229
RMI-Compile 193
rmic 193
Rmic-Tag 193
Root-Tag 15
rulespath, Attribut 74

S
searchpath, Attribut 74
Section 215
selector 72
    Attribut 244
Selektor 64, 72
sequential 34
    Attribut 34

sequenziell e Ausführung von Targets 34
serverpath, Attribut 179, 180, 181
Shell-Kommandos ausführen 223
SimpleDateFormat 56
size 66
    Attribut 64
skipemptyfilesets, Attribut 229
sleep 34
    Attribut 34
socket 152
    Attribut 144
Socket-Verbindung prüfen 152
source, Attribut 192
sourcebase, Attribut 194
Sourcecode-Control-Systeme 175
sourcefiles, Attribut 202
sourcepath, Attribut 74, 188, 202
sourcepathref, Attribut 188, 202
src, Attribut 74, 96, 208, 215
srcdir, Attribut 188, 199
srcfile, Attribut 47, 153
ssdir, Attribut 179, 180, 181
Standard-Ein- und -Ausgabe umlenken 166
Startdateien, Beispiel 19
string, Attribut 102, 103, 148
stripjavacomments 138
    Attribut 133
striplinebreaks 138
    Attribut 133
striplinecomments 138
    Attribut 133
stubversion, Attribut 194
subject, Attribut 164
submit 176
substitution 129
    Attribut 244
substring, Attribut 148
Suchmuster für Dateiinhalte 136
suffix, Attribut 92
Systemzeit 93

T
tabstospaces 140
    Attribut 133
Tabulatoren ersetzen 140
tag, Attribut 177
tailfilter 134
    Attribut 133
Tar 212
Tar-Archive 212
Tar-Kommando 212

Tarfileset 213
Target 25
target 15
    Attribut 30f., 192
    bedingte Abarbeitung 28, 239
    in anderen Dateien aufrufen 31
Target-Tag 15, 25
targetdir, Attribut 67, 68
targetfile, Attribut 153
Task 15
Tempfile 91
Temporäre Dateien 91
text, Attribut 65
Text auf der Konsole ausgeben 155
Textdateien modifizieren 99
timeout, Attribut 220, 228, 229
timezone, Attribut 56
Tipps, Beispiel 239
to, Attribut 76
TODAY 55
todir, Attribut 86
tofile, Attribut 86
token, Attribut 113
Tokens ersetzen 141
tolist, Attribut 164
touch 93
Translate 123
trim, Attribut 148
TSTAMP 55
type, Attribut 76, 95, 102, 146, 229

U
Umgebungsvariablen einlesen 47
unit, Attribut 56
units, Attribut 66
Unjar 215
unless 143
    Attribut 26, 28, 161
    Beispiel 28
Untar 215
Unwar 215
Unzip 215
update 176
    Attribut 206, 209, 211
uptodate 152
    Attribut 48, 144
uribase, Attribut 199
uriroot, Attribut 199
url, Attribut 150
username, Attribut 96, 213
usetimestamp, Attribut 96

V

validargs, Attribut 162
validate, Attribut 44
value, Attribut 66, 102, 113, 143, 153, 232
verbose, Attribut 86, 89, 96, 189, 199
Verfügbarkeit von HTTP-Ressourcen
  überprüfen 150
Verfügbarkeit von Ressourcen prüfen 144
Vergleich von Dateiinhalten 150
verify, Attribut 194
verifyproperty, Attribut 93
Verknüpfungsoperatoren 70
  Beispiel 70
Verschieben von Dateien 87
version, Attribut 151, 179, 180, 181
Verzeichnisse anlegen 89
Visual Source Safe 178
vmlauncher, Attribut 228, 229
Vordefinierte Properties 38
VSS 178
Vsscheckout 180
Vssget 178
vsspath, Attribut 179, 180, 181

W

waitfor 35
  Attribut 34
war 210
wasclasspath, Attribut 74
WEB-INF 211
webxml, Attribut 211
Weitergabe von Properties 30
when, Attribut 65, 66
whenempty, Attribut 206, 209
wlclasspath, Attribut 74
writable, Attribut 179, 181

X

XML Logger 170
XML-Properties 43
xmlcatalog, Attribut 244

Z

Zeichenketten finden 148
Zeichenketten vergleichen 148
Zeilen mit Präfix versehen 137
Zeilenende-Zeichen ersetzen 125
Zeilenvorschübe entfernen 138
zip 205
Zipfileset 208
Zugriff über Proxy-Server 97

... aktuelles Fachwissen rund um die Uhr – zum Probelesen, Downloaden oder auch auf Papier.

www.InformIT.de

InformIT.de, Partner von **Addison-Wesley**, ist unsere Antwort auf alle Fragen der IT-Branche.

In Zusammenarbeit mit den Top-Autoren von Addison-Wesley, absoluten Spezialisten ihres Fachgebiets, bieten wir Ihnen ständig hochinteressante, brandaktuelle Informationen und kompetente Lösungen zu nahezu allen IT-Themen.

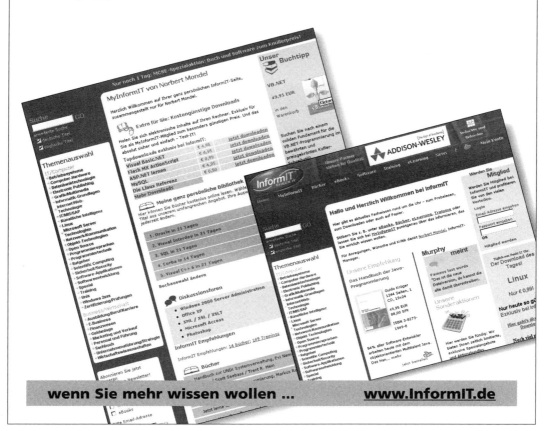

wenn Sie mehr wissen wollen ...   **www.InformIT.de**

THE SIGN OF EXCELLENCE

Die Programmiersprache Java

Ken Arnold, James Gosling, David Holmes

Von den Erfindern von Java! Diese umfassende Einführung richtet sich auf professionellem Niveau gleichermaßen an Einsteiger und an Java-Profis. Java-Neulinge erhalten durch die prägnanten Beispiele und detaillierten Erläuterungen der Features ein tiefes Verständnis der mächtigen Möglichkeiten von Java. Fortgeschrittene und Profis können das Buch als Referenz für ihre tägliche Arbeit, insbesondere für die Spezialitäten von Java 2 (JDK 1.3), verwenden. Alle wichtigen Aspekte wie Klassen, Bibliotheken, APIs, Garbage Collection etc. werden eingehend behandelt und erklärt.

Programmer's Choice

640 Seiten
€ 59,95 [D] / € 61,70 [A]
ISBN 3-8273-1821-1

www.addison-wesley.de